集人文社科之思 刊专业学术之声

集 刊 名：都市社会工作研究
主办单位：上海大学社会学院社会工作系
主　　编：范明林　杨铿　陈佳

Vol.15 RESEARCH ON URBAN SOCIAL WORK

编辑委员会

李友梅　张文宏　关信平　顾东辉　何雪松　文军　熊跃根
程福财　黄晨熹　朱眉华　刘玉照　赵芳　张宇莲　范明林
杨铿　彭善民　华红琴　程明明　阳方

本辑编辑组

范明林　杨铿　陈佳

第15辑

集刊序列号：PIJ-2016-184
集刊主页：www.jikan.com.cn/都市社会工作研究
集刊投约稿平台：www.iedol.cn

中文社会科学引文索引（CSSCI）来源集刊
AMI（集刊）入库集刊
中国学术期刊网络出版总库（CNKI）收录
集刊全文数据库（www.jikan.com.cn）收录

范明林　杨铤　陈佳／主编

都市社会工作研究

上海大学社会学院社会工作系主办

第15辑

社会科学文献出版社

目　录

【社会工作理论研究】

对反思的反思：社会工作知识观的考察 …………… 童　敏　周晓彤 / 1

面向共同富裕的社会工作：理论与实践的重构 …… 杨　超　何雪松 / 20

从"嵌入"到"内生"：社会工作本土化调适中的

　专业治权转型 ………………………………………… 王学梦　裴　彤 / 35

【家庭社会工作研究】

孤独症患者的生命历程转折点与动态需求

　——基于20位上海市孤独症患者家长的质性研究

　………………………… 陈蓓丽　张之初　石渡丹尔　蔡　屹 / 52

城市贫困家庭内外联结体系的质性研究

　——基于社会联结理论视角 ……………………………… 宋向东 / 74

【社会工作教育研究】

场景塑造、行动赋能与价值重构：知识生产模式视角下社会工作硕士

　人才培养的路径与策略研究

　——以S大学MSW学生参与的青少年"历奇辅导"夏令营项目为例

　……………………………………………………… 李晓凤　李永娇 / 97

【社区工作研究】

整体动员与专业治理：老旧小区非成套住房的参与式改造
　　……………………………………………… 朱海燕　彭善民 / 116

社会工作参与"同频妈妈"育儿的行动研究
　　——基于上海市 D 社区妈妈故事会实践 ……… 任秋梦　张均鑫 / 133

【学校社会工作研究】

校园欺凌旁观者共情能力与干预行为的小组工作研究
　　——以上海市 S 校七年级为例 ……………… 陈慧菁　汤静雯 / 149

系统视角下学校社会工作在学生保护体系中的功能定位研究
　　——基于上海市阳光中心的地方性实践 ………………… 张瑾瑜 / 176

【医务和精神健康社会工作研究】

应对环回结构模型视角下安宁疗护团队压力应对策略的多层实践探索
　　………………………………… 郭　晴　王晔安　宋雅君 / 193

社区老年精神分裂症患者康复需求评估与社工服务探讨
　　——以上海市 6 个区为例 … 王彦凤　张伟波　张芷雯　何思源 / 213

Table of Contents & Abstracts / 231

《都市社会工作研究》稿约 / 241

【社会工作理论研究】

对反思的反思：社会工作知识观的考察

童 敏 周晓彤[*]

摘 要 随着中国社会工作逐渐成为社会治理的重要专业力量之一，它的实践性和专业性要求不断提高，实践反思的作用日益凸显出来。如何开展有效的社会工作实践反思也因此成为中国社会工作专业发展亟待解决的难题。通过回顾西方社会工作有关反思内涵的讨论发现，由于受到二元对立科学思维的影响，西方社会工作的反思始终陷于人与环境相互割裂的困境中。为此，中国社会工作需要引入场景性的概念，将反思置于现实场景中以增强人们有效应对现实场景中实际问题的行动能力。这样的行动反思不仅能够克服人与环境的二元对立，明确社会工作的场景行动科学的属性，而且能够推动中国社会工作与我国社会治理深度融合，促进中国特色社会工作理论体系的创建。

关键词 行动反思 知识观 社会工作

---

[*] 童敏，厦门大学社会与人类学院教授、博士生导师，主要研究方向为精神健康社会工作、健康照顾社会工作、社会工作理论、中国文化与社会工作；周晓彤，厦门大学社会与人类学院博士研究生，主要研究方向为健康社会工作、基层社会治理与社会工作。

一 问题提出

自 2006 年党的十六届六中全会提出 "建设宏大的社会工作人才队伍" 以来，我国社会工作的职业化和专业化得到快速发展。截至 2022 年底，我国持证的社会工作者已达 92.9 万人[①]，全国社会工作专业人才总量突破了 150 万人，全国社会工作服务机构已经超过 1 万家[②]，无论是在民生保障方面还是在社会治理方面，社会工作都发挥着重要的作用（徐道稳，2021）。一方面，我国社会工作的实践性要求越来越高，特别是 "十四五" 规划期间，我国进入全面建设社会主义现代化国家阶段，对社会工作有序参与社会治理提出了高质量发展的新要求（关信平，2021），实践反思也因此成为社会工作专业化推进中不可或缺的考察内容（张威，2017）；另一方面，在党的十八届三中全会提出 "创新社会治理体制" 以及党的十九届五中全会提出 "畅通和规范市场主体、新社会阶层、社会工作者和志愿者等参与社会治理的途径" 之后，我国社会工作在国家层面得到了政府的重视（王思斌，2022）。在现实生活中开展社会维度的专业反思也由此转变成我国社会工作参与社会治理的重要方法（安秋玲，2021）。这样，如何开展有效的专业反思就不仅关乎对社会工作这种实践学科属性的深入了解，而且关乎社会工作是否能够与社会治理实现深度融合。

实际上，反思这一概念常常出现在社会工作的学科属性讨论中。尽管针对反思的内涵不同的学者存在不同的理解，有的注重实践经验的反思，把反思作为人们获取实践知识的重要方式（Ixer，2016），视其为促使人们具备自我调整能力的前提（Ferguson，2018）；有的强调在特定语境下进行反思（Kuk & Holst，2018），保证个人改变与社会环境改善之间

---

① 中华人民共和国民政部：《2022 年民政工作大事记》，2023 年 1 月 11 日，https://www.mca.gov.cn/n152/n166/c47931/content.html。
② 中华人民共和国民政部：《图解：数说 "十三五" 时期民政事业改革发展成就》，2021 年 2 月 24 日，https://xxgk.mca.gov.cn:8445/gdnps/pc/content.jsp?mtype=4&id=115409。

能够达到某种平衡状态（王海洋等，2019）；有的将反思作为抗争技术理性这种"自上而下"思维方式的重要方法（Lam et al.，2007），促使人们通过反思增加对本土实践的关怀（梁玉成，2018）。值得注意的是，在越来越多的学者关注到反思对社会工作实践的重要作用的同时，有关反思的批评也变得越来越尖锐。不仅反思内涵过于丰富，常常出现模糊不清，甚至有歧义的现象（Marshall，2019），而且缺乏有效的机制保障反思在现实的社会工作实践中能够实施（Taiwo，2022），导致社会工作很容易陷入为了反思而反思的智力游戏中，失去专业实践的有效性（雷杰、黄婉怡，2017）。因此，有必要针对如何开展有效的社会工作反思进行研究，以便能够厘清社会工作反思的内涵，明确社会工作的学科属性，帮助中国社会工作找到在我国社会治理实践中的专业位置和发展方向，实现与制度的深度融合。

二 西方社会工作有关反思内涵的讨论

西方社会工作有关反思内涵的讨论由来已久，由于受不同思想流派的影响，不同的学者对社会工作反思有不同的理解，使西方社会工作的反思内涵呈现复杂、多样的特征。依据"人在情境中"这一社会工作的核心原则，社会工作的反思可以简要划分为有关实践经验的反思和有关环境的反思两种类型。前者注重对行动的过程和经验进行反思，是针对人的；后者关注在特定环境中对复杂的环境条件进行反思，是针对环境的。无论哪种类型的反思，其目的都是增强人们在特定环境中的问题应对能力。

（一）对实践经验的反思

社会工作作为一门实践学科，它的实践性一直受到人们的关注，人们普遍认为针对这种实践学科，有关实践经验的反思是这门学科建构实践模式和获取知识的核心途径（Goldstein，1990）。这是一种通过实践经验的反思而获得的"自下而上"的实践知识，完全不同于通过观察分析而获得的"自上而下"的科学理性知识（Avby et al., 2017）。一旦人们脱离实践经验的反思，就难以有效应对现实环境的复杂性和不确定性。这样，实践中的问题也就不可能清晰地呈现，并且得到有效的解决（Taylor & White, 2006）。

把实践经验的反思作为人们获取实践知识的一种重要路径，这一想法可以追溯到美国实用主义哲学家约翰·杜威（John Dewey）提出的反思性思维（reflective thinking）。杜威在20世纪初就认为，反思性思维需要经历五个步骤，即疑难情境的发现、疑难情境的界定、解决方案的提出、可能结果的推断以及后续的观察和行动检验（Dewey, 1910: 72）。杜威（2015: 42）强调，这种实践经验的反思并不是一种自我封闭的内心体验，而是在特定情境中借助行动增进人与环境之间的联结和整合。杜威有关实践经验的反思的讨论为社会工作提供了一种理解实践知识的逻辑框架（Lay & McGuire, 2010）。由于受杜威思想的影响，美国教育学家唐纳德·舍恩（Donald A. Schön）总结得出反思实践的两种常见路径："在行动中反思"（reflection-in-action）和"对行动反思"（reflection-on-action）。"在行动中反思"注重在当下情境中通过行动经验的反思寻找新的有效行动策略，而"对行动反思"则是对以往行动经验的总结和评价，以使行动者获得更强的专业自主性（Schön, 1983: 55; Morrison, 1996）。不管采取哪种反思实践路径，都是在挑战传统的技术理性的学习方式，注重在实践经验的反思中学习，以应对环境的模糊性和不确定性（Ferguson, 2018），解决实践中的"严谨性与适切性"的两难矛盾（舍恩，2018: 58）。

显然，实践经验的反思聚焦于社会工作专业服务中的问题解决（Watts, 2019），它将反思嵌入具体的现实场景的活动中，通过理智的理解与情感的体验这种综合的结合方式，提高个人在特定场景中解决问题的专业理解力和洞察力（Ruch, 2002; Dalsgaard, 2020），以保证社会工作专业服务的品质和成效（Fook, 1999: 19）。不过，这种注重实践经验的反思的逻辑也受到一些学者的质疑，他们认为实践经验的反思过于强调对个人主观经验的考察，忽视了这种经验背后的社会结构和政治力量等宏观因素的影响，人的实践经验也因此被曲解为"直觉的、个人的、非理性活动"（Hébert，2015）。

（二）对生态环境的反思

20 世纪 70 年代在系统理论的影响下，社会工作的反思内涵发生了明显变化，逐渐由个人实践经验的反思转向生态环境的反思。美国社会工作学者埃伦·平克斯（Allen Pincus）和安尼·明南汉（Anne Minahan）在《社会工作实践：模式和方法》（*Social Work Practice：Model and Method*）一书中指出，不能将环境简单视为个人之外的生活场景，而应视为始终与人保持着互动关系的不同系统（Pincus & Minahan，1973：33）。这样，社会工作的反思也就能够帮助人们了解自己在不同系统中的位置，使反思具有了呈现环境的整体性和系统性的要求（Närhi & Matthies，2018）。生态视角社会工作是在系统视角的基础上发展出来的。作为生态视角社会工作学者的吉姆·维特克尔（James K. Whittaker）要求人们把服务对象放回特定的历史和文化场景中去理解，强调每个人的选择都受到多个层次的生态系统的影响，因而人们的反思也就需要尊重个人选择的多样性（Kemp et al.，1997：14）。可见，生态视角社会工作所说的反思是人们在特定历史和文化场景中的反思，具有呈现特定场景中多元化的处境和多样化的选择的要求（Boud & Walker，1998）。

无论是系统视角还是生态视角都把人与环境的关系视为动态的相互影响过程（Germain，1968）。这样，社会工作者与服务对象的专业合作关系就不能仅仅依据社会工作者的要求来确定，而需要同时站在服务对象的角度考察服务对象的成长改变要求，将两者视为相互影响的（Greene，2008：177）。这意味着社会工作专业合作关系不再是一种固定不变的形式，它需要社会工作者在专业关系的把握过程中具有反思的能力，能够根据服务对象成长改变要求的变化而做出调整。显然，此时的反思具有了帮助人们在动态影响过程中把握自身位置的能力（Pincus & Minahan，1973：84）。值得注意的是，一旦人们拥有了这种动态把握自身位置的能力，社会工作者就不再是专业服务的指导者，而是专业服务的合作伙伴，目的是促使服务对象成为自己生活问题的主动解决者（Payne，2005：154）。

显然，系统视角和生态视角第一次将反思的焦点集中在环境上，并且把环境的变动与个人的行动选择联系起来，强调人与环境之间的动态联系。不过，系统视角和生态视角的环境反思也受到一些学者的批评，其中最大的质疑聚焦在系统均衡性上，认为系统视角和生态视角追求的平衡和稳定是一种理想的状态（McDowell，1994）。实际上，在现实的日常生活中，追求平衡和稳定本身就会与多元化的现实生活发生冲突，乃至牺牲社会工作实务的针对性和有效性（Nagel，1988）。

（三）对社会环境的反思

进入20世纪80年代之后，增能理论开始兴起。人们逐渐把关注焦点集中在人的无力感与社会环境之间关系的考察上，强调资源分配不公的社会环境才是导致人们产生无力感的根本原因（Solomon，1976：127）。为此，增能理论代表人物美国社会工作学者朱迪斯·李（Judith Lee）在生态系统理论的逻辑框架基础上引入了有关社会公平的反思，尝试将个人的成长与环境改善联系起来，推动人们成为现实环境改善的参与者和推动者（Lee，1996：220）。这样，反思的内涵就从环境的适应转向社会公平的争取（McIntyre，1982）。增能理论指出，一旦人们缺少对社会环境的公平伦理的反思，无视社会结构可能存在的不合理之处，就会使社会工作沦为管理者的工具（Danso，2016），甚至有些时候会把改变的责任强加给服务对象，采用增能的方式做着去能的服务（Lee，2001：206）。

尽管从形式上看，增能理论与实用主义一样注重行动反思，但是增能理论所说的行动反思是就人们在环境面前的无力感而言的，它的目的是通过行动反思增强人们对现实环境的掌控感（Adams，1990：43）。正是因为如此，这样的行动反思就不能聚焦于个人的实践经验的总结，而需要聚焦于个人对环境的意识提升，让人们能够了解像社会资源分配不公这样的社会结构因素对个人生活的影响，促使人们的自我做出调整，看到社会环境中存在的不公现象以及自己需要做出的改变尝试（Gutiérrez，

1990)。这样，弱势人群的弱势就不是一种人群特征，而是一种让人体验到无力感的现实处境，人们只有通过反思才能识别自己弱势背后存在的社会环境不公以及自己可以推动环境做出改变的个人行动尝试空间，把个人的成长改变与社会环境的改善紧密联系起来（Simon，1990）。显然，这样的反思其实是弱势人群寻求增能的过程，既涉及个人自我层面的意识提升，放弃对自我的责备，也涉及通过互助方式的建立挑战社会资源分配不公带来的压迫（派恩，2008：325）。它具有挖掘人们成长改变的潜能，并且推动人们提升对社会环境掌控能力的功能（Adams，1996：5；Thomas & Pierson，1995：134）。

值得注意的是，增能理论倡导的对社会环境的公平伦理的反思，从根本上改变了人们对自我的看法，使人们不再把自己视为需要"专家"指导的对象，而是站在自己所处的现实社会环境中审视其中可以改变之处（Kondrat，1995）。这样，对自己所处的社会环境不公的反思和批判能力的提升就能够推动人们成为自己生活的主导者（Kam，2021）。不过，也有学者指出，增能理论的反思概念存在两难的矛盾：一方面，它强调只有通过反思揭示社会环境中的权力不公，人们才能实现增能；另一方面，它又认为这种不公的社会环境促使人们陷入权力游戏中，常常不自觉地过度强调自己认同的公平观，出现"虚假公平"的现象（White，2006：24-25）。

（四）对文化环境的反思

到了20世纪90年代，随着后现代主义思潮的兴起和多元化服务的盛行，社会工作的服务焦点逐渐转向人们熟悉的日常生活场景。这样，如何在复杂、多元、变化的日常生活场景中找到更为有效的应对方法，就成为这种场景实践的关键（Fook，2002：156）。显然，在这种人们熟悉的场景实践中，人与环境之间的联系更为紧密，它需要人们通过自我的批判反思找到这种环境中的可以改变之处，促使自己成为这种场景实践中的主动参与者和改造者（Gray & Webb，2009：76）。可见，此时的反思不同于增能理论有关社会资源分配不公这种现实条件的反思，具有了对意识进行批判的功能，即对人们在场景实践中所呈现的经验意义、伦理价值和社会文化脉络进行检视，找到其中存在的不合理之处，以增强人们自我决定和掌控命运的能力（White et al.，2006：47）。一旦缺乏这种批判意识的反思，社会工作的专业服务就会沦为没有关怀的技术输出，不仅无法带动人们做出改变，而且会导致社会工作实践的去政治化，无视专业实践的现实条件（Patil & Mummery，2020）。

正是由于强调批判意识的反思，这样的反思不再注重追求普遍、一致的科学宏大叙事，而是关注日常生活中的多元化故事（Butler，1995：56）。显然，在这种反思下差异性就不再是一种认知的结果，而是一种认知的观察视角，它假设不同的人具有不同的观察视角和生活经验，即使同一个人在不同时间和地点也会有不同的生活体验（Fook，2002：14）。人们之所以需要通过批判反思理解人与人之间的差异性，是因为随着后现代社会的到来，多元化的生活诉求变得越来越突出，人们在现实生活场景中常常需要面对不同主体的不同要求，相应地，社会工作专业服务也就需要保持开放性和包容性（Healy，2000：61）。可见，批判意识的反思其实是有关"应该是什么"的知识反思（Dominelli，2002：25），它不仅让社会工作拥有了伦理价值的反思，而且让社会工作能够深究伦理价值背后蕴含的隐性知识框架（Ixer，2016），以增强社会工作专业服务的自觉意识（Taiwo，2022）。

实际上，对于批判意识的反思也有质疑声音，有学者认为，这种反思过分注重话语的作用，忽视实践场景中的现实要求（Healy，2000：140），导致人们的行动选择偏于主观，缺乏对客观现实条件的考察（Tretheway et al.，2017）。有学者指出，这种过分强调差异性的反思，在哲学层面容易陷入日常生活的不可知论（Ife，1999：220），也难以避免现实生活中二元对立的逻辑困境（肖瑛，2005）。

（五）对人际环境的反思

随着20世纪90年代第三波女性主义的兴起，女性主义社会工作受后现代主义思潮的影响开始放弃单一的标准化的性别逻辑，转而关注关系视角下人们的多元化需求（Kemp & Brandwein，2010）。女性主义社会工作认为，社会生活的本质其实是一种关系，人们只有在人际关系中才能确认自己的位置。如果人们把自己从日常生活的社会关系中抽离出来，就看不到自己与周围他人的关联，不是把自己与周围他人对立起来，就是忽视周围他人的存在，最终失去对周围他人的关怀和同理心（Clifford & Burke，2009：39-40）。因此，女性主义社会工作所倡导的反思其实是一种有关人际关联中的关怀伦理（ethic of care）的反思，它促使人们接纳人际关联中周围他人的不同（Tronto，1993：60-61），同时又避免陷入像批判意识的反思这样的相对主义困境（Orme，2009：73）。

女性主义社会工作吸收了女性主义关系自我（self-in-relation）的观点，认为人们只有在人际关联中才能确定自己的位置和价值，也就是说，人们对于自己的认识始终与周围他人联系在一起，只有借助在与周围他人交流中反观自己这种反身性的反思方式，才能明确自己所需要采取的应对方式（Kessl，2009）。显然，这种反身性的反思方式其实是人们对自己所处的人际环境的反思，它需要人们对人际交往保持敏感，了解各自所处的社会位置以及相互之间的关联，拥有社会位置的自觉意识（Swigonski，1993）。正是因为如此，女性主义社会工作发现，每个人的生活经验和成长要求都是独特的，人们无法根据自己的生活经验预测别人的感受和想法，只能在人际交往中保持对周围他人的关怀（Bleakley，1999）。因此，这种反身性的反思方式不仅要求人们从多元的角度出发理解人与人交流中存在的差异，学会采取一种双赢或者多赢的方式应对现实生活中的这种差异（Weinberg & Campbell，2014），而且要求人们运用一种位置化的思维，把自己的思考方式和内容与自己所处的社会位置联系起来，随时警觉自己位置的局限性（Clifford，2014）。只有这样反思，人们才能够避免以"科学"事实或者伦理道德的名义把自己的想法强加给别人（Orme，2002：224）。

尽管女性主义社会工作把人际关联中的关怀伦理的反思作为社会工作反思的核心内涵，倡导一种反身性的反思，但是由于缺乏对伦理关怀前提的讨论，这样的反思过于理想化，很多时候停留在想象和分析的层面（Stoetzler & Yuval-Davis，2002）。一旦把这种反思方式运用到现实生活中，社会工作的专业实践就会出现服务有效性不足和社会关怀缺乏等现实问题（Longwe，1995）。

三 西方社会工作反思概念的矛盾与整合

尽管西方社会工作对反思的内涵有多种不同的解释，但是它们都认为，社会工作是一种实践学科，关注实际问题的解决，需要一种经验性质的知识，不同于传统的站在客观立场上进行科学指导的科技理性知识（Kirkman & Brownhill，2020）。这种实践学科只有借助反思才能让人们有机会向内看，回顾和审视自己的生活经验，总结其中可以做得更好的方面，从而让人们拥有主动调整自己的能力，增强人们自身拥有的主体性（Loughran，2002）。这样，反思就不仅仅是重新审视人们自己的生活经验，更为重要的是，它从根本上改变了动力的方式，让服务对象不再是接受指导的被动接受者，而是积极寻求改变的主动改变者。显然，对于社会工作而言，反思具有三个方面的作用。一是自觉性。通过反思，人们对于自己是否需要改变、需要什么样的改变也就具有了自觉意识（Kessl，2009）。二是主动性。在反思中人们才能够将环境的变化纳入自己的考察范围内，学会根据环境的变化主动做出行动的调整（Morrison，1996）。三是预见性。借助环境的反思，人们就能够了解环境的变化规律，并且跟随环境的变化规律找到其中容易改变之处，使人们具有了预见能力（Vourlekis，2008：156）。可见，西方社会工作之所以强调反思，是因为随着专业实践的开展，人们越来越认识到，社会工作是一门实践学科，只有借助反思，人们才能实现"助人自助"的专业服务目标；否则，人们就会陷入"越帮越弱"的服务困境。

值得注意的是，虽然西方社会工作在20世纪60年代之后越来越注重社会工作的反思，但是有关反思的内容众说纷纭，其中充满各种矛盾和冲突。这种矛盾和冲突首先表现在反思的指向上，出现了有关实践经验的反思和有关环境的反思。前者反思的是人们的行动经验，是有关人的反思；后者反思的是人们行动的环境条件，是有关情境的反思。显然，这样的反思把"人在情境中"生硬地拆分开来，不是让社会工作缺乏环境理解的深度，就是让社会工作失去有效行动的力量，最终导致社会工作的反思流于形式。实际上，人们只有对行动的环境进行反思，才能从被动的环境适应转变成主动寻求环境的改变，拥有主动推动环境改变的能力。不过，即使是对环境的反思，西方社会工作也存在多种矛盾和冲突的认识，有的关注生态系统环境的反思，有的注重社会环境的反思，有的强调针对社会资源分配不公的现实进行反思，有的侧重针对人们的意义价值的解释方式进行反思。可见，正是因为西方社会工作受二元对立科学思维的影响，才使西方社会工作的反思出现碎片化和模糊不清的现象。

显然，人们只有放弃二元对立的科学思维方式，将人与情境联系起来，保证人的改变与环境的改善相互结合，才能摆脱西方社会工作在反思内涵讨论中面临的困境。为此，人们关注的焦点就需要放在行动上，因为行动的一头是行动者，与人相联系，而另一头是环境，与情境相联系。这样，借助行动，人们就能够把人与情境紧密联系起来，真正做到"人在情境中"。相应地，此时的反思就需要聚焦在行动的有效性上，即根据行动的结果考察如何提升行动的有效性，它既需要反思行动者，对行动经验进行考察，也需要反思行动的情境，对行动的环境进行分析，始终围绕如何提升现有行动的有效性，让人们的行动能力与环境的改变更好地衔接起来。可见，这样的反思需要采取反身性的反思方式，需要人们在与环境的关联中考察自己的行动能力，以便能够找到更为有效推动环境改变的方法，或者在明了自己的行动能力的过程中需要关注环境的变化要求，以便能够在变化的环境中拓展自己的成长改变空间。值得注意的是，第三波女性主义关注到了反身性反思的重要性，但是由于缺乏对行动的考察，第三波女性主义的反思变成了关怀伦理的纯伦理反思，丢失了反思中理性提升的要求，最终不仅无法增强人们在现实生活中的主体性，而且使人们受困于伦理的要求中。

四　社会工作的反思知识观考察

通过西方社会工作有关反思内涵的讨论可以发现，西方社会工作之所以强调反思，是因为它把社会工作视为一种实践学科，需要帮助人们解答在现实困难面前如何有效应对的问题。正是因为如此，反思就不仅是一种获取知识的手段，还是一种实践学科的知识生产方式。这种实践学科的知识不同于传统的站在"客观"立场上对问题进行观察分析的知识，它需要人们走进问题场景中寻找解决问题的方法，因而具有两个方面的重要特征。①场景性。这种知识始终与现实场景联系在一起，是人们在特定现实场景中应对环境提出的挑战并且推动环境一起改变的知识，它无法脱离现实场景而存在。②应对性。这种知识需要帮助人们解决在具体场景中遭遇的现实问题，能够给人们的现实生活带来改变。它始终与人们在特定场景中的应对行动联系在一起，能够告知人们如何有效应对现实问题。为此，有学者称这种行动反思的知识是一种"自下而上"的知识，有别于"自上而下"的实证主义的观察分析知识。实际上，这种行动反思知识的核心特征并不是"自下而上"这种从现实场景中获取知识的方式，而是知识的核心内涵不同。实证主义的观察分析知识是有关"是什么"的知识，是对问题现象背后的本质原因进行观察分析；而行动反思知识是关于"怎么做"的知识，是对特定场景中人们如何有效应对现实问题进行的行动反思。

显然，实证主义的观察分析知识是一种抽离现实生活场景的知识，它并不把场景作为知识的重要构成部分，而是追求抽离现实生活场景的标准化知识。行动反思知识正好相反，它需要人们回到现实生活场景中，在现实生活场景中寻找问题的解决方法。这样，通过对行动及其行动成效的反思，人们就能够将环境的变化与自己的行动能力状况结合起来考察，在变化的环境中找到可以改变之处，促使自己的成长改变与环境的改善紧密结合起来。可见，只有借助行动反思，人们才能创造出一种动态的场景化知识。这种场景化知识一方面让人们深深扎根于现实场景中，深入了解现实场景的变化规律；另一方面借助对现实场景变化规律的了解，进一步寻找个人成长改变的空间，使个人逐渐拥有带动现实环境改变的自决意识和能力。可见，社会工作所推崇的反思知识观其实是一种有关行动反思的知识，它展现的恰恰是实践学科的本质要求，即协助人们在特定现实场景中找到有效应对现实问题的方法。

这种行动反思知识之所以有别于实证主义的观察分析知识，是因为两者拥有完全不同的有关人与环境关系的理论假设。实证主义的观察分析知识认为，一旦人们遇到问题，就意味着人们的想法与环境的要求之间存在差异，要么是人们存在能力不足，无法达到环境的要求；要么是环境存在不足，无法满足人们的要求。显然，这是一种单向的观察视角，只从单一的角度观察分析人与环境的关系，只关注到人或者环境一方的变化。行动反思知识不同，它假设，人们在现实生活中遇到问题，是因为人们的想法与环境的要求相对立，导致人们的行动结果不被自己的意愿左右，出现无法掌控自己生活的失能现象。可见，人们遇到问题既受自身因素的影响，也受环境的影响。这是一种双向的观察视角。它强调人们与环境各自都有不同的发展要求，只有当人们把自己的成长改变要求与环境的改善要求相互结合的时候，人们才能够在现实生活中找到成长改变的空间。而这样的相互结合就需要借助行动反思，它让人们在行动中拥有不断反观自己和调整自己的能力，以便能够找到与环境协同改变的方式。

可见，社会工作的反思知识观其实是一种双向视角的行动反思，目的是协助人们在特定的现实场景中找到人与环境协同改变的方式。它既需要帮助人们解决面临的实际问题，提高人们行动的有效性，也需要协助人们拓展对现实场景的理解，增强人们在特定现实场景中的理性自决意识和能力。可以说，社会工作是一门场景行动科学，过度地强调它的经验性和场景性只会曲解它的科学性（Thompson & Pascal, 2011）。尽管它需要借助行动反思，但是这样的行动反思是帮助人们找到在特定场景中有效应对现实问题的方法，其目的是增强人们的场景理性自决。

五　结论

经过十多年的快速发展，中国社会工作已经逐渐获得国家层面的认可，成为我国社会治理创新的一支重要专业力量。这样，随着中国社会工作的实践性和专业性发展要求的不断提高，人们在社会工作专业实践中开展专业反思的呼声越来越高，越来越多的学者注意到专业反思对社会工作专业实践的重要性。然而，有关社会工作反思的批评从来没有停止过，不仅社会工作的反思内涵模糊不清，彼此之间常常相互矛盾，而且到目前为止，有关反思与社会工作学科属性之间的关系仍没有清晰的解释，导致反思的作用和价值众说纷纭。这既不利于中国社会工作的专业化发展，也不利于中国社会工作与我国的社会治理实现深度融合。为此，就需要针对人们如何进行有效的社会工作反思展开研究，以便能够明确社会工作反思的内涵以及与这种注重"助人自助"的实践学科的内在关系。

通过回顾西方社会工作有关反思内涵的讨论发现，20 世纪 60 年代之后西方社会工作就开始关注反思，以抗争因注重抽离日常生活的实证主义逻辑而导致的服务对象缺乏内生性改变动力的困境。实际上，随着社会工作实践的不断深入，为了增强服务对象的自决，西方社会工作逐渐从有关实践经验的反思转向有关环境的反思，涉及对生态环境的反思、社会环境的反思、文化环境的反思和人际环境的反思等，使西方社会工作的反思内涵出现人与环境相互割裂的状况。究其原因，西方社会工作的反思始终基于二元对立的思维逻辑。为此，社会工作就需要引入场景性的概念，关注人们在特定场景中如何有效应对现实问题的行动反思，以增强人们的场景理性自决。显然，社会工作是一门场景行动科学，人与环境双向视角的行动反思是其核心要求。

参考文献

安秋玲，2021，《社会工作者实践性知识的社会向度探析》，《社会科学》第 7 期。

关信平, 2021,《积极推动专业社会工作参与,高效实现"十四五"民政事业发展目标》,《中国社会工作》第 28 期。

雷杰、黄婉怡, 2017,《实用专业主义:广州市家庭综合服务中心社会工作者"专业能力"的界定及其逻辑》,《社会》第 1 期。

梁玉成, 2018,《走出"走出中国社会学本土化讨论的误区"的误区》,《新视野》第 4 期。

马尔科姆·派恩, 2008,《现代社会工作理论》(第三版), 冯亚丽、叶鹏飞译, 北京:中国人民大学出版社。

唐纳德·A. 舍恩, 2018,《反映的实践者:专业工作者如何在行动中思考》, 夏林清译, 北京:北京师范大学出版社。

王海洋、王芳萍、夏林清, 2019,《社会工作实践知识的意涵与发展路径——兼论反映实践取向行动研究路数》,《华东理工大学学报》(社会科学版) 第 3 期。

王思斌, 2022,《社会工作高质量发展的"两极突破-中间支撑"策略》,《中国社会工作》第 4 期。

肖瑛, 2005,《"反身性"研究的若干问题辨析》,《国外社会科学》第 2 期。

徐道稳, 2021,《从"发展专业社会工作"到"大力发展社会工作"》,《中国社会工作》第 33 期。

约翰·杜威, 2015,《经验与自然》, 傅统先译, 北京:商务印书馆。

张威, 2017,《社会工作者的"反思性专业性"与核心职业能力——对"反思性社会工作理论"的解读和思考》,《中国农业大学学报》(社会科学版) 第 3 期。

Adams, R. 1990. *Self-help, Social, Work and Environment*. London: Macmillan.

Adams, R. 1996. *Social Work and Empowerment* (2nd ed.). London: Macmillan.

Avby, G., Nilsen, P., & Ellström, P. E. 2017. "Knowledge Use and Learning in Everyday Social Work Practice: A Study in Child Investigation Work." *Child and Family Social Work* 22 (4): 51-61.

Bleakley, A. 1999. "From Reflective Practice to Holistic Reflexivity." *Studies in Higher Education* 24 (3): 315-330.

Boud, D. & Walker, D. 1998. "Promoting Reflection in Professional Courses: The Challenge of Context." *Studies in Higher Education* 23 (2): 191-206.

Butler, J. 1995. "Contingent Foundations: Feminism and the Question of 'Postmodernism'." In S. Benhabib, J. Butler, D. Cornell, & N. Fraser (eds.), *Feminist Contentions: A*

Philosophical Exchange (pp. 35-57). New York: Routledge.

Clifford, D. 2014. "Limitations of Virtue Ethics in the Social Professions." *Ethics and Social Welfare* 8 (1): 2-19.

Clifford, D. & Burke, B. 2009. *Anti-oppressive Ethics and Values in Social Work*. London: Palgrave Macmillan.

Dalsgaard, C. 2020. "Reflective Mediation: Toward a Sociocultural Conception of Situated Reflection." *Frontline Learning Research* 8 (1): 1-13.

Danso, R. 2016. "Migration Studies: Resuscitating the Casualty of the Professionalization of Social Work." *British Journal of Social Work* 46: 1741-1758.

Dewey, J. 1910. *How We Think*. Boston: D. C. Health and Company.

Dominelli, L. 2002. "Values in Social Work: Contested Entities with Enduring Qualities." In R. Adams, L. Dominelli, & M. Payne (eds.), *Critical Practice in Social Work* (pp. 15-26). New York: Palgrave.

Ferguson, H. 2018. "How Social Workers Reflect in Action and When and Why They Don't: The Possibilities and Limits to Reflective Practice in Social Work." *Social Work Education* 37 (4): 415-427.

Fook, J. 1999. "Reflexivity as Method." In J. Daly, A. Kellehear, & E. Willis (eds.), *Transforming Social Work Practice* (pp. 11-20). London: Routledge.

Fook, J. 2002. *Social Work: Critical Theory and Practice*. London: Sage Publications.

Germain, C. 1968. "Social Study: Past and Future." *Social Casework* 49 (7): 403-409.

Goldstein, H. 1990. "The Knowledge Base of Social Work Practice: Theory, Wisdom, Analogue, or Art?" *Families in Society* 71 (1): 32-43.

Gray, M. & Webb, S. A. 2009. "Critical Social Work." In M. Gray & S. A. Webb (eds.), *Social Work Theories and Methods* (pp. 76-85). London: Sage.

Greene, R. R. 2008. "General Systems Theory." In Roberta R. Greene (ed.), *Human Behavior Theory and Social Work Practice* (pp. 165-197). New Jersey: Transaction Publishers.

Gutiérrez, L. M. 1990. "Working with Women of Color: An Empowerment Perspective." *Social Work* 35 (2): 149-153.

Hébert, C. 2015. "Knowing and/or Experiencing: A Critical Examination of the Reflective Models of John Dewey and Donald Schön." *Reflective Practice* 16 (3): 361-371.

Healy, K. 2000. *Social Work Practice: Contemporary Perspectives on Change*. London: Sage.

Ife, J. 1999. "Postmodernism, Critical Theory and Social Work." In B. Pease & J. Fook (eds.), *Transforming Social Work Practice* (pp. 211-223). Sydney: Allen & Unwin.

Ixer, G. 2016. "The Concept of Reflection: Is It Skill Based or Values?" *Social Work Education* 35 (7): 809-824.

Kam, P. K. 2021. "From the Strengths Perspective to an Empowerment-Participation-Strengths Model in Social Work Practice." *British Journal of Social Work* 51 (4): 1425-1444.

Kemp, S. P. & Brandwein, R. 2010. "Feminisms and Social Work in the United States: An intertwined history." *Affilia* 25 (4): 341-364.

Kemp, S. P., Whittaker, J. K., & Tracy, E. 1997. *Person-Environment Practice: The Social Ecology of Interpersonal Helping*. New York: Aldina de Gruyter.

Kessl, F. 2009. "Critical Reflexivity, Social Work and the Emerging European Post-Welfare States." *European Journal of Social Work* 12 (3): 305-317.

Kirkman, P. & Brownhill, S. 2020. "Refining Professional Knowing as a Creative Practice: Towards a Framework for Self-Reflective Shapes and a Novel Approach to Reflection." *Reflective Practice* 21 (1): 94-109.

Kondrat, M. E. 1995. "Concept, Act, and Interest in Professional Practice: Implications of an Empowerment Perspective." *Social Service Review* 69 (3): 305-328.

Kuk, H-S. & Holst, J. D. 2018. "A Dissection of Experiential Learning Theory: Alternative Approaches to Reflection." *Adult Learning* 29 (4): 150-157.

Lam, C., Wong, H., & Leung, F. T. 2007. "An Unfinished Reflexive Journey: Social Work Students' Reflection on Their Placement Experiences." *The British Journal of Social Work* 37 (1): 91-105.

Lay, K. & McGuire, L. 2010. "Building a Lens for Critical Reflection and Reflexivity in Social Work Education." *Social Work Education* 29 (2): 539-550.

Lee, J. A. B. 1996. "The Empowerment Approach to Social Work Practice." In Francis J. Turner (ed.), *Social Work Treatment: Interlocking Theoretical Approaches* (4th ed.). New York: The Free Press.

Lee, J. A. B. 2001. *The Empowerment Approach to Social Work Practice: Building the Beloved Community* (2nd ed.). New York: Columbia University Press.

Longwe, S. 1995. "Supporting Women's Development in the Third World: Distinguishing Between Intervention and Interference." *Gender and Development* 3 (1): 47-50.

Loughran, J. J. 2002. "Effective Reflective Practice: In Search of Meaning in Learning about Teaching." *Journal of Teacher Education* 53 (1): 33-43.

Marshall, T. 2019. "The Concept of Reflection: A Systematic Review and Thematic Synthesis Across Professional Contexts." *Reflective Practice* 20 (3): 396-415.

McDowell, B. 1994. "An Examination of the Ecosystems Perspective in Consideration of New Theories in Biology and Thermodynamics." *Journal of Sociology and Social Welfare* 21 (2): 49-70.

McIntyre, D. 1982. "On the Possibility of 'Radical' Casework: A Radical Dissent." *Contemporary Social Work Education* 5 (3): 191-208.

Morrison, K. 1996. "Developing Reflective Practice in Higher Degree Students Through a Learning." *Journal Studies in Higher Education* 21 (3): 317-332.

Nagel, J. J. 1988. "Can There Be a Unified Theory for Social Work Practice?" *Social Work* 33 (4): 359-370.

Närhi, K. & Matthies, A. L. 2018. "The Ecosocial Approach in Social Work as a Framework for Structural Social Work." *International Social Work* 61 (4): 490-502.

Orme, J. 2002. "Feminist Social Work." In R. Adams, L. Dominelli, & M. Payne (eds.), *Social Work: Themes, Issues and Critical Debates* (2nd ed.) (pp. 218-226). Basingstoke: Palgrave Macmillann.

Orme, J. 2009. "Feminist Social Work." In M. Gray & S. A. Webb (eds.), *Social Work Theories and Methods* (pp. 65-75). London: Sage.

Patil, T. & Mummery, J. 2020. "'Doing Diversity' in a Social Work Context: Reflecting on the Use of Critical Reflection in Social Work Education in an Australian University." *Social Work Education* 39 (7): 893-906.

Payne, M. 2005. *Modern Social Work Theory* (3rd ed.). New York: Palgrave Macmillan.

Pincus, A. & Minahan, A. 1973. *Social Work Practice: Model and Method.* Itasca, IL: Peacock Publishers.

Ruch, G. 2002. "From Triangle to Spiral: Reflective Practice in Social Work Education, Practice and Research." *Social Work Education* 21 (2): 199-216.

Schön, D. 1983. *The Reflective Practitioner: How Professionals Think in Action.* The United

States: Basic Books, Inc.

Simon, B. L. 1990. "Rethinking Empowerment." *Journal of Progressive Human Services* 1 (1): 27-39.

Solomon, B. B. 1976. *Black Empowerment: Social Work in Oppressed Communities*. New York: Columbia University Press.

Stoetzler, M. & Yuval-Davis, N. 2002. "Standpoint Theory, Situated Knowledge and the Situated Imagination." *Feminist Theory* 3 (3): 315-333.

Swigonski, M. E. 1993. "Feminist Standpoint Theory and Questions of Social Work Research." *Affilia* 8 (2): 171-183.

Taiwo, A. 2022. "Social Workers' Use of Critical Reflection." *Journal of Social Work* 22 (2): 384-401.

Taylor, C. & White, S. 2006. "Knowledge and Reasoning in Social Work: Educating for Humane Judgement." *The British Journal of Social Work* 36 (6): 937-954.

Thomas, M. & Pierson, J. 1995. *Dictionary of Social Work*. London: Collins Educational.

Thompson, N. & Pascal, J. 2011. "Reflective Practice: An Existentialist Perspective." *Reflective Practice* 12 (1): 15-26.

Tretheway, R., Taylor, J., & O'Hara, L. 2017. "Finding New Ways to Practise Critically: Applying a Critical Reflection Model with Australian Health Promotion Practitioners." *Reflective Practice* 18 (5): 627-640.

Tronto, J. 1993. *Boundaries: A Political Argument for an Ethic of Care*. New York: Routledge.

Vourlekis, B. S. 2008. "Cognitive Theory for Social Work Practice." In Roberta R. Greene (ed.), *Human Behavior Theory and Social Work Practice* (3rd ed.) (pp. 133-163). New Jersey: Transaction Publishers.

Watts, L. 2019. "Reflective Practice, Reflexivity, and Critical Reflection in Social Work Education in Australia." *Australian Social Work* 72 (1): 8-20.

Weinberg, M. & Campbell, C. 2014. "From Codes to Contextual Collaborations: Shifting the Thinking About Ethics in Social Work." *Journal of Progressive Human Services* 25 (1): 37-49.

White, S., Fook, J., & Gardner, F. 2006. *Critical Reflection in Health and Social Care*. Berkshire: Open University Press.

White, V. 2006. *The State of Feminist Social Work*. New York: Routledge.

面向共同富裕的社会工作：理论与实践的重构[*]

杨 超 何雪松[**]

摘 要 共同富裕是中国式现代化建设的中心任务，其对社会工作理论的要求已经超出了西方社会工作主要理论的视域，但是现有的框架尚未完成面向共同富裕的社会工作理论与实践的重构。本文认为共同富裕是中国社会工作的时代使命，其对社会工作的要求是联结微观与宏观、传统与现代，超越治疗性与发展性。在批判分析了西方社会工作理论的主流在于治疗性、补充在于发展性、盲点在于共富性的基础上，本文建构了基于关系主义和以共富关系为核心的理论框架，并指出相应的社会工作实践框架应聚焦物质富足与精神富有的双重性、先富与后富的共享性、共富格局的动态性。

关键词 共同富裕 关系主义 社会工作

中国式现代化是全体人民共同富裕的现代化，是凸显时代性的中心

---

[*] 本文系教育部人文社会科学研究青年基金项目"关系主义视角下的社会工作整合性实践模式研究"（20YJC840035）阶段性成果之一。

[**] 杨超，博士，临沂大学法学院副教授、硕士生导师，主要研究方向为社会工作理论、老年社会工作等；何雪松，博士，华东理工大学社会与公共管理学院教授、博士生导师，主要研究方向为社会工作理论、精神健康社会工作等。

任务。中国社会工作利用结构性机会的释放逐渐生成并推动结构性自主空间的扩大，推进了社会的建设。面对共同富裕的战略安排，中国社会工作应抓住时代机遇积极参与，而这尤为需要强劲的理论支撑。

学界初步讨论了社会工作参与共同富裕的可能空间与路径。这些讨论可分成两类。第一类聚焦社会工作的专业作用，分析社会工作如何推进共同富裕。例如，王思斌（2022）认为社会工作能够协助困弱群体增加参与经济机会，协助政府实施好社会政策，提供专业社会服务，增强困弱群体社会联结，提升其经济社会生活能力，从而促进其走向参与性共同富裕。莫腾飞等（2022）认为社会工作通过规范实践路径、提供技术指引、充当角色支持、推动精神富裕和实现发展创新等促进第三次分配。付立华（2022）强调社会工作有助于精准扶贫扶困、第三次分配，有助于倡导人道主义和生活共同体精神，促进物质文明和精神文明双富裕。第二类则从经济、政治等更宏大的视野分析社会工作的作用。例如，徐道稳（2021）指出社会工作在初次分配中矫正分配不公，在再分配中扮演福利传递者角色，在第三次分配中作为服务提供者，从而促进共同富裕。徐选国、秦莲（2022）认为，社会工作具有助推市场的社会属性回归、政府服务属性强化以及社会道德属性彰显等专业优势。这些研究的积极意义在于论证了社会工作参与共同富裕的可能性。然而，目前的研究成果还没有明确面向共同富裕的社会工作的理论框架。

西方主流的社会工作理论以个体治疗为特征，发展性社会工作试图弥补传统社会工作生产性不足的问题。然而，共同富裕所提出的更为全局、宏观的理论诉求已经溢出西方现有的社会工作框架，由此引出了建构面向共同富裕的社会工作理论新课题。本文拟从关系主义出发，基于共同富裕的新要求，反思西方社会工作的理论与实践脉络，进而探索建构面向共同富裕的社会工作理论与实践框架。

一 共同富裕：中国社会工作的时代使命

从转型社会工作的视角而言，共同富裕是中国社会转型的过程和目标，是中国社会工作的时代背景，这无疑对社会工作提出了新的要求。

（一）微观与宏观的联结

转型视角的共同富裕要求社会工作联结微观与宏观。西方社会工作是随着工业化、城市化等问题解决而自然生发并得到国家确认的过程，表现为自下而上的发展路径。1601年，《伊丽莎白济贫法》颁布，贫民救济成为国家义务，社会工作开始广泛参与社会问题的解决。19世纪末20世纪初，随着西方国家对福利事务的干预以及科学的发展，社会工作走向专业化、制度化，到1950年社会工作三大方法形成，偏向于个体治疗性的社会工作专业得以完善（李迎生，2008）。尽管20世纪50年代以来，西方社会工作走向整合，但是发达国家的社会基本定型，社会工作依然只是偏重于微观取向。中国社会工作的起步与发展则与国家的建设目标和宏大叙事紧密联系在一起，从社会服务、社会建设、社会管理、社会体制到社会治理，这个过程是"社会"不断得以确认和展开的过程，社会工作是其中的制度要件、构成要素和专业力量（何雪松、杨超，2019）。而未来长时段内，主流宏大叙事转向共同富裕，即要突破传统的结构限制，引领国家、市场和社会的结构性变动，强调政府、市场和社会协作互动的整体治理理念（顾昕，2023）。社会工作参与共同富裕，既要继承微观实践的框架，又要助力这种结构性的变革。

（二）传统与现代的融合

转型视角的共同富裕彰显着历史维度，要求社会工作融合传统与现代。传统文化中大同、均平等思想一直深刻地影响着当代人的思维和行为方式。从温饱、小康、脱贫、全面实现小康社会再到共同富裕，从追求粗放式数量的增长，转向追求不同区域、阶层、行业等精细化的平衡与发展，对于中国这种人口巨型国家来说，转型样态的难度可想而知，中国社会的发展道路也必然在历史与当代复杂交织中延伸。社会工作不能仅仅面向时代的前沿变化而将历史分析交给历史学家。中国社会工作所要面向的共同富裕社会并非西方意义上的社会变迁过程，社会主义政体基础和经济基础的历史遗产深刻影响经济体制转型以及社会结构转型（孙立平，2005）。社会工作要深入"转型社会"的日常生活中，在历史与当代的交互中理解转型社会的生活世界，提供基于这个转型语境的社会工作服务。

（三）治疗性与发展性的超越

转型视角的共同富裕意味着社会工作要超越治疗性与发展性。产生于西方发达国家的主流社会工作所要回应的稳定型社会的问题，其社会转型已经完成，福利国家或社会保障体系已建成且较为完善，社会工作扮演着福利传递者的角色。尽管20世纪90年代，西方发达国家的传统福利制度受到质疑，但总体上留给社会工作的行动空间是照顾性、治疗性的。这种修补式的服务目的在于巩固已有的制度安排。然而，发展中国家最迫切的问题是经济增长，甚至宁可牺牲福利也要发展经济。正是在此背景下，发展性社会工作兴起并试图整合经济与社会，以生计为核心找回社会工作的生产性，提升弱势群体富裕度。然而，面向中国语境的发展性还要体现富裕的"共同性"，促进全体人民普遍性富裕。共同富裕是中国式现代化的本质要求，面向共同富裕的社会工作也应超越西方社会工作理论的治疗性、发展性取向。

共同富裕的新要求警示社会工作尤其要有审时度势的自觉。作为西方舶来品的专业社会工作，其本土发展空间是中国社会转型、社会结构不断释放机会，且专业行动努力赢得和扩展的结果。实现共同富裕意味着结构的持续转型，市场、政府和社会的关系就需要做出新调整，社会保护机制需要加强（何雪松，2019），面向共同富裕的专业社会工作服务提供模式也呼之欲出。社会工作应自觉抓住时代机遇，围绕共同富裕的时代新要求，主动推进理论与实践的继承与创新。

二 对西方社会工作理论与实践的批评反思

西方社会工作理论与实践框架以个体治疗性为主，以发展性为补充，缺乏面向全体人民共同富裕的视野。

(一) 作为主流的治疗性

微观取向与宏观取向形成了社会工作的个体范式和结构范式。个体范式的社会工作在认识论上坚持实证主义，在方法论上采用个体主义，主要的理论来源是精神分析等微观理论。结构范式的社会工作在认识论上持批判主义，在方法论上采用整体主义，主要的理论来源是冲突论等宏观理论。在问题的归因和解决目标上，个体范式责怪受害者个体，致力于缓解个人痛苦、满足个人需要；结构范式责怪社会结构，试图改变社会结构，促进社会公平正义。个体范式采用保守主义立场，通过临床诊断、心理治疗、行为矫正，扮演临床专家、治疗者的角色；结构范式坚持激进主义立场，通过赋权、社会倡导、集体行动方式，发挥倡导者、社会变革者的作用。

尽管早期社会工作实践形成了微观和宏观传统，但个体治疗占据西方社会工作历史的大部分时段。以美国为例，只在20世纪初期微观与宏观社会工作的发展较为均衡；社会变革只有在"进步主义"时代、20世纪30年代初、60年代和70年代初得到短暂的发展；从80年代至今，社会问题医疗化、个体化成为主流。究其原因，首先，社会工作起源于非专业的慈善活动，为了在专业和职业的市场中占据空间，在科学主义的引导下向医学、心理学靠拢，试图实现专业化，抛弃了"社会"；其次，早期社会工作依赖于慈善资源，不足以应对大规模的社会服务对象，随着福利国家等的建立，社会工作在体制化中受到政府意识形态的影响；最后，70年代经济危机导致福利国家的支出缩减，以营利主义为逻辑的市场化和以效率为逻辑的管理主义都导致社会工作服务的个体化（李伟，2018）。

(二) 作为补充的发展性

西方主流社会工作主要在福利体系中扮演传递者角色，并不聚焦于经济发展。90年代以来，英国学者吉登斯倡导积极福利思想，以社会投资代替传统的福利国家概念。美国学者沃斯认为社会发展是增加人们生活必需品、提高收入、促进教育和经济社会范围扩大的过程，是一个经济社会综合协调的过程（唐纳德、沃斯，2004）。米奇利系统地阐述了社会发展理论，认为社会发展寻求的是在有计划的经济发展框架内将经济、社会政策与促进社会福利联系起来（Midgley，1995）。谢若登（2005：216~218）的资产建设理论，也是社会发展理论的具体体现，他强调贫困者通过资产建设及其积累能够带来多重福利效应。

在发展性理论与社会工作的联结中，南非试图摆脱英美社会工作的"专业帝国主义"，以米奇利的社会发展视角重新设计了社会福利白皮书，在实践中取得一定成效。2010 年，米奇利与康利在《社会工作与社会发展——发展性社会工作的理论与技巧》一书中系统阐述了发展性社会工作理论与案例。发展性社会工作以社区为基础建立社会网络和社会支持，以生计为焦点协助服务对象参与到生产性积极活动中，强调提高服务对象能力的社会投资，基于社区环境与脉络开展综合干预（Midgley & Conley，2010）。发展性社会工作注重投资策略，关注增权和优势视角，强调服务对象经济参与的有效性，注重社区为本的干预，强调案主参与和自决，追求权力为本以及面向社会正义等更为广泛的目标。

发展中国家大多面临贫困问题，传统的治疗性模式缺乏对"生产性"的回应。发展性社会工作关注发展中国家的语境，将社会工作的使命定位于社会发展，突破了救助与扶贫开发的二元对立，在发展中整合扶贫与社区发展，并强调多元主体参与和整合性方法的运用。由此摆脱西方发达国家社会工作剩余性模式限制。但是发展性并不一定指向全体人民普遍均衡的发展，甚至在一定程度上允许贫富差距的存在，这显示出共同富裕并没有进入社会工作的视域。

（三）作为盲点的共富性

中国诉求的共同富裕是发展性社会工作未充分关怀的方向。共同富裕所要回应的根本问题是发展不平衡不充分的问题。从《资本论》到《21 世纪资本论》，可以看到资本主义难以消除贫富分化。以英美为代表的资本主义大国中年青失落一代与最富有的1%形成了鲜明的对比，凸显了共富目标的迫切性。邓小平始终强调"先富及先富带动落后地区"，这里，"带动"作为关键环节，指明了共同富裕中的社会关系。尽管国内在很短的历史时期内一部分人迅速富裕起来，但"先富带后富，实现共同富裕"的目标迟迟不能自动实现；相反地，贫富差距越来越大，两极分化趋势"自然出现"（刘国光，2011）。目前的社会工作理论框架过于注重个体的治疗性，或者只是致力于促进弱势群体经济社会发展，没有回答先富、后富之间关系及其带动机制问题。因此，在关系性中消除两极分化、回答共同富裕问题是社会工作框架的一个盲点。

治疗性社会工作与发展性社会工作忽视社会结构因素，难以真正解决服务对象的问题。虽然过去十年，西方结构社会工作和激进社会工作都试图将"社会"带回社会工作。共同富裕作为一种正在展开的社会转型，所要迈向的是公平公正的新社会。围绕转型的动力、速度、手段、问题与效果都要求中国社会工作回到结构社会工作上来。中国社会的共同富裕是传统农业社会向现代工业社会转型的过程，农业社会所塑造的理念、文化和行为方式在转型时代并不必然被替代。从全面小康向共同富裕的转变，有待于多次转型完成。其转型过程是历史、当代与未来交织，传统与现代融合的过程。总之，面向共同富裕的社会工作已经超出了西方现有社会工作理论与实践的视域，因此，需要进一步拓展并重构西方社会工作的理论基础。

三 面向共同富裕的社会工作理论框架

从关系主义角度重新理解共同富裕，以共富关系为核心，构建共富格局，形成面向共同富裕的社会工作理论框架。

（一）面向共同富裕的社会工作的理论基础：关系主义

关系主义作为一种认识论、方法论，是与实体主义相对应的一种新视角，是对二元对立思维的超越。它是关系思维的交互式行动观，拒绝将独立的、先在的单元作为研究的终极起点；重视研究关系、回归关系本位（Emirbayer，1997）。关系主义提供了潜在的具有穿透力和智慧的理解路径。国内关系主义理论则在关系主义思维中加入了本土的伦理。黄光国较早使用儒家关系主义来建构中国特色的心理学体系，认为应当联结个体主义和集体主义，以"关系主义"为新的哲学基础，构建适合中国本土文化的心理学知识体系（黄光国，2009）。边燕杰则极力倡导关系主义社会学，他认为，以关系主义哲学为基础的关系社会学是一套以伦理本位、关系导向、熟亲信为特征的关系主义现象的理论知识（边燕杰，2010：2）。

关系主义为我们提供了重新看待共同富裕的新视角。共同富裕的核心内容之一是"共同"。一方面，共同指向全体人民，共同富裕是普遍性富裕；另一方面，共同容纳了时间差异、程度差异，共同富裕是非同时、非同等的富裕。关系主义以场论为理论基础，预设个体处于社会网络中，在关系网络中分析事物，而关系网络随着空间伸缩不定，也随着时间的变化而发生变化，过程是关系主义观察事物的重要理路。这点明了关系主义的动态性认识论特点。关系主义能够兼容个体主义和集体主义，从动态的角度看待个体和集体的利益及其边界。个体主义富裕强调私人的富裕，容易出现贫富两极分化；集体主义富裕则是一种均富，可能导致共同贫穷。关系主义下的共同富裕试图超越传统二元对立思维，就是要实现不同群体在富裕方面的多维和谐关系。换言之，关系主义下的共同富裕本质上是财富在整个社会结构中动态平衡地创造、分布与占有的过程与状态。

（二）面向共同富裕社会工作理论框架的核心：共富关系

在现代汉语词典中，"格局"最初指的是棋盘上的格子，逐渐演化指向体系、领域、行业生态、圈子等，集合了时间、空间、角度等不同的思维框架。"格"，即"方格"，是一个正方体，我们可以将整个社会视为一个"格"，而整个社会的状态即呈现为"格局"。共同富裕的社会可以用"共富格局"概念来表达。这一构念是关系主义思维的产物，指的是诸多先富与后富单元在动态关系调适中所形成的整体样态，并表达了某时段共同富裕社会的转型状态。共同富裕的社会形态，既展现为图1左侧的"格"（正方体），也可以再将这个"格"的八个角（八个小正方体）平面化，呈现为图1右侧图形所示的平面化"共富格局"。

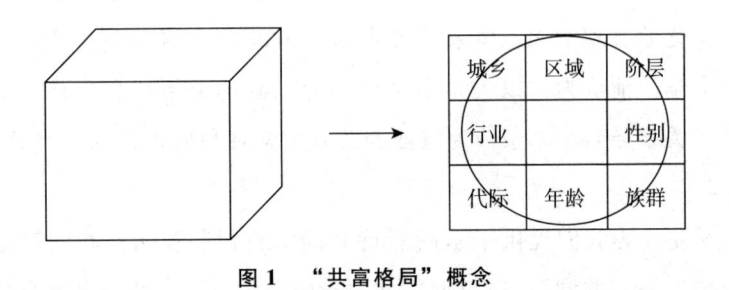

图1 "共富格局"概念

贫富问题实质上是不同因素形成的交叉性权力关系所导致的财富满足程度问题。贫富分化表现在城乡、区域、阶层、性别、族群、年龄、代际、行业等维度。我们用"共富格局"中的八个小格子分别代表城乡、区域、阶层、性别、族群、年龄、代际、行业。这个"共富格局"内的八个小格子代表了八类先富、后富类型。一方面，这八个小格子内部的先富后富关系有待调适，并达到共同富裕状态；另一方面，八个小格子之间相互流动，形成一个资源流动环，推进了八个维度上资源平衡与充分性流动，从而实现整个格局的共富。由此，"共富格局"概念涵盖了八个类型内部的先富后富关系，以及八个类型整体的富裕关系，形成了关系主义下的一个探索性构念。

关系主义视角下，面向共同富裕的社会工作理论框架目的就是解释和干预"共富格局"内的共富关系，致力于形成一种动态的平衡性格局。这至少包括平衡城乡关系、区域关系、阶层关系、性别关系、族群关系、年龄关系、代际关系、行业关系。在关系主义看来，先富主体与后富主体之间并非二元对立的。对于先富者和后富者之间关系的理解需要置于关系项中界定，而关系项受到不同的结构性因素影响，通过国家、市场、社会的基础性制度建设可以创造良好的条件。同时，先富后富主体也具有"关系理性"(贺来,2015),在内外因素影响下有可能建立和谐共生的共富关系。

四 面向共同富裕的社会工作实践聚焦

在实践框架上,社会工作要综合运用微观和宏观社会工作方法,从物质富足与精神富有的双重性、先富与后富的共享性、共富格局的动态性三个方面助推共同富裕。

(一)物质富足与精神富有的双重性

社会工作应通过精神富有助力物质富足。精神富有涉及个体的价值、认同、审美、知识和文化等,实现精神富有要注重日常生活精神准则和行为规范的养成、社会力量参与、公共文化资源保障、公平发展机会和社会价值体系构建等(汪青松,2011:55)。社会工作在精神富有的满足上有着丰富的理论资源与方法技术。以心理学和社会学两大学科知识为支柱,社会工作通过面向个体的心理调适、自我潜能激发、教育和关系协调、家庭关系优化,以及面向社会的价值引领、宣传和倡导、政策影响等方式促进精神需求满足。精神富有缓解个体的痛苦,调适身心灵健康,增进了社会资本,这反过来能够支持和促进物质财富的创造和共享。

社会工作要激发共富内生动力。"马太效应"让先富者愈富而缺乏友爱精神、合作意愿,极力维护自我利益;后富者则对前景不明,加之现实生活中资源短缺、机会稀少,"转型期生存焦虑"让内卷、躺平成为无奈的选择。为此,社会工作者通过个案工作、小组工作、社区工作、社会行政、社会倡导等多种方法,对先富和后富对象展开心态的干预,尤其是通过助人价值的彰显、道德感染等,激发先富对象帮扶后富对象的内在动力。

社会工作应以社区工作为本促进共同富裕。社区是联结个体与社会的媒介,社区为本的社会工作注重环境的整体改变,由此推进人的物质和精神双富裕。社会工作采用综合性社会工作方法,在个体层面,将后富者视为有优势的主体，在激发潜能中，通过整合经济发展与社会发展，促进后富者的物质积累与精神丰富；将先富者视为性本善、乐于助人的主体，促进先富者对后富者的帮助。在宏观层面，社会工作者可基于社区实践，倡导国家实施社会投资政策，推进社区与社会赋能。

社会工作要影响经济社会政策，构建先富帮助后富富裕的平台。资本作为生产要素发挥着积极的作用，但也需要引导其健康发展，激活社会建设，促进共同富裕。社会工作要帮助先富企业找回主体性，帮助企业理解其自身需求而不是作为被治理的对象，推动企业平衡商业性与社会性。社会工作应倡导企业负责任的投资行为，一方面，在合法合规合理范围内开展财富创造，有助于拉低不合理不合法的收入，促进阶层收入平衡；另一方面，通过协助先富企业构建共富平台等措施，吸纳更多后富者就业、开展营利性项目，带动更多民众参与先富企业的发展。

（二）先富与后富的共享性

社会工作要研究构建先富后富共享性关系。尽管补偿贫穷群体是必要的，但研究富有群体中的种种亚群体或者说研究富有群体的分化比单纯研究贫富分化问题更重要、更紧迫、更有现实意义（郭忠志，2001：106）。传统的社会工作知识体系注重对弱势群体及其问题的分析，而有关富裕群体，尤其是商人的人性观、财富观、社会责任观等知识十分匮乏。社会工作应在研究先富中，推进这方面知识的生产，并在对先富的评估中，激发人性中奉献、助人的一面，以社会工作技术促进先富在需求自我满足的同时带动和帮助后富，促进人人享有发展成果。

社会工作化解共富的经济社会关系矛盾。"均平""不患寡而患不均"是中国民众的普遍诉求和理想，但共同富裕并非平均主义，而是包容一定差异的整体性富裕。共富过程必然存在关系的矛盾、冲突，既可能导致劫富济贫以致共同贫困，也可能致使贫富两极分化。社会工作协调共富关系就是要助力消除这种极端关系，促进先富者和后富者各自利益的保障及其平衡，实现发展成果的共享性。

社会工作推进城乡、区域、阶层、性别、族群、年龄、代际和行业等之间的平衡。首先，坚持问题导向，开展协同性生产实践，着力对中西部发展、中低收入人群发展、乡村振兴领域开展服务，推动外来资本与乡土社会的"有机嵌入"（吕鹏，2022：19），助力推进乡村财富创造。其次，社会工作在"兜底性"社会保障方面扮演福利传递者角色，并通过整合资源、社会倡导、政策影响等方式促进城乡间、区域间、群际资源的流动，以及全社会财富的增加。最后，社会工作还可通过组织建设促进资源生产、流动与整合，既包括生产性组织，也包括社会性服务组织。组织是对财富要素的重新组合，社会工作者通过创建或支持后富者间的互助组织、先富带动后富组织等形式推进资源的进一步流动、优化与共享。

社会工作促进价值引领，推进新型财富伦理建设。一方面，社会工作者可以利用互联网技术，基于自身的活动积极彰显奉献、友爱、互助的精神，传递先富者帮扶后富者故事，发挥社会感染的作用，促进社会对于创造财富的认可。社会工作深度参与城市反哺农村、东部对口支援西部、发达地区帮扶欠发达地区等，促进先富对后富的支援性关系构建。另一方面，财富伦理作为道德观的一部分，倡导人们用正确方式理解财富、用合乎伦理方式创造财富、用健康文明方式使用财富，这对于共同富裕有积极意义。社会工作通过社会倡导、政策建议等方式推进国家新兴财富伦理规范的出台，在执行中宣传落实，并予以效果反馈。

（三）共富格局的动态性

习近平（2022）指出，"不同人群不仅实现富裕的程度有高有低，时间上也会有先有后，不同地区富裕程度还会存在一定差异，不可能齐头并进。这是一个在动态中向前发展的过程，要持续推动，不断取得成效"。这表明了共富格局的动态性。共同富裕目标接续小康，但高于且难于脱贫与小康两个目标。相关的制度建构充满艰巨性，很难在制度构建上一步到位建成共同富裕。在这当中，社会工作参与共同富裕也不可能一步到位，而是在持续动态过程中坚持作为。关系主义认为事物的属性是在动态的关系网络中界定的，社会工作需要基于动态的共富关系不断调整行动的方法，甚至需要跟随时代的变化而创新知识和技术体系。这要求社会工作者有历史感、结构性视角，在动态的共富格局中基于时间、空间、位置与关系的变动做出合宜的行动。

先富后富之间的动态关系在很大程度上取决于市场-政府-社会转型过程。市场、政府、社会对于"共富格局"内外有形和无形资源的生产、流动和分布发挥关键作用，被认为是实现共同富裕的结构性力量。一方面，社会工作者可运用宏观社会工作方法，如推进社会投资、影响经济社会政策、强化政府服务属性、促进社会道德彰显等方式，促进政社关系、社社关系、政企关系等持续转型，建设公平透明有效市场、积极政府和有力社会（何雪松，2020：119）；另一方面，社会工作者需要明晰中国语境下党的独特作用，协助党动态推进社会转型。

实现共同富裕，从更为宏观的角度来说就是要促进中国共产党领导下政治、经济、社会内资源的流通、共享。中国共产党作为"共容性组织"（权衡，2011），是实现共富之路的根本动力和保障。无论是三次分配整合还是对国家、市场、社会的统领，中国共产党都是调和先富者与后富者关系，平衡城乡、区域、阶层、性别、族群、年龄、代际、行业等变动要素的关键力量。中国共产党也通过自我的党组织关系网络覆盖了全国，遍及各个领域和层级，为共同富裕提供了西方所不具有的统一力量。社会工作助推社会转型实现共同富裕，要努力促进不同时段不同主体声音纳入"共容性组织"的框架中，并积极协助党组织网络促进共同富裕。

五 结语

治疗性社会工作以发达资本主义国家为研究对象，发展性社会工作则聚焦于发展中国家的经验，它们共同构成了西方社会工作理论与实践的主要框架。作为转型的社会主义国家，中国社会工作语境的诸多内在要求超出了这两种社会工作样本的知识体系。面向共同富裕的社会工作已经超越了西方现有社会工作主要理论的视野，而相关的理论建构却鲜见。

本文在批评反思现有社会工作理论与实践框架的基础上，基于关系主义，构建了以共富关系为核心的理论框架，并主张聚焦物质富足与精神富有的双重性、先富与后富的共享性、共富格局的动态性三个方面，融合微观与宏观社会工作方法展开实践，从而探索建构了一个面向共同富裕的社会工作理论与实践的初步框架。这从理论上回应了社会工作参与共同富裕的内在要求，对助力中国本土化社会工作理论供给、扩展社会工作理论的共同富裕面向具有积极意义。当然，本文的探索还只是初步的，期待更多的研究加入这一行列。

参考文献

边燕杰，2010，《关系社会学及其学科地位》，《西安交通大学学报》（社会科学版）第3期。

付立华，2022，《社会工作助力共同富裕：何以可能和何以可为？》，《山东社会科学》第7期。

顾昕，2023，《共同富裕的社会治理之道——一个初步分析框架》，《社会学研究》第1期。

郭忠志，2001，《社会转型中的贫富分化与社会的转型》，《理论与改革》第5期。

何雪松，2007，《社会工作理论》，上海：上海人民出版社。

何雪松，2019，《改革开放40年与中国社会工作的发展——"结构-行动"的视角》，《西北师大学报》（社会科学版）第2期。

何雪松，2020，《积极而非激进：宏观社会工作的中国图景》，《学海》第1期。

何雪松、杨超，2019，《中国社会工作的本土化：政治、文化与实践》，《济南大学学报》（社会科学版）第1期。

何宇飞，2020，《发展性社会工作帮扶农户对接市场的策略与困境》，《华中农业大学学报》（社会科学版）第4期。

贺来，2015，《"关系理性"与真实的"共同体"》，《中国社会科学》第6期。

黄光国，2009，《儒家关系主义：哲学反思、理论建构与实证研究》，台北：心理出版社。

李伟，2018，《社会工作何以走向"去社会变革化"？——基于美国百年社会工作史的分析》,《社会》第 4 期。

李迎生,2008,《西方社会工作发展历程及其对我国的启示》,《学习与实践》第 7 期。

刘国光,2011,《是"国富优先"转向"民富优先"还是"一部分人先富起来"转向"共同富裕"?》,《探索》第 4 期。

吕鹏,2022,《全体人民共同富裕与社会学的使命担当》,《社会学评论》第 6 期。

迈克尔·谢若登,2005,《资产与穷人:一项新的美国福利政策》,高鉴国译,北京:商务印书馆。

莫腾飞、曾守锤、唐立,2022,《迈向第三次分配:社会工作推动共同富裕的作用与机制》,《新疆社会科学》第 2 期。

权衡,2011,《共容性组织与激励性增长:超越"政府—市场"的分析逻辑——政党功能的经济学思考》,《学术月刊》第 6 期。

孙立平,2005,《社会转型:发展社会学的新议题》,《社会学研究》第 1 期。

唐纳德·E. 沃斯,2004,《国际发展理论的演变及其对发展的认识》,孙同全编译,《经济社会体制比较》第 2 期。

汪青松,2011,《内涵·价值·构建:精神富裕三维之解》,《学术论坛》第 11 期。

王思斌,2022,《困弱群体的参与性共同富裕与社会工作的促进作用》,《社会工作》第 1 期。

习近平,2022,《扎实推动共同富裕》,《求是》第 20 期。

徐道稳,2021,《社会工作如何在促进共同富裕和三次分配制度中发挥作用》,《中国社会工作》第 25 期。

徐选国、秦莲,2022,《社会工作参与共同富裕:何以可能?何以可为?》,《学习与实践》第 6 期。

朱健刚,2011,《转型时代的社会工作转型:一种理论视角》,《思想战线》第 4 期。

庄秀美,2004,《社会工作名人与名著》,台北:松慧有限公司。

Emirbayer, M. 1997. "Manifesto for a Relational Sociology." *The American Journal of Sociology* 103(2): 281-317.

Midgley, J. 1995. *Social Development: The Developmental Perspective in Social Welfare*. Thousand Oaks: Sage Publications.

Midgley, J. & Conley, A. 2010. *Social Work and Social Development: Theories and Skills for Development Social Work*. New York: Oxford University Press.

从"嵌入"到"内生"：社会工作本土化调适中的专业治权转型[*]

王学梦　裴　彤[**]

摘　要　对中国社会工作组织体系的历时性和共时性考察显示，社区组织体系对专业治权的拒斥、社区职业系统对专业治权的剥离和社区公共需求的异质性对专业治权的稀释，致使社区社会工作陷入表面嵌入、实则悬浮，形式有效、实质无效的"目标置换"危机。而基于地方知识语境、以专业服务合法性供给为使命、由专业共同体内部所共享的社会工作专业治权的策略转型是未来中国社会工作迈向本土化的必由之路。对此，可从组织共同体、政策共同体和服务共同体"3C"战略导向破局。此处的三大"共同体"本质上是一种内生于现有党政系统的、"半专业-半行政"的"政专复合体"。

关键词　嵌入　内生　专业治权　政专复合体

---

[*] 本文系浙江省社科规划常规课题"城市社区工作者职业能力建设研究"（24NDJC213YB）阶段性成果之一。

[**] 王学梦，博士，浙江中医药大学人文与管理学院讲师、硕士生导师，主要研究方向为社会工作政策、理论与实务；裴彤，博士，浙江中医药大学人文与管理学院讲师、硕士生导师，主要研究方向为健康社会学。

一 问题提出

社会工作在中国地方语境的本土化适应历来是社会工作学界孜孜以求的时代之局。追溯西方社会工作引介中国的发展简史可知,"嵌入性发展"成为理解中国社会工作本土化的一条重要线索。王思斌(2011)最早借用波兰尼的"嵌入性"分析概念,指出中国社会工作发展基本上呈现在政府主导下由边缘向核心、由浅层向深层、由依附性向弱自主性嵌入的演进时态。在这一视域下,"嵌入性发展"成为本土社会工作实务推进的主导性策略,社区则成为嵌入性发展的核心路径和组织场域。张和清(2016)认为要坚守社区为本的社会工作,文军、吴越菲(2016)主张建立以"社区关系重建"为核心的社会工作整合服务模式,童敏、刘芳(2021)则指出社区是中国社会工作发展的最主要服务领域和落脚地。在诸多学者从应然角度为社会工作"嵌入"社区发展提供理论和现实支撑的同时,政界和实务界亦对社区社会工作寄予厚望。社区由此不仅成为各类基本公共服务供给侧的终端,同样还成为中央和地方培养本土社会工作专业人才、供给社会工作专业服务的主阵地。

诚然,从场域恰适性、需求密集度和矛盾化解率来看,社区在社会工作的本土化嵌入方面确实有着独特优势。然而,在各种"聚光灯"投向社区的同时,我们也不得不承认社区社会工作过去和现在从未走出"米提斯"式困境:政策"生产"变形、实务方法割裂、人才培养内耗、行业组织发育不良、福利供给"悬浮"……上述鲜明反差从另一侧面倒逼我们再次审视社会工作本土化这一时代课题:"嵌入性发展"是中国社会工作本土化的唯一出路吗?社区能否切实担负起社会工作本土化的重任?如何破解社会工作资源配置在社区的巨大投入与低效产出所形成的"剪刀差"?

部分研究显然已关注到了上述困境,本土社会工作研究近期开始出现新动向。正如王思斌(2023)用新本土化来概而论之;储琰、高广智(2023)提出中国社会工作需要从对照向原创转轨;徐选国、秦莲

(2023)则预判制度赋能与专业建构是中国社会工作发展的双重动力。受上述研究省思和启示，本文尝试另辟蹊径，引入一个全新的分析视角：专业治权。本文在对专业治权概念进行学理溯源和阐释的基础上，对社会工作嵌入社区基层组织过程中各相关要素的权能特质及其局限性进行系统剖析，通过挖掘阻滞专业社会工作发展的深层症结，探求本土社会工作专业治权转型与合法性再生产的内在机理，从而更加积极灵动地回应社会工作本土化这一时代课题。

二 专业治权概念释义

谈及专业治权，首先需要回应治权及其合法性来源。从可知的文献来看，"治权"首先是一个在政治学意义上具有相对性存在的概念，主要基于政权或产权而生，既包括正式的组织资源，也包括非正式的组织资源（Niu & Haugen, 2019）。这一概念最早起源于孙中山的权能分治思想。在孙中山看来，政治包含两股力量：一股是政权，另一股是治权。其中，治权关注的是在社会公共事务的管理中国家机关的权力具体由谁行使、如何行使的问题（刘金国、陈金木，2004），此处更多表现为正式的组织资源。还有一类治权的合法性内生于社会共同体内部，主要表现为非正式的组织资源。如张静（1999）较早在村规民约意义上使用"乡村治权"，石伟等人也给予了与之相似的关注（石伟，2023；孟晓志、谢琳，2023）。还有一些学者融入了"治权"概念的双重资源视角，如申端锋（2010）借用吉登斯的权力资源观，将治权阐释为乡村两级组织所能调动、凝聚和配置的资源及合法性的总和，包括物质性资源和权威性资源两大类。可见，治权往往是国家行政力量和社会共同体在自我调适或互治过程中通过解构或再造，进而适应新的经济体或社会组织形态的一种特殊权力类型。

国际社会工作学界对治权的追求主要受到专业主义（professionalism）的影响和驱动。专业主义对内涉及自我规范与控制的自主性，对外涉及与其他行业之间形成的主导或依附性关系（Noordegraaf, 2007）。这种对专业管辖权和话语权的争夺便形成了社会工作的"专业治权"。因为"专业工作者必须具有专业权威和专业自主性"（Hughes，1960）。"现代社会的任何一种产品和制度，其存在的正当化都需要借助科学和专家系统的审查，并被专家系统核准，贴以科学的标签。"（赵万里、王红昌，2012）社会分工越精细、专业化越强，人们在制定和实现目标时就越依赖于"专家"（罗宾斯、贾奇，2008）。由此衍生的专家权力是一种微观的个人权力，它来自这个人具有某些技能或技术专长（French & Raven，1959）。综上，社会工作的专业治权可理解为掌握社会工作知识、技能和资源的行业组织和职业人群，以专业服务的合法性且有效供给为使命，在专业共同体内部所达成的专业自主和共识，共同恪守社会工作伦理守则和行为规范，行使社会工作治理权能，从而获得专业权威和专业自治的权力构成体系。简言之，社会工作专业治权是基于中国本土的地方知识语境，由社会工作专业共同体和职业人群内部所管控和享有的，以专业服务合法性供给为终极使命的资源配给和权力关系谱系。

由于专业治权本质上是对专业资源的管辖以及对专门知识的垄断，因而专业治权的实现，需要借助一定的职业主体，被赋予一定的组织权能和行动资源，具体实施专业的治理权。作为一门应用性和实操性极强的社会科学，社会工作的专业治权构成主体较为弹性和灵活，既可以是高校的专家学者，也可以是资深的实务工作者，其中社区基层组织中实务工作者的专业治权是本文的主要关怀所在。尽管他们的行业知名度和社会影响力无法与学院派的专家学者媲美，但他们是身处一线、身体力行地践行社会工作价值理念的关键行动者，其专业治权的实现对中国社会工作的本土化进程意义深远。

三 专业治权何以转型：社会工作福利供给中的"目标置换"危机

组织"目标置换"（goals replacement effect）是指在组织目标的达成过程中对目标如何完成的关切，导致个人的心思渐渐地被方法、技巧、程序所占据，反而忘记了对整个目标的追求，个体的行为导向由"工作完成了没有"（目的）转向"工作如何完成"（手段）。规则原本是手段，现在却变成了终极目标（默顿，2001）。如开篇所述，中国本土社会工作发展面临的困窘之处在于：一方面，学界、政界竭力倡导以社区为主媒介，实现社会工作的"嵌入性发展"；另一方面，在实务界充斥着形式主义和工具理性的"悬浮式供给"。社会工作在专业建构过程中，通过模糊发包的国家治理、内卷化的社区治理体系与不明晰的专业制度的互动，形塑了一种工具性的专业主义（徐盈艳，2019）；"社区工作者大多依赖'以私利公'的人情化操作手法，通过挖掘居民骨干、建构在地化的人情关系来开展社区服务"（施旦旦，2021）。政学两界的专业期待与实务推进的尴尬现实，迫使我们追问：社区社会工作何以陷入专业服务危机？在更深层次意义上，社区治理体制机制对专业治权的"禁锢"可能更值得深究。因此，本文更加侧重于从社区基层组织体系变革、社区职业群体的激励机制和服务对象的需求特性来探讨社会工作专业治权所遭遇的目标置换危机。

（一）社区组织体系拒斥专业治权

从社区基层组织形式来看，1949年以来，中国基层社会的组织形式先后经历了"单位制""街居制""社区制"三个阶段（杨君、纪晓岚，2017）。在"社区制"阶段，经济社会进入快速转型期，政府简政放权步伐逐步加快，大量的公共服务事项开始下沉，社区建设受到前所未有的重视。由于区域经济社会发展情境迥异，社区基层组织在超负荷运转的同时，逐步繁衍出不同的社区事务类型和管理模式。

从社区组织的事务类型来看，大致可概括为社区行政事务（社区行政管理事务、社区行政执法事务和公共信息采集事务）、社区公共服务（特定人群服务、市政服务和物业服务）和社区自治事务（社区法定组织事务和社区邻里互助事务）三大类，而不同类型的社区公共事务应采取不同的治理机制，其中社区行政事务采取行政机制，社区公共服务采取准市场机制，社区自治事务采取自治机制（卢爱国、曾凡丽，2009）。在上述三类事务中，社区行政事务是职能部门各条线行政事务在社区的延伸，同时也内含了部分社区党建事务，此部分职能与专业社会工作几无相干，故不在本文讨论之列。而社区公共服务和社区自治事务与专业社会工作既有交叠互补的一面，又有复杂互动之处。区分的核心维度之一是遵循事本主义逻辑还是人本主义逻辑。一般而言，社会工作的客体以"人"为中心，遵循人本主义逻辑；其他类型社区公共事务的客体多以协调和处理各种"事务"为中心，遵循事本主义逻辑。因此，市政服务、物业服务和社区法定组织事务均不在社会工作专业服务之列，但社区公共服务中的特定人群服务和社区自治事务中的邻里互助事务可由社会工作者承担。

还应看到，特定人群服务和邻里互助事务又深受社区管理模式制约。学界对社区管理模式的探讨主要围绕社区居委会与社区公共服务工作站之间的隶属关系而展开，目前基本形成了"一核多元"的社区管理体系。而大量经验研究表明，无论是何种社区管理模式，社区基层组织似乎都难逃行政化的"宿命"（苗延义，2020）。一方面，居委会的边缘化和空心化问题学界有目共睹，尽管不同历史时期居委会的中心任务不同，但高效完成自上而下层层转递基层的诸多行政任务始终是其主责主业，而这也就意味着所谓的减负增效、权责清单、工作准入等"去行政化"改革都不过是"雷声大雨点小"的"纸上谈兵"，居委会的行政化痼疾自诞生以来便积重难返；另一方面，促发社区公共服务工作站诞生的原初动力是消化居委会的各种行政性事务，承担社区基本公共服务的政务代办功能。在研究者的田野观察中，社区工作者至少70%的精力用于应付上级的各种行政考核，仅30%左右的精力和时间为居民提供基础性服务。近年来，江浙地区曾尝试依托社区公共服务工作站增设社区社工室，以提升社区为民服务的专业度。但这些社区社工室大多是由社区工作者或草根能人挂名，并且应上级考核要求发起，最终沦为形同虚设的"僵尸型"组织。由此，自上而下的条线工作逻辑和现有的社区管理模式本身不足以承载以服务特定人群为导向、以项目化运作为主线的社会工作服务使命。这种内在张力决定了无论是社区居委会还是社区公共服务工作站，抑或社区社工室，都难以担负起本土社会工作发展的时代重任。

（二）社区职业系统剥离专业治权

社会工作服务是一种以"人"对"人"的福祉服务，社区工作者是社区场域中最核心的服务供给者。在社区组织体系历经广泛、深刻社会变迁的同时，社区工作者的职业身份和专业认同也随之被打上了时代烙印。具体表现在新政权成立以来，城市社区曾诞生过阶级净化型、生产营利型、职业经纪型、全能专业型四类社区代理人（王学梦，2021），社区工作者经历了一个趋于正式化、职业化和专业化的身份演进历程。在2008年国家正式推出社会工作者职业资格考试前，社区基层组织主要吸纳了阶级净化型、生产营利型、职业经纪型三种类型的社区工作者，这段时间他们与西方社会工作几无交集。2008年之后，社区社会工作的专业化被提上议事日程，各地逐步加大对社工人才的培养力度，全能专业型社区工作者开始登上社会治理舞台。在此背景下，"存量提升+增量引进"是地方政府培养社区社会工作职业群体的基本策略。基于这一策略，大量的社会工作专业资源向社区工作者群体倾注，如准入加分、考证奖励、职称津贴等。在2023年杭州市滨江区、拱墅区、余杭区等地专职社区工作者招聘公告中，均对持有助理社会工作师、社会工作师职业资格的考生笔试分别加3分、5分。在政策"指挥棒"下，社区工作者的持证率逐年攀升，经济发达城市如杭州的许多社区时至今日甚至接近70%。这些经验"证据"似乎表明，社区工作者被赋予了名副其实的专业治权。

上述论见实则忽略了另外一个隐性问题：在职业系统中，每种职业都在各种管辖权（jurisdiction）的控制下开展活动。有时候它具有充分的控制权，有时候其控制权又受制于另一个群体（阿伯特，2016）。显然，社区工作者的专业管辖权并不在这一职业群体自身，缺少专业自主性、专业发展通道受阻反而是他们面临的主要困扰。这表现在，一方面，专业自主性羸弱。由于实质性的职业管辖权主要由地方政府把控，专业话语权往往由专家学者把控，尽管他们倾向于将社区工作者纳入社会工作者职业序列加以栽培，但这种栽培更多地具有政绩考核和本本主义的色彩。社区工作者的实际工作性质和内容基本以社区行政事务为中心，与专业意义上的社会工作服务大相径庭。可见，尽管社区工作者被作为"规模宏大的社会工作人才队伍"主角进行孵化，但高度的行政化和稀薄的话语权无形中挤压了其专业权力，使其无暇顾及社会工作服务供给和知识积淀。

另一方面，社区工作者的专业发展通道受到严重阻滞。在现有社区管理模式下，社区工作者的职业身份主要由社区正职、社区副职和无职级的普通社区工作者构成，这在本质上是一种类科层式的设岗定级。自2014年以来，上海、广东、浙江等地推出了参照公务员、事业编薪资结构的"三岗十八级"薪酬体系，更加强化了这种科层化倾向。这一薪资体系尽管将持证作为社区工作者加薪或晋升的附加条件，但在根本上仍是一种科层式的绩效评价体系。在这一评价体系下，社区工作者考证的初衷，主要受到工具理性的驱动，从而诞生了一大批持证而不做专业、有名无实的"本本族"，这在某种程度上也宣告了以社区为主阵地培养社会工作专业人才的失败。

（三）社区公共需求的异质性稀释专业治权

作为一种为"人"的服务，持续、充分、热烈的共情、互助和赋能，是评价社会工作服务有效性的重要指标，这也是服务对象需求得以满足的重要表征。而在城市社会中，面广量大、复杂交错、快速切换是当代公共生活中最为常见的场景，这也就决定了公众需求的高度异质和分化。从需求的对象来看，老人、妇女、儿童、残疾人、上班族、流动人口，不同性别、年龄、身体状况的人对公共服务的期待众口难调。从需求的领域来看，涉及帮扶救助、环境改善、文明倡导、停车管理、文体娱乐、关系调和等；基于需求的巨大差异性甚至可能随时激化居民间的对立情绪，如老旧小区的中高层业主要求加装电梯，低层业主则以影响采光为由竭力阻挠；长者希望社区提供上门送餐和文体服务，年轻父母则对课后托管和亲子教育有强烈需求。从需求的层次来看，居民的需求又分为眼下需求与长远需求、表层需求与深层需求、物质需求和精神需求。从需求的类型来看，还涉及居民的感觉性需求、表达性需求、规范性需求和比较性需求等。由是观之，在人口稠密的城市社会中，面广量大、千头万绪是公共需求的主要特点，这与相对地广人稀的西方发达国家的人口治理难度不可同日而语。这一现实处境也决定了社区社会工作在服务聚焦和深层介入上的局限性，从而使专业治权在社区层面难以施展"拳脚"。

同时，从需求端来看，在新治理情境下，随着社会摩擦系数增大和复杂社会问题外溢，个体的利益观呈现纷繁交织的现实图景，社会利益的高度分化既是基层社会丰富多彩的活力之源，也成为社会矛盾频发的根源，致使社会治理的需求多样性、问题复杂性、任务艰巨性前所未有，诸多社会治理难题仰赖传统的治理经验和管控策略势必"捉襟见肘"。从供给侧来看，社区所处的社会结构位置，决定了其资源统筹和社会动员能力非常有限。因此，社区仅能兜底和消化最基础的民生服务需求，即便对一些专业性服务有所探索也只能浅尝辄止。尤其在共同富裕的时代背景下，对于那些面广量大的疑难社会问题，如基层沉疴信访维稳问题，在社区层面本质上难以有效根治和回应，因而迫切需要改革基层组织体系，打造新型的社会治理共同体，重构社会工作的专业治权分工体系。

由上述对造成社区社会工作专业性危机主客观因素的剖析可知，随着基层治理改革进入深水区，社区基层组织和社区工作者的专业治权存在明显的"目标置换"危机，已成为制约社会工作专业服务有效供给的阵痛点和绊脚石。这也启示我们，亟待借助基层社会治理体制治权体系的重构与再生，发展出一种全新的专业性基层组织体系，通过赋予行业主体足够的专业治权，推动社会工作专业服务提质增效。

四 社会工作专业治权如何转型： 迈向内生型"政专复合体"

学者王思斌（2011）曾预言：随着新的社会管理格局的逐步形成，中国社会工作将走向政府-专业合作下的深度嵌入。而当本土社会工作进入"深度嵌入"时态，这种"嵌入"已经脱离了起初的"嵌入"本意，可能呈现"反嵌入"抑或"超嵌入"的内生与融合状态。这势必要跳出传统的以居委会为主基调的"政社复合体"的运行逻辑，转而能动性地跻身到新型的基层治理模式中，创设一种崭新的在地化"政专复合体"，促使社会工作的专业治权从政权体系内部生发。在后一逻辑中，通过对社会工作组织机构和基层政权组织体系的再造和重组，在基层社会治理体制中植入社会工作专业元素，聚合社会工作服务资源和实务工作者智慧，培育社会工作治权共同体，以此打破各自为政的专业壁垒，从而实现基层政权、社会建设与专业治权主体的同频共振。简言之，这种内生的政专复合体可按照"3C"行动模型和战略导向，即从组织共同体、政策共同体和服务共同体三大"共同体"破局。

(一) 创设复合的组织共同体

在组织理论视角下，组织是支撑群众行动的背景，构成了人的行动领域。这种领域，既是行动的前提，也是行动的结果，同时还是行动的协调过程，因而组织的本质是一种协作系统（Barnard，1969）。在后新公共管理时代，组织间的合作治理是大势所趋。通过组织间的资源共享、信息交换和行动互惠，将所有利益相关主体吸纳到一个联合的协作系统中来，借助复合的组织共同体建设，最大化减少内耗，增进合作效益。这种新型的功能性、复合的组织共同体特性如下。

首先，内生于基层政权体系内部。历史业已证明，城市居委会自诞生以来充当了中国基层社会最基本的政社联结通道，在历次的改造运动中顺利完成了国家交办的各项政治任务。但随着社会转型期的到来，居委会在社会工作专业服务供给方面捉襟见肘，因而亟须开辟一种新型的、功能类似于居委会，但更加注重专业服务供给，并被赋予更大治理权能的社会治理共同体。这一共同体表面上肩负着专业服务的有效供给，内在地肩负着助力社会团结、稳固国家政权的使命。最理想的路径是在国家政权体系内部，通过基层组织再造和治理层级上移，自内而外创生一种新型的社会组织形式，并赋予其相应的治权合法性。这一组织所处的社会结构位置不宜过低，防止"小马无法拉大车"。

其次，扮演"半专业-半行政"角色。强政治性是中国本土社会工作服务和组织的文化底色,这也就决定了在中国不可能建立一个纯粹自治的、超越党委/政府而存在的专业组织有机体。而只能是一种兼具官办的枢纽型社会组织和专业的行业性社会组织双重功能的党政社组织共同体。受到这种行政与专业兼而有之角色定位的影响,这种新型的社会组织共同体尽管内生于基层政权体系内部,但与传统的科层组织系统相比,将会更加开放多元和富有弹性。

(二) 革新正和的政策共同体

社会工作在中国的本土化既是一项知识普及的技术工程,又是一项改善民生福祉的政策普及工程,从而社会工作专业治权的形成必然是学界、政界和实务界等行动主体共同参与、平等对话、达成共识的过程,这需要依赖于政策共同体的"搭台"调和。科尔巴奇将政策共同体界定为一种相对稳定的结合体,其成员来自范围广泛的组织,他们一起被置于一个共同的持续基础之上来解决政策问题,这些问题永久性地驻扎在每个政策来源的周围(科尔巴奇,2005)。还有学者指出,政策共同体是一种强调参与角色多元、参与方式平等并由共同信念支撑的正和结构(吕亚军,2008)。综上,本文提出的"政策共同体"是指在经济或公共服务领域存在的,多个公共部门、机构和组织为了协调行动、达至共同目标,以平等对话、积极协商、利益共享等方式,共同制定并实施政策而结成的政策联盟。王思斌(2021)主张要从两个层面建立政策共同体:一是推动具体社会工作的民政系统内部各部门所形成的共同体,二是负责具体社会工作的民政部门与其他相关部门形成的政策共同体。从专业治权的角度而言,这一观点涵盖了关键的决策主体,但疏漏了核心的行动主体和受益主体,如党群工作部门、社会工作行业组织、实务社会工作者、服务受益者等。因而,正和的政策共同体应将核心的行动主体也容纳其中。只有重要且必需的利益相关主体都参与到社会工作的政策进程中来,才能提高决策的透明性、开放性、科学性与有效性,确保政策的公信力与合法性。

这种新型的政策共同体除了具备优化制度环境、规范组织关系的功能以外，还具有强大的资源聚合、共享和循环功能。一方面，政策共同体既担负着"五社联动"的重任，又间接地辐射并吸纳民政系统以外的组织和服务资源，如人社、卫计、教育、工青妇等群团组织，其主体功能类似于各级党群中心、社服中心、社区基金会、行业协会等；另一方面，政策共同体还肩负着开发社会工作岗位、项目、人才、服务的使命，扮演着行业领跑者和绩效评价者的角色。上述两种角色的叠加，使新型的政策共同体成为吸附众多子组织系统的母体或"五社联动"的枢纽，有利于统筹谋划和反向输出社会救助、老年福利、儿童保护、社区治理等专业性服务。因而，政策共同体的形成，本质上是在党的领导下，党政力量与各种社会力量的有机联合，在更深层意义上，意味着基层组织架构的完善和社会工作专业治权的转型。通过对基层治理主体的扩权赋能，进一步深化基层管理体制改革，强化基层政权的综合服务和管理职能，重构当代中国地方政府的治权配置逻辑。

（三）建构协作的服务共同体

从宏观的政策导向来看，社区工作者作为现代社区治理的关键一环理应享有专业治权；但从微观的社区组织体系与职业激励机制来看，社区基层组织和社区工作者实际享有的专业治权微乎其微，其所遭遇的专业性危机显而易见。但这并不意味着，社区组织体系和社区工作者的专业治权不重要，而是需要建构一种新的政社团结和分工机制，通过治权结构的分工重组与良性调适，进行分层分类赋权治理，形成新的联动服务格局。

首先，注重人才建设与组织发育的耦合。中西方社会工作发展的历程表明，社会工作人才的培养与行业组织的发育是互为前提、相互促进的。从根本上说，社会工作以生命影响生命，具有借助"人"来做"人"的工作和服务的主体间性，"人"既是工具又是目的。缺少社会工作者这一"人"的核心因素，社会工作就会沦为一个徒有其表的"空壳"，难以持续有效推进；但仅仅有了作为行动者的"人"，而缺乏组织化的沃土也"独木难成林"。因为"人"只有"内生"于各种社会组织脉络之中，才能借此获取专业的"通行证"、归属感和聚合力。因而，新时代中国特色社会工作的发展，不仅要加强政策、场地、资金、技术、机构、人才、项目的落实，还要加快社会治理体制机制改革，开辟与社区工作者职业发展需要相耦合的基层组织体系，为专业人才培养、社会工作发展释放能动空间，实现组织关系的理顺和人才活力的迸发。

其次，借助"街社联动"实现专业治权的人才共享。新型的政专复合体所要解决的根本问题是科层组织系统与专业治权系统的兼容性问题，一个有效的应对策略是创设一定的社会工作实务人才服务共享机制，如浙江省杭州市正在推行的"持证社工进社工站报到"人才互助计划，借助街道和社区组织的上下联动来实现。在组织性质上，二者是一核多元、承上启下的组织隶属关系；在人事关系上，纳入其中的社会工作人才应接受上一级主体的统筹安排；在权责关系上，二者是管理与被管理、指导与被指导关系。这一服务共享机制有三点突出优势。其一，规模优势。社会工作的专业化需要以规模化为基本前提。社会工作服务在形成一定规模时，才能实现专业沉淀和辐射效应，在业界产生一定的社会影响力，并根据基层的服务需求聚焦性解决疑难、复杂的社会问题。其二，协作优势。社会工作内部细分为老人、妇女、青少年、儿童、残疾人等不同的服务人群和领域，其广域性决定了社区工作者不可能依靠个体力量单打独斗而取得良好专业服务成效，而经过共享平台的团队协作与专业督导，有利于其获得专业支持和同辈互助。其三，专业优势。由于隶属同一专业共同体内部，街道和社区组织在携手服务过程中，能够掌握一定的专业话语权，绕开既往社区公共服务中一岗多能、交叉任职带来的行政化干扰，从而心无旁骛地从事社会工作专业服务。

最后，借助层级过滤实现专业治权的服务分流。由于乡镇（街道）负有属地服务与管理的首要责任，其所掌握的公共服务资源也远高于社区基层组织，因而社会工作的专业治权可在街道和社区之间进行适度分权，在两者之间形成补给性治理结构。在建立科学的需求分析和风险评估机制的前提下，社区层面主要借助网格化管理机制，享有识别特困人群、兜底基础民生服务、化解一般性社会矛盾的专业治权；而对于那些疑难社会问题，以及一些精细化、精准化、精深式民生服务，需要赋予具有地方自治权的街道或党的社会工作组织机构以专业治权来回应和介入，发挥其精准画像、动态预警、主动破解的功能。简言之，基础性服务可以参照网格化的条块逻辑运作，专业性服务理应参照项目化的专业逻辑运作。因而，革新以往粗浅、零星式的专业服务供给模式，而经由不同层级社会工作组织的过滤和分流功能，对基层民政对象的基础性服务进行下延和兜底，对关键性的专业服务进行上移和攻克，是完善基层公共服务体系的必由之路。这种专业治权结构的重塑，有助于形成协作分工、上下合力的基层公共服务供给格局。

综上，借助组织共同体、政策共同体和服务共同体的复合性建构，社会工作的专业治权便被赋予了一种全新的权能（见图1）。这种权能是一种全方位、立体化的党政社治理共同体，是对既往社会工作本土化策略和服务供给方式的革新与扬弃。也正因如此，社会工作专业治权的转型将是基层治理体系和治理能力向现代化转型的大势所趋。

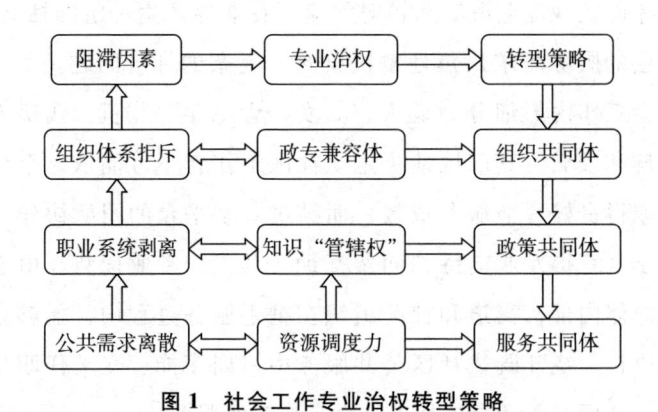

图1 社会工作专业治权转型策略

五 延伸讨论

在社会结构位置上，社区是联结个体、社会和国家三维关系的交叉区域。自新政权建立以来，国家清醒地认识到了社区所处结构位置的重要性和特殊性，主动建构了以社区居委会为政社联结纽带的制度通道，借助以社区"两委"为核心的基层组织结构和社区工作者近乎全能的"通才型"治理（张雪霖，2020），实现了黄宗智（2019）所言的"集权的简约治理"。在多数情况下，这种治理模式和治理传统更为吻合中国国情，也取得了改革开放以来举世瞩目的经济和社会建设成就。与此同时更应看到，这一治理模式在高效、灵活且富有弹性的同时，也内在地与社会工作的专业化要求形成了一对结构性张力，如社区组织体系对专业治权的拒斥、社区职业系统对专业治权的剥离、社区公共需求的异质性对专业治权的稀释等，出现了表面嵌入、实则悬浮，形式有效、实质无效的专业性危机与条块分割壁垒，以及社会建设领域的需求端与供给侧的极度失衡。

基于此，2021年，《中共中央 国务院关于加强基层治理体系和治理能力现代化建设的意见》提出：统筹推进乡镇（街道）和城乡社区治理，是实现国家治理体系和治理能力现代化的基础工程。同期，民政部将乡镇（街道）社工站建设列入民政重点工程，并要求"十四五"期末实现全覆盖。在2023年中共中央、国务院推出的《党和国家机构改革方案》中，中央社会工作部应运而生，人民信访工作、基层治理和基层政权建设、社会工作人才队伍建设均被划入其中。借助社会工作组织机构改革和服务型治理来实现对社会工作专业治权结构的重塑，寻求社会治理的"最大公约数"，将有助于集约统筹更高层级的治理资源，满足人们对品质生活的追求，赢得民众对基层政权的认可与忠诚，促进整体社会治理生态的改善。在更深层意义上，也意味着未来中国本土社会工作发展将由"嵌入"时代走向"内生"时代，社会工作专业服务体系由"小社会工作"走向"大社会工作"、由"社区为本"走向"全域协同"的战略导向。因此，乡镇（街道）社工站、中央社会工作部的成立，皆是促使社会工作专业治权转型、促成政社合作治理的重要风向标，也是党中央顺应现代社会发展逻辑和现代化建设内在需要的必然要求。

参考文献

安德鲁·阿伯特，2016，《职业系统——论专业技能的劳动分工》，李荣山译，北京：

商务印书馆。

储琰、高广智，2023，《从对照到原创：探索中国特色的社会工作知识生产路径转轨》，《学习论坛》第 5 期。

黄宗智，2019，《重新思考"第三领域"：中国古今国家与社会的二元合一》，《开放时代》第 3 期。

科尔巴奇，2005，《政策》，张毅、韩志明译，长春：吉林大学出版社。

刘金国、陈金木，2004，《当代中国民主政治的法治化》，《法学家》第 4 期。

卢爱国、曾凡丽，2009，《社区公共事务的分类与治理机制》，《城市问题》第 11 期。

吕亚军，2008，《欧盟政策共同体的兴起及其内涵探析》，《学术探索》第 2 期。

罗伯特·K. 默顿，2001，《社会研究与社会政策》，林聚任等译，北京：生活·读书·新知三联书店。

孟晓志、谢琳，2023，《地权稳定性、非正式治权与务工农民性别差异》，《财经问题研究》第 10 期。

苗延义，2020，《能力取向的"行政化"：基层行政性与自治性关系再认识》，《社会主义研究》第 1 期。

申端锋，2010，《乡村治权与分类治理：农民上访研究的范式转换》，《开放时代》第 6 期。

施旦旦，2021，《"证照化"等同于"专业化"？——对社会工作证照制度的省思》，《华东理工大学学报》（社会科学版）第 6 期。

石伟，2023，《新乡贤治村的多维行动及其治权网络化建构》，《青海社会科学》第 1 期。

斯蒂芬·P. 罗宾斯、蒂莫西·A. 贾奇，2008，《组织行为学》（第 12 版），李原、孙健敏译，北京：中国人民大学出版社。

童敏、刘芳，2021，《基层治理与中国社会工作理论体系建构》，《河北学刊》第 4 期。

王思斌，2011，《中国社会工作的嵌入性发展》，《社会科学战线》第 2 期。

王思斌，2021，《乡镇社工站建设中的"政策共同体"》，《中国社会工作》第 16 期。

王思斌，2023，《中国式现代化新进程与社会工作的新本土化》，《社会工作》第 1 期。

王学梦，2021，《1949 年以来我国城市社区代理人角色生成与嬗变——以杭州市上城区为分析单位》，《理论月刊》第 3 期。

文军、吴越菲，2016，《超越分歧：社会工作整合理论及其应用》，《社会科学》第 3 期。

徐选国、秦莲, 2023, 《制度赋能与专业建构：中国式现代化进程中社会工作发展的双重动力》, 《学习与实践》第 5 期。

徐盈艳, 2019, 《社会工作专业建构：一个制度嵌入视角的分析》, 《兰州大学学报》（社会科学版）第 2 期。

杨君、纪晓岚, 2017, 《当代中国基层治理的变迁历史与理论建构——基于城市基层治理的实践与反思》, 《毛泽东邓小平理论研究》第 2 期。

张和清, 2016, 《中国社区社会工作的核心议题与实务模式探索——社区为本的整合社会工作实践》, 《东南学术》第 6 期。

张静, 1999, 《乡规民约体现的村庄治权》, 《北大法律评论》第 2 期。

张雪霖, 2020, 《通才型治理：城市社区治理现代化新方向》, 《求索》第 2 期。

赵万里、王红昌, 2012, 《自反性、专家系统与信任——当代科学的公众信任危机探析》, 《黑龙江社会科学》第 2 期。

Barnard, C. I. 1969. *Organization and Management.* Cambridge, Mass: Harvard University Press.

French, J. R. P. & Raven, B. 1959. "The Bases of Social Power." In D. Cartwright (ed.), *Studies in Social Power* (pp. 150-167). Ann Arbor, MI: Institute for Social Research.

Hughes, E. C. 1960. "The Profession in Society." *The Canadian Journal of Economics and Political Sciences* 26 (1): 54-61.

Niu, D. & Haugen, H. S. 2019. "Social Workers in China: Professional Identity in the Making." *The British Journal of Social Work* 47 (7): 1932-1949.

Noordegraaf, M. 2007. "From Pure to Hybrid Professionalism: Present-Day Professionalism in Ambiguous Public Domains." *Administration & Society* 39 (6): 761-785.

【家庭社会工作研究】

孤独症患者的生命历程转折点与动态需求

——基于20位上海市孤独症患者家长的质性研究[*]

陈蓓丽　张之初　石渡丹尔　蔡　屹[**]

摘　要　以往对孤独症患者的需求研究大多只关注某一阶段内的情况，且较少使用需求理论对需求进行全面的分析。本研究在生命历程视角下聚焦转折点，以ERG理论为工具剖析孤独症患者生存、关系和成长三个方面的需求，通过对上海市内20位孤独症患者家长的深度访谈收集资料，利用主题分析法提炼有关"孤独症患者生命历程及需求"的主题。研究发现，孤独症患者的需求在生命成长的时间线上呈现显著的阶段性与变化性，并根据动态变化构建出整合性的需求模型。

关键词　生命历程　孤独症　转折点　ERG理论

---

[*]　本文获得上海市曹鹏公益基金会"孤独症儿童家庭关爱服务及政策研究"项目资助。
[**]　陈蓓丽，华东理工大学社会与公共管理学院副教授、硕士生导师，主要研究方向为社会工作实务、社会组织服务与管理等；张之初，华东理工大学社会与公共管理学院硕士研究生，主要研究方向为青少年社会工作；石渡丹尔，上海市曹鹏公益基金会荣誉理事，复旦大学新闻传播学硕士，主要研究方向为残疾儿童社会工作及新闻传播；蔡屹，华东理工大学社会与公共管理学院讲师、硕士生导师，主要研究方向为青少年社会工作。

一 引言

目前,我国学者对孤独症的研究多以某一固定年龄段的儿童(尤其是小龄儿童)为主要研究对象,集中在特殊教育、医学、心理学、公共环境建设等研究领域(石晓辉,2003;陈顺森等,2011;吴升臻等,2022),鲜有研究回应全生命历程下孤独症患者及其家庭的特殊需求。孤独症患者往往无法自由表达自身的需求,家长则习惯于"替代决策"(朱宏璐、尤梦菲,2021),其生存、社交与成长等方面的需求由家长、医院、社会等主体代为探索与表达,即"替代需求"。同时家庭中父母等监护人则会因为过度补偿机制等因素的影响而投入过多的时间与精力(黄燕虹,2009),导致其自身需求与子女需求之间的边界模糊,家庭内的主要需求逐渐转向子女的身心健康与发展。

在孤独症患者独特的生命历程中会产生许多转折点,它们会对患者自身及其家庭产生重要影响,导致患者走上与普通人不同的生命轨迹,也会使家庭走向不同的发展道路。通过转折点引发的累积劣势、生命错序等问题会使孤独症患者的需求发生阶段性变化,这与 ERG 理论中的受挫-回归与需求变化等概念相契合。本研究以上海市内 20 位有代表性的孤独症患者家长为访谈对象,通过家长视角聚焦孤独症患者从出生至终老的生命历程及其发展过程中的重要转折点,以转折点为侧重的同时聚焦各个阶段的需求,勾画孤独症患者的生命图谱与需求变化。

二 文献综述:生命历程与 ERG 需求

(一)生命历程视角下的转折点

1. 特殊的生命历程

生命历程理论将个体的生命历程看作更大的社会力量和社会结构的产物,将其视为一个由多个生命事件构成的序列(郑杭生,2013)。与生命周期不同的是，生命历程在囊括社会时间、年龄规律和年龄段身份等公共概念的同时，也将具有独特性的个体生命轨迹纳入其中（包蕾萍，2005），从而可以用于解释孤独症患者独特的生命历程。本研究以此探讨与研究孤独症家庭的经历、特点与生命意义，进而由微观体验拓展至宏观社会环境的研究。

人格发展阶段对个体社会化的生命历程做出了重要解释。埃里克森认为社会文化对于人格发展有重要影响，并且人格发展贯穿于人的一生，根据个体在各个时期的典型心理反应将社会化过程划分为八个阶段（郑杭生，2013）。通过使用"八阶段论"能更好地反映孤独症患者生命历程的成长与变化，从而形成研究聚焦的重点。但也有学者提出，诸如留守儿童等群体的成长过程呈现"反埃里克森定律"的现象，即这些儿童在社会化的过程中没有满足埃里克森提出的人格发展理论所要求的条件，影响其人格形成的环境和主体在成长的不同阶段中都出现了一定的断裂或背离（唐有财、符平，2011）。因此本研究形成的孤独症患者动态生命历程将在演绎埃里克森人格发展阶段论的基础上，从实际访谈资料中归纳创新。

2. 起承转合的转折点

"转折点"是生命历程理论的核心概念之一，指生命历程中各种重要事件的关键转换。转折点不仅在当下会对个体的命运产生影响，甚至还会发挥长期的后续效应，在一定时期内显著地作用于生命轨迹。但转折点发挥的作用受制于社会制度与文化传统，也与个体能动性有关，同时还受到外部关系网络的影响。转折点在生命历程中的最终效果是各种影响因素作用堆叠的结果（曾迪洋，2017）。

作为生命历程中各种重要事件的关键转换，一方面，转折点本质上是角色的转换；另一方面，转折点不仅来源于人生中普遍意义上的生命事件，还来源于由社会变迁或自然灾害带来的一系列反应（曾迪洋，2016）。转折点是生活史上突然而激进的转变，将过去与未来分开，同时也嵌入一个时间过程中，不能简化为一个单一的戏剧性事件（Sampson & Laub，1996）。因此可以将其分为预期之中与意料之外两种不同的转折：

预期之中的转折点被嵌套在生命历程中,使个体可以预知它的发生,因此这些转折点往往无法对个体和家庭产生剧烈的影响,如入学、就业、退休等对普通个体来说是可以预知的转折与改变;意料之外的转折点则是无法预知或洞见的,它们的产生会给个体和家庭带来强烈的波动,进而导致生命历程的轨迹发生转变,如孤独症婴幼儿的确诊。

利用转折点开展研究可以帮助明晰研究对象的生命历程轨迹,进而探究其需求的变化。对于孤独症家庭而言,转折点遍布在各个时间段:在学前期,父母在深刻意识到子女脆弱性后会转向过度保护,在子女毕业并向成年过渡时会再次引发父母悲伤的情绪(Lawrence et al., 2010),这些父母会重复经历"应该是怎样"与"真实是怎样"相比较所带来的痛苦,这种过度保护逐渐演化成日常生活的一部分并转向过度补偿;在青年期,这些学生在中学毕业进入社会后变得更加孤立于有组织的社会活动,而脱离结构化组织可能使其处于更加困难与危险的处境中(Taylor et al., 2017);从青春期到成年期的转折是生命历程中最重要的节点之一,孤独症患者将会面临弱化的制度与结构性以及强化的文化性,在缺少来自学校与机构约束的同时,社会作为最主要的社会化载体在文化、社交、礼仪等方面发挥作用,而这样的结构性变化对孤独症青少年而言可能会产生不利的影响(Taylor & Mailick, 2014)。

3. 累积劣势下的转折点

累积优势/劣势理论关注不平等现象在整个生命历程中被放大与突出表现的方式(Crystal & Shea, 1990),主要被应用于关注社会公共福利与经济状况。在累积劣势视角下,一些不平等现象带来的影响会随着时间的推移而被放大。受早年受教育程度、性别、病程等先天或后天不公的影响,劣势在生命历程中的累积会使部分群体更容易陷入困难的境地(杨菊华、谢永飞,2013)。累积劣势概念可以用于解释孤独症患者及其家庭的特殊问题与需求:孤独症患者早年的不幸经历会对其未来发展形成障碍,各种风险、危害与消极事件发生的可能性增加,使其更容易陷入艰辛的生活(石智雷、吴志明,2018),对安全健康、社交关系、成长发展等产生不利影响。因此累积劣势的叠加会在转折点上集中呈现,并影响孤独症患者及其家庭做出不同的选择,进而影响生命历程的轨迹。

(二) 基于 ERG 理论的孤独症患者需求

1. 个别化的 ERG 需求

Alderfer (1969) 在马斯洛的需求层次理论 (Maslow's Hierarchy of Needs) 的基础上提出 ERG 理论 (Existence, Relatedness, and Growth),将需求层次分成了生存需求、关系需求与成长需求。三种层次的需求有高低等级区分,但并不严格按照时间先后迭代发生,而是可能在同一时间内并存,在强烈程度与先后次序上存在一定差异 (曹娟等,2015)。马斯洛认为当一个人的某一层次需求尚未得到满足时,他可能会停留在这一需求层次上,直到获得满足为止。ERG 理论则认为,当一个人在某一更高等级的需求层次上受挫时,他的某一较低层次的需求作为替代可能会有所增加。因此马斯洛的需求层次理论具有一般规律的普遍意义,而 ERG 理论则更侧重于特殊的个体差异 (宋志鹏、张兆同,2009)。

就孤独症患者的特殊需求而言,孤独症患者与其他社会群体相比较属于特殊的、弱势的、急需帮助的主体,其需求会更侧重于生存方面;在群体内部又依据症状的轻重分为典型孤独症 (AD)、阿斯伯格综合征 (AS) 与高功能孤独症 (HFA) 等类型,不同主体的不同病程使其生命历程产生差异,但同时其面临的困境与需求又存在一定的同质性。因此使用 ERG 理论分析孤独症患者的需求既能保证群体的独特性,又能对其共性层面做出解释。

2. 特殊的受挫-回归现象

ERG 理论认为三种需求在同一时间段内并存,只是其强烈程度与先后次序存在一定差异,同时在每个阶段总是会有一种需求占据主导地位 (王全美,2011)。在此基础上该理论揭示了三种规律,即满足-上升、不足-加强与受挫-回归,其中受挫-回归是解释需求偏向的重要规律,特别是与马斯洛的需求层次理论相比更符合实际,理论中的受挫-回归理念在现实生活中对受挫人群有更大的帮助 (陈百卉、郑剑锋,2014)。当满足较高层次需求的企图受挫时，会导致人们向较低层次的需求回归，而在受挫-回归现象发生的同时，个体的生命历程也在随着时间的推移而发生转变，两种变化的同时发生使得在生命历程视角下关注受挫-回归现象有其重要性与独特性。例如，当孤独症家庭无法为其子女提供更多在成长（growth）方面的服务与支持时，会退而求其次地更加关注并满足子女在生存（existence）与关系（relatedness）方面的需求，尤其回归到生存方面会花费大量的人力、物力与时间成本。相较于"满足-上升"，"受挫-回归"现象更加显著地体现在孤独症家庭身上，具体表现为妥协、退让、被迫接受、寻找其他出路等。而对于个体与社会而言，受挫-回归现象带来的抑制、挫败、压抑等会产生不利影响，进而危害个体身心健康与社会安定（王全美，2011）。因此本研究同时关注受挫-回归现象在孤独症患者及其家庭身上以何种方式呈现，又是如何随着生命发展的时间而变化的。

（三）生命历程与 ERG 理论的结合

在生命历程的视角下对转折点进行研究可以帮助了解孤独症患者是如何成长的，以及在发展阶段的过渡时期某些转折点的发生是否给其带来了独特的机遇与挑战（Georgiades et al., 2022）。比如 6 岁前后将产生一个重要的转折点：入学。这是每个儿童一生发展中的重要时期之一，而对于被要求快速适应社会角色、学习过程和日常生活等重大变化的孤独症儿童而言，往往会带来额外的挑战与困难（Georgiades et al., 2022）。

同时面对重要转折点的出现，个体及家庭的需求也会随之转变，各个阶段将产生不同的需求，且在 ERG 需求侧重点上有所不同；生命历程演变的同时也会使各个阶段产生数个关键转折点，使个体及家庭的生命轨迹发生转变；而转折点的出现会使部分个体及家庭的需求发生变化，偏离一般的发展轨迹。综上所述，生命历程、ERG 需求与转折点三者之间构成了循环影响的整体，如图 1 所示。

图 1　三者构成的整体

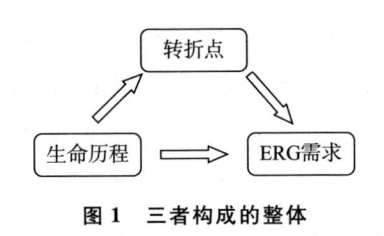

三　研究设计

本研究采用质性研究设计，首先依据现有理论基础设计访谈提纲，然后在访谈过程中依据实际情况进行完善与调整，最后采用 Braun 和 Clarke（2023）提出的六阶段主题分析法进行编码与分析。

（一）访谈样本选择标准

1. 孤独症谱系障碍分类

孤独症谱系障碍（ASD）是一种复杂的神经发展障碍性疾病，会影响患者在社交与行为方面的能力（张文芸等，2023）。其中，AD 主要指典型孤独症，即高孤独特质群体，其身心健康与社会功能问题比较严重；AS 指阿斯伯格综合征，该群体在智力和语言上发育正常，但在运动能力上发育迟缓（魏然，2013）。高功能孤独症（HFA）属于孤独症的一种特殊类型，该群体多数学习能力较佳、孤独倾向不是很明显，但在语言理解及表达方面仍存在困难（魏然，2013）。AS 群体与 HFA 群体比 AD 群体的综合能力强，具有低孤独特质。因此，本研究将 AD 与 AS、HFA 进行区分，根据孤独特质高低将两大类孤独症类型作为变量构建抽样框。

2. 典型调查和目的性抽样

本研究将孤独症患者的生命历程、健康状况、康复进度、家庭经济状况等作为标志，从各个年龄段的孤独症患者家庭中选取具有典型性的家庭（宋林飞，2009），在获得机构负责人与家长的双重认可后确定访谈对象。由于孤独症患者本身缺乏正常的沟通能力，无法恰当使用语言表达自身需求，因此本研究以其家长作为替代的访谈对象。本研究样本抽取标准为：①孤独症患者家长；②正在参与机构干预或康复课程；③愿意接受访谈；④分别来自中产、普通与贫困家庭；⑤总人数在15~25人为宜。最终实际参与本研究的访谈对象包括20名孤独症患者的家长，受访人信息如表1所示。

表1 受访人信息一览

个案号	子女性别	子女年龄（岁）	子女数	受访者角色
1 BS	男	28	1	爸爸
2 LY	男	14	1	妈妈
3 SX	男	14	2	爸爸
4 YJ	男	21	1	爸爸
5 YZ	男	20	1	妈妈
6 HX	男	15	2	妈妈
7 WC	男	21	1	妈妈
8 ZZ	男	12	1	妈妈
9 DM	男	5	1	妈妈
10 AG	男	4	1	妈妈
11 WC	男	7	1	外婆
12 WY	男	7	1	爷爷
13 XJ	女	11	1	妈妈
14 YC	男	7	1	爸爸
15 YX	女	4	1	爸爸
16 HW	男	4	2	妈妈
17 YT	男	8	1	妈妈
18 ZY	男	7	1	外婆
19 WZ	女	4	1	爸爸
20 ZY	男	13	1	爸爸

(二) 资料收集与分析

本研究所有的访谈工作以及访谈录音均是在征得受访者同意后完成的,每次访谈在 1~2 小时不等。访谈完成后,将录音转录为文本,共形成了 20 份合计 27 万余字的文本数据,之后研究者对文本进行了主题分析。将分析发现的 1563 处参考点产生的 113 个编码合并成为核心主题,最终讨论并确定主题命名,如表 2 和表 3 所示。

表 2 编码文字举例

访谈文本语句摘录 (Data extract)	编码为 (Coded for)
他之后能养活自己就行了,有一门手艺能养活自己就行了,我又不用他管。就像现在我们爸妈,不是还要他们来贴补我们吗?(10 GA)	对子女的期望
小姑娘比较麻烦,那只能一直慢慢交谈,现在就会有意识地去引导她一些这方面的事。(13 XJY)	青春期身心问题

表 3 主题分析的结果

主题	类别	子类别
生存与适应	安全、健康、经济、养老、自理	危险意识、视力问题、信托与保险等
关系与联结	家庭、社会、政府、同辈	过度补偿、社会动荡、社交共振等
成长与发展	学习、就业、自立	对机构的评价、学习障碍、金融理财等

四 研究发现

(一) 需求在转折点上的转变

根据主题分析结果,生存与适应、关系与联结、成长与发展三大主题分别在学前期、学龄期、青年期、成年期四个阶段呈现不同的特征。从学前期到学龄期、学龄期到青年期、青年期到成年期的不同生命历程中,转折点影响着 ERG 需求的侧重点发生规律变化。

1. 从学前期到学龄期：从生存到生活

（1）初现端倪与确诊：把握黄金时间

家长大多在子女 1~4 岁时发现其发育迟缓（10）[①]、语言表达障碍（6）、刻板行为（1）等现象，持续一段时间后，意识到子女存在孤独倾向，进而向医院等专业机构求助。但由于子女年龄太小或医疗技术的限制（13），医生无法明确诊断，而是以发育迟缓作为结果（12）；另一部分家长则在传统观念（16）、社会普及率低（5）、忽视与回避（6）、等待与期望（2）等因素的影响下错过子女治疗的黄金年龄，导致"一种不可逆转的损失"（14）。

同时孤独症婴幼儿在确诊后面临类似的健康与安全问题。一方面，由挑食引发的肠胃疾病是其遭遇的主要生理问题，"必须每次辅助用一些药物"（9）才能确保身体机能的正常运转；另一方面，由刻板行为引发的危险会导致其受到伤害，这些特殊的孩子就像被上紧了发条一样从早到晚精力充沛（19），只有在睡觉时才能卸下精力，长时间处于高强度兴奋状态会使个体更容易陷入危险的处境。

（2）初步干预与办证：改变固有印象

孤独症患者主要接受来自医院的以矫正恢复为主的治疗，包括西医的药物与保健品治疗（8、9）和中医的针灸与辅助器械治疗（1、7）等。但是治疗对症状改善并没有起到显著的作用。由此家长转求于特教机构，子女开始接受来自机构的干预。在初期干预的这一转折点上家长选择了大致相同的治疗路径，从医学诊治到机构干预，孤独症子女会接受来自不同主体的治疗。

治疗与干预使家庭经济压力倍增，因此确诊后的孤独症患者在寻求科学干预的同时也急需来自政府补贴的支持。受传统观念与污名化束缚的家长往往不愿意在第一时间向政府申请补贴，家庭内部的羞耻感（11）和社会大众的歧视（12）阻碍着家长向国家"伸手要饭"。10 号表示的

---

① 本研究遵循保密原则，使用数字序号代表受访人；下文中括号内的数字表示对应受访者，如（10）对应 10 号受访者及其所陈述的话语。

"等一等，也许未来会越来越好"的希望是阻止家长尽早申请补助的主要原因，为子女申请残疾证明等于变相地"宣判死刑"。对于经济状况较好的家庭而言，政策补贴只是"锦上添花"（6）；对于经济状况一般的家庭而言，"死要面子"的做法会使其受更大的"罪"（9）。

（3）家庭转变：消除过度补偿

在这一阶段中大部分核心家庭会向主干家庭转变，即祖辈会加入原本的三口之家，帮助照顾孙辈。他们在家庭中扮演照顾者的角色。比如12号表示"（孩子）从小开始就是我们两个带的，因为他爸爸妈妈工作比较忙"，18号表示"从孩子9个月确诊到现在，我作为外婆一直在努力"，8号表示"（孩子）最离不开的是外婆"。这些"特殊"的主干家庭呈现"断枝"的现象：在普通主干家庭中，祖辈、父辈与孙辈的生活相互交叉但又保留有各自独立的部分，三方都有属于自己的兴趣爱好和工作生活；但在孤独症家庭中，祖辈与父辈牺牲大部分时间照顾子女，孙辈的生活被完全包裹在祖辈与父辈中间，没有"独立"的生活，呈现一种畸形的现象，如图2所示。

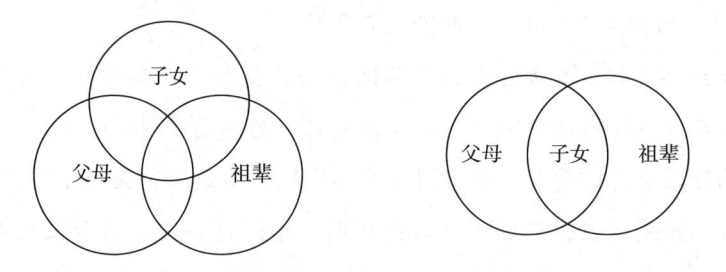

图 2 普通家庭与孤独症家庭的生活圈对比

在亲情需求上，家长期待着子女给自己的爱以反应与回馈，但是孤独症患者并不会主动对家长表现出过度的依赖与亲昵。因此这种落差会导致家长的过度补偿。补偿是教育学中的术语，家长对子女的过度补偿尤其发生在学前期。家长会将自己未完成的事件、愿望、理想等投射到子女身上，从而产生"外在性的补偿"（黄燕虹，2009），导致家庭教养方式向专制型、溺爱型转变，对子女身心发展产生不利影响，使子女无法良好适应外部环境,这样的过度补偿也被称为"移位"(祝传清,2013)。移位现象在孤独症家长身上表现得更为明显且强烈:家长认为是自己亏欠了子女而主动或被动放弃自己的工作、爱好、社交等,使自己全身心投入子女身上。尽管家长意识到自己的"过度补偿"并没有使子女的症状得到改善,但其依然在愧疚、自责、怜爱等情绪的影响下不愿放手。子女却需要脱离家长的全方位监管,从而获得独立成长与学习的机会,不然将"永远无法摆脱家长"(6),即使在这个过程中会碰到数倍于以往的困难与危险。

2. 从学龄期到青年期:联结与成长

(1) 入学:个性化的教育

正式步入学龄期后,孤独症患者及其家庭需求面临的第一个重要转折点便是"入学",对于孤独症患者来说"教育属于治疗的一部分"(3)。孤独症患者首先会接触一系列社会上的特殊教育机构的服务,包括感统训练(7)、语言培训(10)、体育运动(18)、音乐美术(13)等各种类型的课程。但是面对参差不齐的教育机构,家长们需要经过数年的试错才能确定适合自己子女的课程,比如4号表示"我们最早去儿科医院进行感统训练和结构化训练,后来又去那种培训班,有的是定期的,有的是不定期的",2号表示"在遇到以音乐康复为主的公益机构之前,我们都是自己花重金在外面请陪读老师、做机构的训练"。

高昂开销背后的机构孤独症课程却缺乏理论支撑,诸如上下课时间、课程安排、安抚方式等缺乏科学学理依据,部分引进国外教育方法的机构也缺少本土化验证。孤独症患者症状不同,"每个人的情况、程度、表现方式、认知与家庭架构都是不一样的"(6)。高功能与低功能、重度与轻度、男性与女性等的差异要求机构在保证安全性(9)与科学性(6)的前提下提供个性化服务。而对于提供义务教育的学校而言,首先应秉持应教就教的原则,根据学校的教育水平接收不同程度的孤独症学生,不应把这些学生当作"病人"看待(6)。

(2) 关系发展:社交障碍与共振

在学龄期向青年期发展的过程中,社交关系的联结对孤独症患者具有重要意义，是其未来生活的重要基础。但是社交障碍使他们往往表现为不主动与外界联系（20）、不愿与同龄人沟通（5）、拒绝回应长辈（1）等。家长渴望子女通过一定程度的社交与外界产生联系，进而弥补在亲情关系上的缺失，但在"小的时候让孩子去跟人家玩、说话和交流，大了就（因为症状加重）拼命阻止他（让他）不要去跟人家说话、不要去打扰别人，这是不当社交"（2）。随着社交障碍的显现，孤独症患者不再被强迫与外界产生联系，尤其是家长会放弃对其关系的期待。

（3）步入青春期：生理与叛逆问题

在学龄期的末尾与青年期的衔接阶段，孤独症青少年将面对青春期产生的生理与心理发展问题，也给家长带来较大的负担。一方面，在性别差异上，男性与女性面临的问题有较大差异：男性对生殖器官的好奇不仅容易对自己的身体造成伤害（6），在公共场合还容易招致他人的歧视与恐惧；女性则容易因为一些失格行为导致自己受到身心的伤害，比如对例假的错误处理引发的问题（13）。另一方面，进入青春期的孤独症患者会表现出叛逆问题，比如20号表示"本来这种小孩比普通小孩就严重，家里我讲的话是不大听的"。因此家长会给予进入青春期的子女更多的个人空间与时间，减少束缚，通过"安排一些自由活动的时间从而（使其）可以选一些自己想做的事情"。

3. 从青年期到成年期：从生活回归生存

（1）毕业与就业：实现真正的自立

就业对个体与家长而言都是充满矛盾与挑战的关键节点。从个体的角度出发，一方面，结束学业后的孤独症患者需要利用在学龄期和青年期掌握的技能来尽可能地寻找到能够实现自立的方式，从而保障生活的独立稳定；另一方面，孤独症患者就业受到多方面的阻碍，需要在保障其安全和稳定的前提下再开展工作，而满足上述条件的岗位稀缺。从家长的角度出发，一方面，"不指望他上班"（2），认为自己的子女没有能力就业，不愿多做设想与安排；另一方面，又期待着政府与企业能够给予一些简单、机械、轻度的庇护型岗位（3、4），在保证安全并避免竞争的前提下帮助自己的子女实现就业，"有一门手艺能养活自己就行了"（10）。

这样矛盾的心态驱使着家长在不断督促子女学习与尝试的同时却依旧采取"包办生活"的应对方式。

(2) 适婚：实现"不可能"的恋爱

随着年龄的增长，孤独症患者将进入适婚阶段。面对成年期生理与情感上的需求，孤独症患者同样需要通过婚恋来解决问题（4）。但是孤独症患者往往对物体有执着的追求（5），反而无法与他人产生情感上的深度联结，因此不能发展到恋爱与婚姻的阶段。同时社会对以孤独症为代表的弱势人群婚恋抱有抵触与歧视态度，类似于残疾人的婚姻会受到他人异样的评价，这给孤独症患者的婚恋带来更多外部压力。

婚姻不仅是两个人的结合，还是两个家庭的结合。对于家长而言，子女结婚同样是其一生中最重要的节点之一，"看能不能有一个家庭，过正常人的生活"（6）。但在婚姻上，孤独症家长有着类似于就业的困惑与无奈。"如果以后到了某一天他跟我说'妈妈我要结婚了'，那我怎么办"（8），类似于8号的问题在孤独症家长中很常见。他们无法通过现有的制度与案例看到子女的未来，满足家庭的期望。

(3) 丧亲：以个体面对结构

随着时间的流逝，孤独症患者终将面对父母或其他监护人的离世，"如果双亲都离开了，所有东西都没有了，就孤零零的一个人的时候，你把自己放到那个角度去考虑你会怎么样"（14）。而家庭成员的相继离世意味着子女需要以个体的力量去面对社会结构，但是其病程始终限制着以个体力量嵌入结构，进而导致孤独症患者在丧亲后会面临更加严峻的生存问题，"我担心的就是我们死了以后（他）怎么办？这个孩子谁去照顾？谁能够关爱他"（14）。

在监护层面，意定监护是保障子女生活的重要方式。不同家庭在监护人的选择上存在较大差异，部分家长倾向于优先选择直系亲属作为监护人（16），另一部分家长则更信赖以政府为依托的机构（12）。在经济层面，信托与保险是支撑其丧亲后生活的重要保障，依靠第三方机构的监管能够在一定程度上避免亲属私吞遗产的问题，但是随着时间的推移，机构公信力与有效性将受到挑战。同时孤独症患者也亟须学习金融理财的相关知识，正确处理保险、信托和遗产等财产，保护自己免受诈骗、赌博、挥霍等危险。

（4）终老：社区、机构与居家养老

孤独症患者的养老绝不是简单的照顾生活起居上的吃喝拉撒，还要关注到兴趣爱好、娱乐休闲等心理健康层面的需求，比如 2 号表示"希望这些孩子以后老了还能在一起玩玩乐队"。家长会通过攒钱（9）、变换房产（1）、争取政府支持（5）等方式为子女养老提前做好准备。

通过学龄期与青年期的知识和技能积累，部分孤独症患者能够实现依靠自己自立，对于这部分患者而言居家养老是比较合适的方式，在居家养老的基础上由社区、机构、政府等加入一定的照护即可保证其生活质量。但是绝大部分孤独症患者仍然需要依靠社区和机构养老，养老院是大多数孤独症家庭的首选，其中依托政府与社区的养老院由于其本身的优越性与安全性往往是孤独症家庭的首选。由于目前国内受到关注的孤独症患者大部分处于青年期及之前的阶段，因此如何为老年孤独症患者进行养老尚缺乏实证经验，需要通过大量的实证研究与实务服务积累知识与经验。

（二）需求变化呈现的时间性与整合性

1. 受挫-回归呈现的时间更替

在学前期阶段，儿童的生存需求尤为突出。家长需要为其提供稳定、安全、结构化的环境，如安全感和舒适感。孤独症儿童所呈现的社交互动障碍使关系层次的需求显得尤为复杂且急迫，部分家长会迫切地寻找相关资源解决其发育迟缓或语言表达障碍的问题，在无法改善后转向关注其成长方面的需求。成长需求则体现在个体能力发展、个人特质彰显与自我实现等方面。青年期作为与学龄期紧密相连的阶段，其表现出的需求与后一阶段具有一定的相似性，都以关系需求与成长需求作为主导需求。在成年期阶段，孤独症患者的需求又呈现一定的"受挫-回归"，即其在关系与成长层次上的需求无法得到满足或改善，同时随着其年龄的增长、监护人的离世，其生存层次需求又回归到最首要的顺序，如图 3 所示。

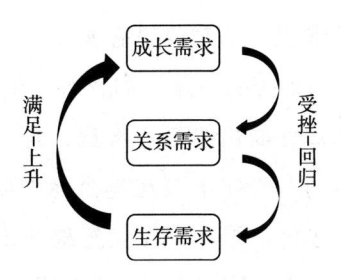

图 3 受挫-回归示意

孤独症患者的需求在生存、成长与关系需求三者中不断呈现满足-上升与受挫-回归的现象，其中以受挫-回归为主。随着生命历程的演进，主要在四个阶段中发生了三次变化：学前期以生存需求为主导，关系需求和成长需求次之；学龄期与青年期时，关系需求和成长需求的重要性跃升；成年期时，生存需求再次回归主要地位（见图4）。

生命历程	主题	转折点	需求结构
学前期	从生存到生活	初现端倪与确诊	E / G — R
		初步干预与办证	
		家庭转变	
学龄期青年期	联结与成长	入学	R — G / E
		关系发展	
		步入青春期	
成年期	从生活回归生存	毕业与就业	E / R — G
		适婚	
		丧亲	
		终老	

图 4 需求在生命历程中的变化

2. 生命历程的错序与逆社会时钟的需求

同一组生命事件，如果排列顺序不同，对人生的影响也会大不相同。由于孤独症患儿过早地被诊断出终身性疾病，自己及家人的生命体验出现了错序，会提前体验到一些原本应在生命终末期才出现的感受。类似阿尔茨海默病、失能失智症、眼疾、牙疾等提前出现在个体身上，而这种现象的发生又使其他家庭成员不得不面对关联的疼痛体验。

违反生命的时间安排也会致使个体与家庭的生活体验受到较大影响。生命历程的错序进一步导致孤独症患者及其家庭的需求呈现逆社会时钟发展的现象。孤独症患者由于自身缺乏相应的自理与自立能力，因此必须得到类似于养老的照料，而这违背了一般意义上社会时间对个体人生的安排。缺乏相应的能力使其无法顺利就业，需要长久依靠家庭收入和政策补贴作为前半生的主要经济来源，依靠保险、信托和遗产作为后半生的主要经济来源，这与退休金的形式相似。在成长与关系需求方面也体现出类似于重症病人和残疾人的表现。

孤独症患者自确诊起就无法顺利扮演之后的社会角色，无法独立完成学业、就业、婚恋等重要事件，从而迫使家长在经济、健康、生活起居等方面给予其长久的支持。子女需求与家长需求的边界进一步模糊，绝大部分孤独症患者的需求基本由父母代为调整与表达。

3. 需求整合性模型的提出

孤独症患者的生命历程发展伴随着需求的不断变化，家、社、校对孤独症患者需求产生重要影响。基于 ERG 理论，形成生命历程视角下的需求整合性模型，如图 5 所示。

以生命历程的发展阶段为视角来看，孤独症患者在学前期的主导需求为生存需求，初期侧重于健康方面的需求。步入学龄期后主导需求转变为成长需求与关系需求：在成长需求上需要尽早接受科学干预与治疗，以尽可能地恢复正常功能；在关系需求上需要首先与家庭成员产生紧密的联系，其次与亲友、老师、同学等建立联系。青年期的主导需求依然为成长需求与关系需求，此时需求的内容发生了变化，自理与自立成为这一阶段的核心需求：在成长需求上以实现基本自理与自立为主要目标，

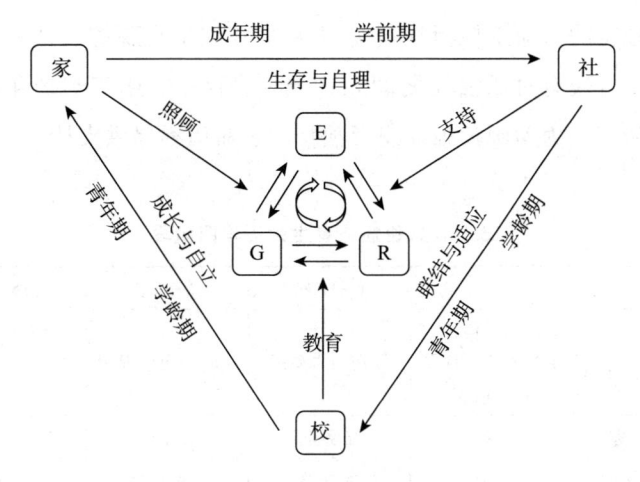

图 5　需求整合性模型

学习相应的技能与知识；在关系需求上转变为适应结构化的生活，实现与他人的联系。成年期后需求回归，生存需求再次跃升为主导需求，这一阶段需要关注独立且良好的生活，并为老年后的各种状况进行准备。

从外部主体的视角来看，家、社、校是三个对孤独症患者需求产生重要影响的主体，其影响幅度也随着生命历程的变化而交替。三大主体不只包含狭义上的家庭、社会与学校三个场域，也包括广义上所含有的不同单位，如家包括家庭和家族，社包括社会、社区、医院、政府等，校包括普教、特教、机构等。学前期与成年期生存需求作为主导需求，家庭和社会是关注并满足其需求的重要主体，由家庭负责照顾其生活起居，社会负责保障其基本生活质量。学龄期和青年期，关系需求与成长需求依次成为主导需求，与学校相关的教育单位则是支持其发展的主体，家庭和社会作为辅助提供支持与帮助。

五　总结与讨论

本研究将人格发展"八阶段论"嵌入生命历程理论中，将其学龄前的三个阶段合并为"学前期"，将成年后的三个阶段合并为"成年期"，由此形成"学前期、学龄期、青年期、成年期"四个阶段，以便分析孤独症患者独特的生命发展历程（见表4）。在埃里克森的"八阶段论"的基础上，结合现有对孤独症婴幼儿、少年、青年、成年与老年阶段的需求和困境研究，为勾画孤独症患者独特的生命历程提供支持。

表4 孤独症患者生命历程四阶段

年龄	0~5岁	6~11岁	12~18岁	18岁以后
埃里克森人格发展八阶段	信任与不信任 自主与羞怯、怀疑 主动与内疚	勤奋与自卑感	认同与角色混淆	亲密与孤独感 关注后代与关注自我 完善与绝望
本研究四阶段	学前期	学龄期	青年期	成年期
主要社会化载体	父母、家庭	社区、学校	同辈群体	社会
社会化危机	对他人和环境产生不信任，对自身产生疑虑、羞耻感和内疚感，影响想象力和创造力的发展	学业不连续、欠链接，难交到知心朋友，易形成悲观、孤僻的心理特征，引发自卑感	无法正确理解社会角色的意义，在社交中缺乏主动与自信，形成冷漠的社会性格	缺少求爱、建立家庭、养育子女等事件会导致个体陷入孤独、绝望等情绪
实际需求与困境	生存与适应	联结与成长	青春期身心问题	就业、婚恋、犯罪、养老

资料来源：笔者结合埃里克森人格发展八阶段自制。

"尽人事，听天命"是这些家庭采取的应对方式与态度。"人事"不仅是孤独症患者个体的事，还是整个家庭乃至一个家族的事，他们往往以家庭为单位去对抗一个成员的孤独症所带来的问题，甚至是以家庭为单位去对抗庞大的社会结构。"尽"诠释了家庭对于孤独症的处置方式，即竭尽全力守护孩子的健康与发展。其中，许多家庭因为孤独症引发的矛盾与冲突而支离破碎，但家庭成员中总有些人会陪伴在子女身边不离不弃。"天命"是指外在于孤独症患者及其家庭的因素，不仅包括政府、学校、医院、机构等主体，还来自命运、病程、奇迹等不可控力。"听"则是家庭对孤独症的处置态度，在竭尽全力后剩下的只有等待"奇迹"的发生。孤独症患者终其一生都在外界的要求下尽力模仿普通人的生活方式并向社会标准靠拢，也由此才在这个过程中出现许多棘手的问题与特殊的需求。在社会规范的限制下，他们需要学习克制本性并适应复杂的社会结构。因此"泯然于众人"是孤独症患者较为理想的生活状态,当他们可以像常人一样融入社会时,不仅是个体的成功,还是家庭最大的欣慰。

通过本研究可以发现,孤独症患者的大量需求尚无法得到满足:在内部层面,来自经济、健康、卫生等的问题不断威胁着其生存,而社交与学习障碍则阻碍着其关系发展与成长进步;在外部层面,医疗、教育、养老等服务的缺失和不足也影响其需求得到进一步满足。如何将对抗问题和满足需求的主体从个体和家庭转向更为庞大有力的主体仍需要做进一步的探索和研究。

参考文献

包蕾萍,2005,《生命历程理论的时间观探析》,《社会学研究》第 4 期。

曹娟、安芹、陈浩,2015,《ERG 理论视角下老年人心理需求的质性研究》,《中国临床心理学杂志》第 2 期。

陈百卉、郑剑锋,2014,《ERG 理论与需要层次理论的比较及具体现象分析》,《科技信息》第 12 期。

陈顺森、白学军、张日昇,2011,《孤独症谱系障碍的症状、诊断与干预》,《心理科学进展》第 1 期。

陈向明,2000,《质的研究方法与社会科学研究》,北京:教育科学出版社。

黄燕虹,2009,《家长过度补偿对学前儿童的影响》,《浙江青年专修学院学报》第 2 期。

石晓辉,2003,《儿童孤独症的行为治疗》,《中国特殊教育》第 6 期。

石智雷、吴志明,2018,《早年不幸对健康不平等的长远影响:生命历程与双重累积劣势》,《社会学研究》第 3 期。

宋林飞,2009,《社会调查研究方法》,南京:江苏教育出版社。

宋志鹏、张兆同,2009,《ERG 理论研究》,《现代商业》第 3 期。

唐有财、符平,2011,《动态生命历程视角下的留守儿童及其社会化》,《中州学刊》第 4 期。

王全美,2011,《基于 ERG 需要理论的新生代农民工市民化路径分析》,《农村经济》

第 10 期。

魏然，2013，《阿斯伯格症及高功能自闭症青少年社会技能干预的研究进展》，《中国特殊教育》第 5 期。

吴升臻、王伯勋、邓锐、王晨钰、潘晨，2022，《影响孤独症儿童社交行为的城市建成环境要素研究》，《家具与室内装饰》第 4 期。

杨菊华、谢永飞，2013，《累计劣势与老年人经济安全的性别差异：一个生命历程视角的分析》，《妇女研究论丛》第 4 期。

曾迪洋，2016，《生命历程理论及其视角下的移民研究：回顾与前瞻》，《社会发展研究》第 2 期。

曾迪洋，2017，《生命历程视角下台湾大陆配偶的融入困境与社会支持》，《台湾研究集刊》第 2 期。

张文芸、卓诗维、郑倩倩、关颖琳、彭微微，2023，《自闭特质对疼痛共情的影响：疼痛负性情绪和认知的中介作用》，《心理学报》第 9 期。

郑杭生，2013，《社会学概论新修》（第四版），北京：中国人民大学出版社。

朱宏璐、尤梦菲，2021，《孤独症人士"被替代决策"向"支持性自主决策"的转型》，《残障权利研究》第 1 期。

祝传清，2013，《过度补偿心理初探》，《学理论》第 8 期。

Alderfer, C. P. 1969. "An Empirical Test of a New Theory of Human Needs." *Organizational Behavior and Human Performance* 4 (2): 142–175.

Braun, V. & Clarke, V. 2023. "Is Thematic Analysis Used Well in Health Psychology? A Critical Review of Published Research, with Recommendations for Quality Practice and Reporting." *Health Psychology Review* 17 (4): 695–718.

Crystal, S. & Shea, D. 1990. "Cumulative Advantage, Cumulative Disadvantage, and Inequality among Elderly People." *The Gerontologist* 30 (4): 437–443.

Georgiades, S., Tait, P. A., McNicholas, P. D., Duku, E., Zwaigenbaum, L., Smith, I. M., Bennett, T., Elsabbagh, M., Kerns, C. M., Mirenda, P., Ungar, W. J., Vaillancourt, T., Volden, J., Waddell, C., Zaidman-Zait, A., Gentles, S., & Szatmari, P. 2022. "Trajectories of Symptom Severity in Children with Autism: Variability and Turning Points Through the Transition to School." *Journal of Autism and Developmental Disorders* 52 (1): 392–401.

Lawrence, D. H., Alleckson, D. A., & Bjorklund, P. 2010. "Beyond the Roadblocks:

Transitioning to Adulthood with Asperger's Disorder." *Archives of Psychiatric Nursing* 24 (4): 227–238.

Sampson, R. J. & Laub, J. H. 1996. "Socioeconomic Achievement in the Life Course of Disadvantaged Men: Military Service as a Turning Point, Circa 1940–1965." *American Sociological Review* 61 (3): 347–367.

Taylor, J. L., Adams, R. E., & Bishop, S. L. 2017. "Social Participation and Its Relation to Internalizing Symptoms among Youth with Autism Spectrum Disorder as They Transition from High School." *Autism Research* 10 (4): 663–672.

Taylor, J. L. & Mailick, M. R. 2014. "A Longitudinal Examination of 10-Year Change in Vocational and Educational Activities for Adults with Autism Spectrum Disorders." *Developmental Psychology* 50 (3): 699–708.

城市贫困家庭内外联结体系的质性研究

——基于社会联结理论视角

宋向东[*]

摘 要 随着城市经济和社会的发展,城市贫困的复杂和多维性已逐渐成为我国现阶段一个值得重点关注的社会焦点。本研究基于社会联结理论的四大核心要素——依恋、投入、参与和信念,以城市贫困家庭的社会联结现状以及社会联结对缓解贫困的作用和影响为切入点开展质性研究。研究发现,城市贫困家庭的社会联结对象主要可以分为包括家人、兄弟姐妹等亲人在内的内部体系和包括政府部门、社会组织以及志愿团体等在内的外部体系;社会联结对象的数量和社会联结的紧密程度是缓解贫困的关键因素;城市贫困家庭的社会联结状态主要可以分为四种类型:紧密而开放、松散而开放、紧密而局限和薄弱而封闭。最后,本研究结合社会救助社会工作的主要目标和原则、社会工作实务的通用模式,提出以社会联结为导向的社会工作介入社会救助服务策略模型。

关键词 城市贫困家庭 社会联结 社会救助 社会联结

---

[*] 宋向东,上海大学社会学院博士研究生,主要研究方向为城市贫困、反贫困社会工作等。

导向服务策略模型

一 引言

在20世纪90年代之前，中国的贫困主要集中于农村而非城市。随着国内城市化的发展和脱贫攻坚战取得全面胜利，近年来，城市贫困人口逐年减少。《2022年民政事业发展统计公报》数据显示，全国城市低保对象为682.4万人，这表明中国城市贫困人口脱贫工作依然面临重大挑战，且剩余贫困人口和家庭的贫困程度日益严重，相对贫困问题仍将长期存在。上海在社会救助和脱贫减贫方面发挥了领先作用。2021年6月，中共上海市委办公厅、上海市人民政府办公厅联合发布《关于改革完善社会救助制度的实施意见》，明确社会救助发展目标，提出20项重点任务。这包括完善综合救助格局、发展多元化救助方式、完善基本生活救助制度机制、加强分类动态管理，以及健全医疗、教育、住房、就业等救助制度，并促进社会工作专业力量和志愿者参与等。

上海扶贫工作在组织领导、部门责任落实、基层服务能力提升和监督检查机制方面积累了丰富经验。然而，城市贫困群体致贫原因的复杂性和剩余贫困人口脱贫的难度，导致城市社会救助在实施过程中面临政策滞后、实施难度增大等问题。此外，国内对城市贫困家庭的研究主要集中在贫困现状、社会支持和排斥以及社会救助模式等方面，对以社会联结为主题的探索相对缺乏。

社会联结的概念最初由犯罪学家赫希提出，其核心是探索个体在社会化过程中与传统社会的联系（吴宗宪，2013）。在犯罪学中，社会联结理论通过依恋、投入、参与和信念四个核心内容，来解释青少年越轨行为（金泽刚、吴亚安，2012），分析转型期青少年犯罪成因（钟其，2007）。国际研究如Hatice Cecen-Celik和Shelley Keith（2019）运用此理论分析欺凌行为，而R. Thomas Dull（1984）探讨了社会联结与吸毒行为的联系。在社会心理学领域，社会联结通常指个体在社会交往中建立关系后产生的一系列主观感受。这种社会联系影响个体对社会关系的认知和情感，从而影响其社会行为，可归纳为情感依恋、目标投入、常规参与和观念认同（范明林、马丹丹，2020）。社会联结与认知功能间存在积极关系，特别是在老年人脑损伤恢复中的作用（Elayoubi et al., 2022）。国内关于社会联结的研究正在兴起，例如，景奉杰和胡静（2020）研究了社会联结与消费者敬畏情绪、从众消费的关系；魏军锋（2020）探讨了疫情下留守儿童的社会联结与情绪健康之间的联系。这些研究表明，社会联结在多个领域内的应用和影响正逐渐得到深入探索和理解。

贫困可定义为家庭总收入不足以满足物质生活所需（李雪梦、方云，2020）。贫困为在特定社会条件下，个体缺乏参与经济和社会活动的资源，生活水平低于社会标准（关信平，2003）。当前中国城市贫困主要涉及失业群体、提前退休老年人、流入城市的农村人口等，他们多处于相对贫困状态，面临生活困难及剥夺感（王莉丽，2008；梅建明、秦颖，2005）。城市贫困家庭的致贫原因主要包括能力贫困、文化贫困和结构贫困。能力贫困强调个体能力缺乏（徐晓雯、常鸿，2019），文化贫困被刘易斯定义为个人或家庭长期以来的消极观念和传统的自我选择偏差（Lewis，1966），而结构贫困则认为由于社会制度将穷人置于财产和权力结构底层，贫困是社会结构和制度的产物（张茂林、张善余，1996）。

在犯罪学领域，社会联结主要用于解释犯罪和越轨行为，其中，四大核心概念——情感依恋、目标投入、常规参与和观念认同，对分析城市贫困家庭致贫原因及寻找脱贫路径具有重要启示意义。在社会心理学中，社会联结强调个体归属感，由此，可以观察影响城市贫困家庭摆脱贫困的决心和能力的因素。本研究希望使用社会联结作为分析概念来深入探讨城市不同贫困家庭所表现出的特性，希冀丰富现有关于城市贫困实证研究领域中的经验资料和理论论述，并探讨专业社会工作介入城市贫困家庭扶贫工作的可行途径。

基于上述背景和文献回顾，笔者以上海市 Y 区 Q 街道社区救助顾问项目为研究载体，通过在项目实施过程中对城市贫困家庭的走访，尝试回答以下三个具体问题：（1）城市贫困家庭的社会联结状态究竟如何？

紧密程度如何？（2）城市贫困家庭的社会联结对缓和贫困有什么作用和影响？（3）可否建立一个城市贫困家庭社会联结策略模型以期在实践中缓解城市贫困家庭状况？

本研究所选取的研究地域为上海市 Y 区 Q 街道，辖区面积为 3.99 平方公里，下设有 21 个居委会，街道户籍人口 10 万余人，流动人口 2 万人左右，困难群众数量在全区排名靠前。本文研究对象选择主要有以下几个标准：第一，参与 Y 区社区救助顾问项目；第二，拥有城市生活的户籍证明；第三，正在享受上海城市居民低保政策。运用判断抽样和典型个案抽样，最终确定 8 个个案家庭（包括 11 位城市贫困家庭核心成员）和一位居委会低保经办人员、一位社会工作者为访谈对象（见表1），进行资料收集和问题分析。

表 1　访谈对象基本信息

序号	类型	访谈对象编号
个案 1	失无业家庭	男主人 X1、妻子 W1
个案 2	儿童青少年家庭	女主人 W2
个案 3	失无业家庭	女主人 L1
个案 4	大重病家庭	女主人 H2
个案 5	儿童青少年家庭	女主人父亲 C1、女主人母亲 F1
个案 6	困难老人家庭	男主人 G1
个案 7	大重病家庭	女主人 S3、男主人 W3
个案 8	困难老人家庭	女主人 W4
备注	同时访谈了两位低保救助工作人员，他们是社会工作者 Z1 和居委会低保经办人员 H1	

二　城市贫困家庭社会联结状态分析

通过访谈和观察资料的整理、归纳，本研究呈现八组家庭的社会联结现状以及贫困家庭成员的经历，在此基础上，对个案表现出的特点予以归纳和分析。

(一) 城市贫困家庭社会联结状态——"依恋"现状分析

社会联结理论认为,"依恋"是个人对他人或群体的情感联系或是心理归属感的建立。城市贫困家庭的"依恋"现状具体可表现为对家人、朋友以及一些正式组织和志愿团体的依恋,同时各个家庭所表现出的依恋强弱都有所不同。

1. 对家人的依恋

家庭是城市贫困家庭社会联结建立的核心场所。家庭成员之间通过代际、兄妹、婚姻关系形成联结,相互影响着联结的强度和发展。由于经济困难,家庭成为成员间获取心理和物质支持的重要渠道。物质支持主要体现在经济帮助、日常生活用品和其他必需品的共享。

> 我们现在其实比农村苦,我的娘家现在条件都好了……就是过段时间,娘家人会开车过来送几袋米。小孩子还蛮争气,嫁的人家也蛮好,平常也是女儿帮衬着。(W1)

> 有点好的是她的妹妹在上海,妹妹在上海打工。等于这个情况呢妹妹贴一点给她。妹妹会帮小朋友买一点(东西)……所以一直是妹妹在照顾她。(H1)

除了在物质层面建立起一定的依恋关系以外,依恋更加体现在家庭成员之间存在的心理支持,每当遇到困境的时候可以成为彼此精神的支柱。

> 刚来上海的时候其实过得并不好,有时候遇到困难、烦心事了就给爸爸妈妈打个电话,说一说就轻松了很多。(W2)

在心理层面构建的依恋归属关系可具体表现为与家人之间的沟通联系,特别是在困难时期向家人吐露自己的心声。加强与家人之间的沟通,可以有效地缓解当前困难情形给贫困家庭成员造成的心理压力,并且可以在生活的方方面面产生正面的影响，但也有部分案例家庭中的家人依恋联系处于断裂或者隔断的状态。

> 我的儿子今年虚岁才 17 岁……他现在也不听话，我只能随便他去……老家家里人也会打电话给我，但是他们自己的生活也很艰难，都是上有老下有小的，不用我帮他们就谢天谢地了。我爱人的兄弟也不少，但是他们也不肯帮忙……（H2）

由此可见，与家人之间的关系恶劣以及双方心理支持的薄弱导致贫困家庭成员得不到家人的援助，这或许是导致贫困不能缓解的原因之一。

2. 对朋友的依恋

城市贫困家庭成员在构建依恋关系时，朋友成为除家庭外的重要对象。这些朋友包括长期的同乡伙伴、学校同学、周围邻居，以及在社会或娱乐场合结识的朋友。邻里之间的互助也对改善贫困家庭生活至关重要。面对困境时，贫困家庭成员有时会选择向朋友而非家人寻求支持，朋友成为他们重要的支持力量。

> 我老公吃的这个药都是进口的，是我的一个小姐妹在美国给我们弄回来的，她原来是我们的邻居……现在我老公天天吃药，所以控制得很好。（W1）
>
> 平常朋友来看我，看上面的台湾高粱酒，都是他们送的，过年的时候送的……真的，我能够活到今天，离不开这些朋友的帮助。（G1）

但是，也有部分成员在遇到困难时除了家人之外，没有可以倾诉和提供帮助的对象，只能自己默默承担。除了街道干部之外，周围人很难理解他们的真实处境。

> 这边上海混了这么多年也没什么朋友……辞了工作之后原来的

那些朋友就几乎不联系了。在这边生活我也没有求任何人,感觉真的很不容易。(L1)

由于 L1 性格内向,也很少与他人建立关系,对于他人的依恋程度较弱,因此十分不利于其与朋友等社会联结关系的建立。这种现象存在于部分内敛害羞、自卑以及社交能力较弱的贫困家庭成员之中,他们对于自身的困难处境羞于开口,这也加剧了贫困的进一步发展。

3. 对政府部门或正式组织、志愿团体的依靠

在访谈的过程中,笔者进一步发现一些生活得到改善的家庭会与一些政府部门、救助部门存在一定的往来关系,他们乐于与工作人员交流互动。这些政府部门或是正式组织在现行的社会救助体制之下往往能够给予这些贫困家庭额外的帮助。

我们这边街道(工作人员)很关心我,让我去申请低保。我那时候生病没有工作,小孩读书也是请街道工作人员帮忙。原来最早的两个这边的书记都跟我们关系很好的……经常打电话问我们身体好吗。(W1)

……就像居委会的姐姐说我傻。我和她联系虽然也不多,但她还是经常会关注到我。跟她从来不聊微信。也没人跟我聊天。(L1)

城市贫困家庭成员常依赖街道工作人员的关怀,形成了一定程度的情感依赖,这主要表现在日常联络和家庭事务请求上,但这种依赖程度相对于家人和朋友较轻。此外,政府部门和正式组织为这些家庭提供综合的政策、物质和精神支持,使许多家庭与这些机构建立了稳定的联结关系。同时,一些家庭也与志愿团体建立了依赖关系。

因为有时候我工作没时间,就会找社区睦邻中心这边的大学生志愿者团队的成员帮忙带带我女儿做作业……平常他们在我就把女儿送过来。(W2)

自从身体变成这个样子之后呢，我蛮喜欢看推理小说的，有几个大学生会来看看我，帮我带几本好看的书过来，还能陪我聊聊天，但是他们来的次数也不多。（W4）

由此可以看出，个体与志愿团体建立起一定的依靠关系在某种程度上减轻了贫困家庭的生活成本和压力。但是与志愿团体存在依靠关系的仅仅是少数家庭，大部分家庭对于志愿团体了解甚少，不知道如何寻求志愿者的帮助，也有部分家庭成员认为志愿团体并不能解燃眉之急。因此城市贫困家庭与志愿团体的依靠关系在总体上呈现较弱的状态。

（二）城市贫困家庭社会联结状态——"投入"现状分析

"投入"（目标投入）作为社会联结的第二个组成部分，指的是城市贫困家庭在建立社会联结的过程中是否愿意主动付出努力来推动关系维持，这种行为可以表现为是否愿意花费大部分时间、精力来实现自己所追求的目标，是否具有主动帮助他人的优良品格，等等。

1. 对于自身事业的投入与付出

对于部分年轻的城市贫困家庭成员而言，他们渴望改变自身贫困的现状，这种强烈的愿望驱使他们更加积极地投入时间和精力，以寻求个人事业的突破和成就。例如，他们可能会为了接受更好的教育而努力学习，从而改善自己的生活条件。个体的受教育志向越强烈，他们就会越努力地追求更高的成就，花费更多的时间和精力在学习上，所学的专业知识可以进一步改善家庭生活条件。

一个大专一个社工这都是要考出来的，你既然考都考了，考完之后最好还要把户口给迁过来，最起码这三项都全了之后你就碰机遇。（W2）

孩子的爸爸是搞宾馆后台统计的。孩子的妈妈是学艺术设计的，毕业了之后是搞房屋设计这块儿的。他们都是在网上找工作，反正他们都有些工作（收入）补贴家里。（S1）

许多城市贫困家庭成员面临教育和条件限制，难以获得稳定就业。尽管如此，他们不向困境屈服，而是展现出坚定的决心和毅力，通过学习提升专业技能和知识。他们积极寻求与自身能力和兴趣相符的工作，这种对事业的投入不仅促进了积极的生活态度，还在一定程度上改善了他们的物质状况。

2. 积极投身于社区服务和公益事业

除了在自身事业上努力投入，也有许多城市贫困家庭成员展现出乐于奉献的精神，他们愿意主动投身于社区服务和公益事业。这种乐于助人、关爱他人的精神在这些家庭成员中根深蒂固，不仅可以帮助改善社会环境，还能持续推动家庭外部社会联结的稳定发展。

> 这次打这个新冠的预防针，我们这一片都是我负责的，还有之前的人口普查，都是我带着工作人员一户一户走。所以人家很照顾我们，世博会的时候，我那时候做志愿者，都是一分钱不要的。（W1）。

研究对象 W1 积极参与社区事务和志愿服务，她认为作为弱势群体成员，应当回馈社会而不只是接受帮助。这种积极的态度和奉献精神加强了她和她丈夫与社区之间的联系。他们将这种联结提升为基于信任和情感的深层次纽带，从而为他们与社区的社会联结提供了强大的动力和支持。

3. 缺乏目标，投入意愿较弱

在谈论生活目标和投入以及进一步的打算这一话题时，大部分的城市贫困家庭成员表示由于自身的基本生活都较难维持，往往只能勉强维持温饱，因此，他们没有多余的精力和资源去考虑未来的打算和目标，只能日复一日地重复着单调而艰辛的生活。

> 小孩子现在只认我一个人，从她小开始到街道填单子什么的都是抱着她，就是靠脚走的……现在就是围绕这个小宝贝转啊转。确

实没有时间去搞别的事情。(L1)

我都这么大年纪了还能有什么想法，再多活几年倒是真的。原来我年轻的时候倒是周边的摊子什么的都会帮帮忙，现在做不动了。(G1)

身体好的时候也参加过几次街道的工作，但是我现在日常生活起居都需要人照顾，谈不上去帮忙了。(W4)

城市贫困家庭成员的生活目标和投入受到经济、社会和文化因素的限制。由于缺少教育和培训机会，他们难以获得稳定的收入，生活水平低下，无法摆脱贫困。同时，这些家庭面临医疗、教育、住房等多方面压力，缺乏提供给家庭成员必要的生活保障和发展机会。因缺少资源和支持，他们对未来缺乏明确的目标和计划，感到无助和绝望。

(三) 城市贫困家庭社会联结状态——"参与"现状分析

"参与"（常规参与）是指城市贫困家庭成员在生活中所从事的主要活动，范围比"投入"更广泛，重点在于实际"做了什么"。参与可以包括家庭内部活动如照顾家人、参与家庭决策，以及社会外部活动如工作、娱乐等社交活动。积极的参与有助于形成良好的生活习惯，扩大社交圈，助力城市贫困家庭逐步摆脱贫困。

1. 家庭内部参与

在家庭中，年长的贫困家庭成员通常负责照料家人，包括家务和在生病时的悉心照顾。他们的角色除提供物质支持外还包括精神慰藉，帮助年青一代健康成长。

我每天就围着她转，给她做饭换尿布喂奶，最近晚上都会带宝宝出去玩，然后晚上她就不爱睡觉。(L1)

那时候生病需要人照顾，我妈妈又摔了一跤需要人照顾，我老婆自己的身体也不行发毛病，我爸也住医院……我那时候也只能说老婆你辛苦点吧，我争取自己给站起来。(X1)

此外，家庭内部参与也深刻地体现在对一些重要事务的抉择和判断过程中。当家庭面临关乎未来发展的重大选择时，通过成员们的共同参与和讨论，能够形成一个明确且共同的目标。这种参与不仅有助于家庭成员之间建立深厚的共识，还能够在关键时刻避免家庭内部的分歧与矛盾。

> 平常好多事情我都要和我老公商量着一起决定，比如之前女儿到底去哪里上学，我们也是看了好多学校，最后选了一所学校。（W2）

提高家庭内部成员的参与水平对构建紧密的家庭社会联结来说至关重要。加强家庭成员间的沟通和互动有助于形成更紧密的家庭关系，为家庭发展提供动力。这种参与不仅增强了家庭成员的归属感和认同感，还有助于增强家庭纽带和家庭活力，从而积极影响城市贫困家庭的生活质量。

2. 社会外部参与

工作在城市贫困家庭中占据了重要地位，是家庭成员社会外部参与的重要形式之一。通过参与工作，家庭成员可以加强与社会的联系，建立起属于自己的社会网络，并且获得经济收入，进而提高家庭的物质生活水平。因此，工作对于城市贫困家庭来说是至关重要的。

> 我水电都会做的。现在就是一直在外面打零工。我有朋友打电话给我的，就像刚才跟我说有个活要我去做，都是老朋友关系，拿的工钱也不多，我自己身体也不是特别好，不能干重活。（X1）

> 平常她在工作的时候还是比较努力的。交给她什么基本能做好，而且也比较吃得了苦。（Z1）

社会参与在贫困家庭成员中常体现为共同兴趣和娱乐活动的参与。这些活动不仅提供了逃离日常烦恼的机会，还增进了社区成员间的联系。

参与这类活动帮助贫困家庭成员感受到社会的关怀，增强对社区的归属感和责任感。此外，这些娱乐活动促进社会交流与合作，增强社区的凝聚力和稳定性，为贫困家庭提供额外的帮助和支持。

> 孩子的爸爸喜欢搞摄影，之前刚买了一个新的镜头。他好像参加了一个什么摄影团队，经常会出去拍拍东西，之前好像还帮别人当过摄影师什么的，也认识了不少人。(F1)

在某些贫困家庭成员中，社会外部参与几乎不存在。例如，研究对象 L1 因照顾孩子而长期失业，尽管社会工作者为她提供工作机会，但她由于难以同时应对工作和照顾孩子的压力，选择拒绝。这反映了贫困带来的社交困境，即使外界提供帮助，也因各种原因难以得到充分利用。

> 之前有人给我介绍类似于社区活动中心管理的工作……但是我好长时间没有出去工作了，害怕真的工作了孩子带不好，而且自己现在也没什么自信心，不敢和别人打交道。(L1)

由于长期失业和害羞自卑的性格，研究对象 L1 的社会参与度逐渐降低，渐渐陷入自我封闭的状态。随着时间推移，她越来越缺乏信心，参与社会活动和人际交往减少。这种状况对她的身心健康造成负面影响，使她感到恐惧和担忧，害怕面对社会的挑战和压力。

（四）城市贫困家庭社会联结状态——"信念"现状分析

"信念"（观念认同）指的是个体自身具备的价值观和道德观念等。信念是对共同价值体系和道德观念的赞同、认可和信任。只有具备了正向的、积极的信念才会使贫困家庭成员逐渐走出贫困的状态。信念与上述几个方面是互相联系的，信念会影响到贫困家庭的依恋、投入和参与状况；反之，信念也会受到依恋对象、投入状况以及参与程度的影响。

1. 努力乐观，积极向上：坚信生活会越来越好

尽管贫困家庭面临的问题和困难多样，但持有坚强意志和积极向上精神的家庭更易摆脱贫困。这种积极态度帮助家庭成员保持希望和信心，激发潜能，克服挑战。此外，这种精神状态鼓励家庭成员积极参与社会活动，拓展人际关系，为未来发展奠定基础。

> 那时候生病……我一下子瘦了很多，从160斤瘦到110斤，我每天还锻炼。为了以后生活质量稍微高点，我只能坚持住，现在一切都恢复正常了。（X1）

> 因为家里这个情况从小看在眼里，读书的时候就没办法，我还是很独立的，一个人在外面总归要努力养活自己，不能一碰上什么就这个不行那个不行的。（W2）

> 现在生活也还可以，有时候帮女儿带带孩子……其实还是要保持一个乐观的态度，没什么大不了的，再苦的日子都过去了。（W1）

保持积极乐观的态度对贫困家庭成员克服困难和迎接挑战至关重要，这种心态是他们改善生活状况的关键。坚定的生活信念不仅促进个人成功，而且是构建稳固社会联结的重要环节，帮助他们更好地融入社会，获得必要的支持和帮助。

2. 情绪低落，得过且过：相信生活改变的可能性渺茫

在访谈的过程中，部分城市贫困家庭对于目前的生活状况表现出一种得过且过的想法。他们似乎更多的是安于现状，不愿意尝试改变自己的生活方式，缺乏信心和勇气去追求更好的生活。这种心态可能会导致他们无法摆脱贫困的泥潭，从而陷入更加困难的境地。

> 孩子的爸爸是最低工资标准，孩子的妈妈在有工作的时候大概能赚一点，没有（工作）的话就没有了，就是基本开销是我们来的，其实维持现在的生活就可以了。（F1）

> 身体嘛一个是脚，还有年纪大了血管老化了，以前戴脚镣戴的。

年纪也大了，生活其实没什么盼头了。我今年已经91岁了，要是能再多活几年就满足了。(G1)

我年纪大了，身体也不方便多动。而且大半辈子都过去了，只想安安心心地过日子，没有什么过多的希望了。(W4)

上述个案中，贫困家庭成员常对生活现状感到无奈和无助，缺乏改变现状的动力。面对困难和挑战，他们感觉被社会边缘化，失去对生活的希望，陷入恶性循环，不仅无法改变自身命运，还负面影响家庭成员的心态和生活质量。这种消极的生活态度阻碍了社会联结的建立，加剧了贫困困境，妨碍了个人和家庭的发展。

3. 信心崩塌，濒临放弃：确认生活已经没有希望

城市贫困家庭成员面临的生活困苦往往严重打击他们的自信心。经济困难、社会地位低下和生活挫折导致许多人陷入深度困境，无法振作。他们可能自暴自弃，面对困难和挫折毫无抵抗力，甚至出现抑郁或自杀等极端情绪。这种消极的心态极其危险，可能导致对生活的热爱和追求丧失，甚至放弃生命，给个人、家庭和社会带来严重的后果。

老公呢有可能就是他不想再继续了……虽然还没有办离婚证，但是等他出来我们应该就会分开。我这辈子应该是没什么希望了，日子过一天是一天。(L1)

反正就从化疗开始，这个身体就一直不行……我在几年前还得过抑郁症，小孩子也不争气，有时候也不知道这个生活该怎么过下去。(H2)

贫困家庭成员在连续的生活挫折后，对生活失去了信心，以一种濒临放弃的态度面对生活，对未来缺乏明确的目标。这种消极情绪源于对生活现状的不满和无助，最终导致他们放弃。这种消极的信念阻碍了他们与周围人建立联系的意愿和决心。

三 城市贫困家庭社会联结策略模型的建立

研究表明，社会联结对于缓解贫困具有一定的积极影响，因此，建立和完善科学、合理、有效的社会联结模式，无疑具有重大意义。

（一）社会联结对缓解贫困的作用和影响

社会联结对城市贫困家庭缓解贫困的作用显著，与联结对象的数量和关系强度呈正相关。城市贫困家庭通过与内部（如家庭成员）和外部（如朋友、政府、社会组织）的社会联结，获得心理和物质支持，联结对象越多，脱贫可能性越大。社会联结体系的广泛性和开放性为贫困家庭提供多样化的支持选择，增强其抵御贫困的能力。因此，社会联结对象的数量是衡量城市贫困家庭社会联结体系稳定性的关键指标。

社会联结的要素虽然表面上独立，但实际上彼此相互影响和关联。研究发现，这些要素是互补的：个人在某方面的社会联结增强，会促使在其他方面的联结也增强。社会联结的强弱可以从行为和心理两个层面进一步综合分析。在社会联结的四大核心要素中，依恋与共同价值观和道德准则的信念存在直接关系。心理归属感是依恋的基础，体现为精神支持和依赖感。这种依恋有助于强化信念，尤其在具有积极生活信念的家庭中更为显著。依恋和信念的强度直接影响个体行为，表明在困难中具有积极态度和强烈家庭关系的城市贫困家庭成员，更能有效应对挑战，减轻贫困影响。因此，心理层面的社会联结机制是联结体系中最基础且关键的部分。在目标投入方面，一些城市贫困家庭成员积极设定并追求目标，以改变现状，积极参与公共事务，希望通过成功摆脱贫困。相反，另一些深陷贫困的家庭成员则安于现状，缺乏明确目标。贫困家庭成员的参与程度通常受制于非自主意愿，如家庭责任或体力劳动，导致低参与度，难以投入目标实现中。然而，一些面临转机的贫困家庭表现出更主动的参与意愿，这促进了对目标的进一步投入。显然，投入和参与之间存在相互影响、相互促进的关系，共同对缓解贫困产生积极作用。

所以考察社会联结对缓解贫困的作用可从两方面展开。一是观察城市贫困家庭的社会联结体系广度，即内部和外部联结对象的数量。对象越多，获得的支持和帮助也越多，增加战胜贫困的机会。二是评估社会联结的强弱程度，涉及心理和行动两个维度。心理层面关注正向的心理归属感、生活信念和价值观的建立，而行动层面着重于家庭和社会的目标设定和参与程度。心理层面的联结作为内在基础，推动行动层面的发展，两者相互作用，共同影响贫困家庭的社会联结强度。随着联结体系的扩展，贫困家庭的社会联结也相应加强。

（二）不同社会联结状态城市贫困家庭的特征

通过研究发现，城市贫困家庭的社会联结状态可划分为四种类型：紧密而开放、松散而开放、紧密而局限、薄弱而封闭。每种类型具有独有的特征和问题。因此，根据不同类型及特点，制定相应的帮扶政策和服务策略至关重要。

1. 紧密而开放

生活状况改善或逐步脱贫的家庭通常展现出紧密而开放的社会联结状态。他们在家庭内部维持稳定的情感联系，在外部则能广泛交际，建立多样的社会联系。这些家庭特征为强烈的生活信念、积极的价值观，以及参与社会活动的热忱。他们的社会联结体系在心理和行动层面均呈现持续增强的趋势。

2. 松散而开放

第二种联结类型的城市贫困家庭表现出松散而开放的社会联结状态。虽然他们与内部和外部对象的联结较广泛，但关系不紧密且缺乏支持网络。在心理层面上，这些家庭维持基本的情感联系，对生活期望较低，主要满足其基本需求。在行动层面上，他们往往不积极参与社会活动或人际交往，对外部变化和发展关注不足。

3. 紧密而局限

第三种联结类型的城市贫困家庭拥有一定数量的社会联结对象，主要来源于家庭内部，而外部联结相对局限。这些家庭的社会联结特征为内部紧密,成员间互动频繁,家庭关系密切,沟通顺畅。他们也拥有一定的社会资源和支持网络,能在必要时获得帮助。虽然外部联结有限,但这些家庭在内部和社区中保持紧密联系,对他们的生活和发展产生积极影响。

4. 薄弱而封闭

最后一种联结类型的城市贫困家庭面临较多问题和困境,他们的社会联结关系主要限于与父母和近亲的有限联系,几乎没有外部社会的联结。这导致他们在心理和行动方面的联结机制特别薄弱,缺乏改变现状的信心和力量。这些家庭成员通常难以融入传统社会生活,不擅长建立稳定的社交关系,常表现出社交障碍、孤僻和封闭态度,限制了他们的社会融入和发展,对新事物和外部世界的接受度低,缺少积极融入社会的意愿。

(三) 社会联结为导向的社会工作介入社会救助服务策略模型

社会工作介入社会救助是提升反贫困效果的关键因素之一。根据《社会救助暂行办法》,地方政府需利用社会工作服务机构和社会工作者为救助对象提供融入、能力提升、心理疏导等专业服务(关信平,2017)。社会救助社会工作的目标包括:提升贫困家庭能力、协调社会关系和增进心理健康。其原则包括维护贫困者基本权益,提供实际需求的物质和非物质服务,重点解决心理问题、建立新关系、改善外部环境、增进社会参与,以及赋权,增强自我能力和社会资本(杨荣,2014)。这些措施旨在彻底解决造成贫困的社会问题。

不难发现,社会救助社会工作的目标和原则与社会联结理论的四大核心概念高度契合,因此,基于上述思考和分析,本研究结合社会救助社会工作的主要目标和功能、社会工作实务的通用模式等,提出以下策略模型(见图1),该模型包含了社会联结指标测量体系、专业关系的建设、问题和需求界定、目标和计划设定、社会工作服务开展、社会工作专业评估以及过程回顾和跟进服务这几大核心步骤,尝试建立在社会联结理论视角下的城市贫困家庭社会工作介入通用模式。

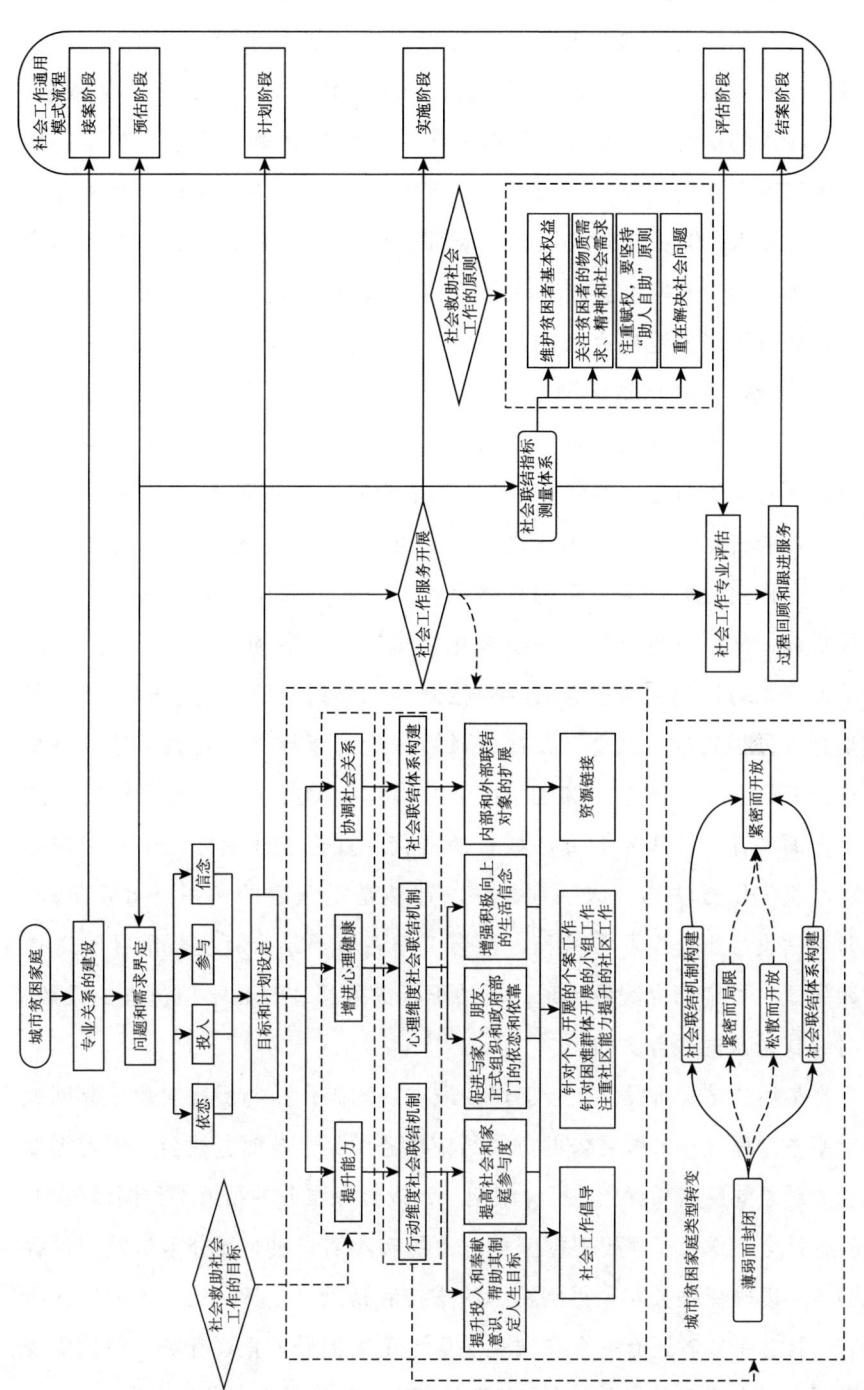

图 1 社会联结为导向的社会工作介入社会救助服务策略模型

作为正式助人过程的开始，接案阶段是社会工作者与服务对象建立信任与合作关系的重要时期，也是成功地进行预估和介入的必要前提。在成功与服务对象建立专业关系之后，社会工作者则可以进一步从依恋、参与、投入和信念四个角度对服务对象存在的问题和需求进行界定，城市贫困家庭存在的主要问题可以进一步归纳为内部和外部联结对象数量较少、与家人/朋友/正式组织和政府部门的依恋和依靠较弱、生活信念较为消极、社会与家庭参与水平较低以及缺乏投入意识这几个方面，社会工作者可以根据这些存在的问题，结合社会救助社会工作的四大基本原则，建立社会联结指标测量体系，进一步挖掘服务对象的深层需求，此阶段是社会工作介入过程中最为关键的步骤之一，它是在接案的基础上对服务对象进行综合的分析判断，形成暂时的评估结论。

当社会工作者完成了预估之后，则可以转入计划阶段，社会工作者可以结合社会救助社会工作的具体目标，与服务对象共同商讨总目标和具体目标，又可以将目标进一步细化为短期、中期和长期目标，并制订行动方案，为社会工作服务的开展稳固基础。计划阶段之后的实施阶段则是介入过程的重中之重，在社会联结理论的指导下，开展服务可以从促进家庭社会联结体系的构建、增强心理和行动两个维度的联结机制这几个方面展开，使用专业方法如资源链接、社会工作倡导、个案工作方法、小组工作方法和社区工作方法。评估是干预后的另一个重要阶段，同时评估贯穿于整个服务流程，社会工作者应当结合社会救助社会工作的四大原则设定指标测量体系，评估干预的效果，反映干预过程的成败，同时寻找未来的服务方向。

在最后的结案阶段，社会工作者最主要的工作是与服务对象一起回顾整个服务过程，并采取妥善的方式结束服务关系。此时，社会工作者需要将服务对象的反馈和意见进行详细记录，以确保服务的结束得到圆满处理。此外，社会工作者还需要根据服务对象的实际需求进行转介或继续跟进提供服务，以确保服务对象得到持续的支持和帮助。当然，从更大的层面上而言，社会工作者还有一个在宏观层面上不断倡导的重要任务，他们需要积极倡导社会公正和公平，为弱势群体发声，促进社会和谐与进步。

四 进一步讨论

针对社会联结理论在城市贫困家庭领域的应用而言，笔者在现有研究基础上，仍有进一步的思考和讨论（见图2）。第一，可以将贫困家庭的社会联结对象分为来自家庭内部和社会外部两个部分来讨论，城市贫困家庭的社会联结对象越多，社会联结体系则越广泛，越能够缓解贫困的状态，具体可以开展的服务包括创建信息共享平台、开展社区活动等，链接社会资源，促进贫困家庭内部和社会各界的互动与交流。第二，在依恋层面，贫困家庭对于正式组织、政府部门以及志愿团体等的依靠或依赖，在与联结对象之间，依恋可以具体表现为精神层面的支持与开导和物质层面的支持与帮扶，可以是提供心理健康和情感支持服务，如个体心理咨询和团体辅导，以及增设紧急援助和长期支持计划，包括食品援助、医疗保健和住房支持等。此外，社会工作者可以通过观察彼此之间联络感情的频次以及心理归属感建立的强弱来判断依恋的强弱。第三，在投入层面，许多年轻的成员渴望改变自己的贫困现状，对于自身事业积极地投入和付出，并且热心于社区事务和公益事业，但仍有大部分贫困家庭成员缺乏投入付出的目标，陷入困境难以改变现状，因此激励贫困家庭成员积极投入改变自身贫困状况的行动中，包括参与职业培训、教育提升和社区服务等，对于脱贫具有重要意义。第四，在参与层面，可以进一步将城市贫困家庭成员的参与分为家庭内部和社会外部两个角度来分析，研究发现，城市贫困家庭对于传统的工作和社会活动参与度比较低，缺少参与的主动性，可以通过政府、企业和社会组织三方合作，为贫困家庭成员提供实习就业机会，开展各类督导与赋能活动，进一步提升他们组织社区活动和参与决策的能力。第五，在信念层面，贫困家庭成员对生活的信念和价值观，分别呈现积极向上、得过且过、丧失信心这三种状态，可以通过积极心态培训工作坊、成功案例分享和激励演讲等方式，教导贫困家庭成员如何设定实际目标和克服生活挑战，增强他们的信心和动力，以期实现信念和价值观的转变。

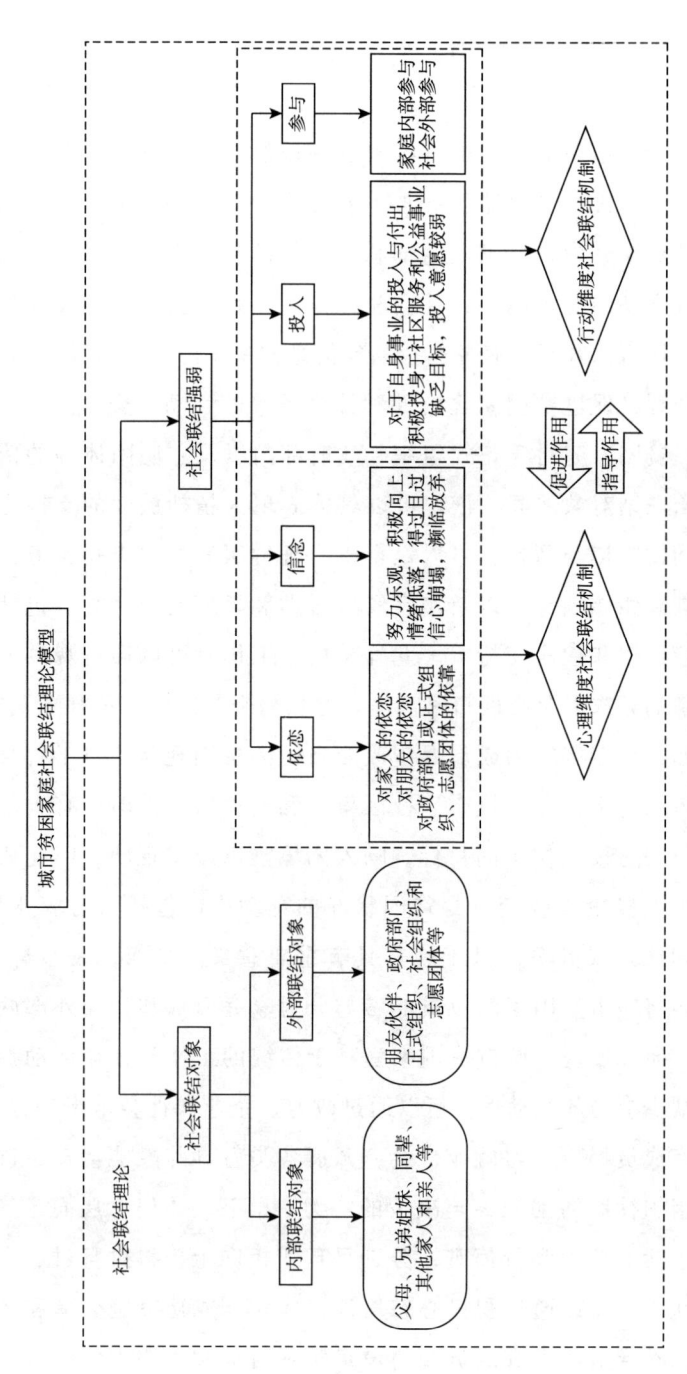

图 2 城市贫困家庭领域的社会联结理论模型

此外，一个城市贫困家庭的联结体系越广泛，家庭内部和外部社会联结对象的数量越多，社会联结越紧密，其获得的支持和帮助就越多，也越容易把握战胜贫困的机会。因此，笔者结合四种类型的贫困家庭的不同特征，在社会工作介入社会救助的服务策略模式方面做出了一些探索和创新，在具体的服务工作开展过程中，可以进一步将重点聚焦于精准识别需求与资源匹配、设计个性化服务、加强跨部门之间的合作、探索创新服务模式和建立持续评估及反馈机制等方面。最后，本研究旨在为政府相关部门和机构提供参考建议，同时鼓励更多研究者投身于社会救助社会工作领域，共同促进这一领域政策和行动的完善。

参考文献

范明林、马丹丹，2020，《权利的贫困：社会排斥和社会联结理论视角下的城市贫困家庭研究》，北京：中国社会科学出版社。

关信平，2003，《现阶段中国城市的贫困问题及反贫困政策》，《中国城市经济》第6期。

关信平，2017，《社会工作介入社会救助的需求、能力及体制机制分析》，《湖南师范大学社会科学学报》第1期。

金泽刚、吴亚安，2012，《网络游戏对青少年犯罪的影响——一种基于社会控制理论的解释》，《青少年犯罪问题》第5期。

景奉杰、胡静，2020，《消费者敬畏情绪对从众购买意愿的影响——基于社会联结视角的实证分析》，《企业经济》第2期。

李雪梦、方云，2020，《我国城市贫困问题原因及对策研究》，《社会与公益》第4期。

梅建明、秦颖，2005，《中国城市贫困与反贫困问题研究述评》，《中国人口科学》第1期。

王莉丽，2008，《城市贫困：现状及对策》，《河南社会科学》第6期。

魏军锋，2020，《疫情下留守儿童社会联结与情绪健康的关系：希望的中介作用》，《中国特殊教育》第10期。

吴宗宪，2013，《赫希社会控制理论述评》，《预防青少年犯罪研究》第6期。

徐晓雯、常鸿，2019，《精准扶贫的理念、困境与对策完善——基于能力贫困理论视角》，《鲁东大学学报》（哲学社会科学版）第 2 期。

杨荣，2014，《社会工作介入社会救助：策略与方法》，《苏州大学学报》（哲学社会科学版）第 4 期。

张茂林、张善余，1996，《社会转型期城镇贫困人口特征、成因及其思考》，《人口学刊》第 3 期。

钟其，2007，《转型社会青少年犯罪成因剖析——以社会控制理论为视角》，《浙江学刊》第 5 期。

Cecen-Celik, H. & Keith, S. 2019. "Analyzing Predictors of Bullying Victimization with Routine Activity and Social Bond Perspectives." *Journal of Interpersonal Violence* 34 (18): 3807-3832.

Dull, R. T. 1984. "An Empirical Examination of the Social Bond Theory of Drug Use." *International Journal of the Addictions* 19 (3): 265-286.

Elayoubi, J., Nelson, M. E., Haley, W. E., & Hueluer, G. 2022. "The Role of Social Connection/Engagement in Episodic Memory Change in Stroke." *The Gerontologist* 62 (3): 364-374.

Lewis, O. 1966. "The Culture of Poverty." *Scientific American* 215 (4): 19-25.

【社会工作教育研究】

场景塑造、行动赋能与价值重构：知识生产模式视角下社会工作硕士人才培养的路径与策略研究[*]

——以 S 大学 MSW 学生参与的青少年"历奇辅导"夏令营项目为例

李晓凤　李永娇[**]

摘　要　为探究符合新文科建设背景下 MSW 人才培养目标与路径，本文以 S 大学 MSW 学生参与的 N 社工机构青少年"历奇辅导"夏令营项目为案例，运用知识生产模式 Ⅱ 的三螺旋结构，尝试研究知识生产模式转型视角下 MSW 人才培养的合作性知识生产路径及策略。研究发现，通过场景塑造、行动赋能和价值重构三大路径及多元行动策略，可以实现政产学研用的目标，并推动 S 大学、N 社工机构与共青团多个主体从伙计到伙伴再到协同共同体的关系转变。此种基于合作性知识生产视角的

---

[*] 本文系 2021~2024 年广东省教育厅联合培养研究生示范基地（深圳市南山区南风社会工作服务社）教学改革项目阶段性成果之一。

[**] 李晓凤，香港理工大学社会工作哲学博士，深圳大学政府管理学院社会学系教授，主要研究方向为社会工作理论与实务、女性社会学及咨询心理学；李永娇，深圳大学社会工作硕士，南方科技大学系统设计与智能制造学院行政助理，主要研究方向为社会工作理论与实务、女性社会学及绿色社会工作。

人才培养模式，既提升了MSW学生培养的质量和效率，又促进了社会创新主体之间的紧密互动。

关键词 知识生产模式 历奇辅导 人才培养 政产学研用

在当今科技革命与新文科建设背景下，传统的学院派知识生产模式因注重理论的纯粹性和学术的自足性，相对忽视实践和社会互动的重要性，致使社会工作硕士（MSW）学生难以适应复合型人才培养需求。因此，为了回应上述问题，挑战"为了学术而学术"的传统知识生产模式，基于知识生产模式的理论框架，本文以S大学MSW学生参与的N社工机构青少年"历奇辅导"夏令营项目为研究案例，探讨知识生产模式转型视角下MSW人才培养的合作性知识生产路径及策略，旨在为MSW人才培养提供新文科建设背景下的新思路和方法。

一 知识生产模式转型视角下MSW人才培养创新的理论框架

知识生产模式描述了知识被人们生产、创造并加以运用的方式，并提供了一个解释框架，用于概括和总结知识在各个发展阶段呈现的特征和规律（张应强，2020）。知识生产模式最早的讨论可以追溯到默顿提出的"现代科学的规范结构"，他将科学视为现代研究型大学和学科结构建立的社会制度，需遵循明确的认知和社会规范（默顿，2003）。但随着知识的急剧增长和科研方式的变革，科学知识的结构发生了重大变化，吉本斯将此转变称为知识生产模式由Ⅰ到Ⅱ的转型（Limoges et al.，1994）。进入21世纪，知识经济社会进入更高阶段，为此，埃利亚斯·G.卡拉雅尼斯与戴维·F.J.坎贝尔等学者系统阐释了知识生产模式Ⅲ，形成了完备的理论体系，即包括"大学－产业－政府－社会公众"等创新主体的四螺旋创新机制。

知识生产模式Ⅰ，注重单一学科的知识传授，是主客二分的教学与学习的线性模式，核心思想是追求价值繁荣。而知识生产模式Ⅱ的核心是知识创新的大学-产业-政府"三螺旋"结构,注重互为主体的跨领域合作与应用导向。知识生产模式Ⅲ则是基于模式Ⅰ和模式Ⅱ的嬗变,以网络集聚型"知识集群"、多元主体介入的立体化"创新网络"、多功能导向的生态系统为核心的组织模式(黄瑶、王铭,2018),以大学-产业-政府-社会公众结成知识创新的"四螺旋"。借此,打破了传统知识生产的多重局限,促使知识生产更为泛在、日常及多元(马廷奇、李蓉芳,2019)。

(一)知识生产模式转型引发的人才培养范式变革

知识生产模式转型必然会形塑人才培养的范式。通过文献回顾发现,在目前知识生产模式由Ⅰ向Ⅲ转型的过程中,人才培养范式的培养主体、培养情境、培养目标和培养评价等均要发生相应的改变(见表1)。

表1 知识生产模式转型下的人才培养范式变革

人才培养	知识生产模式Ⅰ	知识生产模式Ⅱ	知识生产模式Ⅲ
培养主体	大学内部	多部门协同	新型合作网络
培养情境	单一学科	跨学科跨场域	超学科
培养目标	提高学术研究能力	政产学研用	追求公共的"善"
培养评价	学术标准的评判	综合、多维度质量评估	知识生产的公共价值

资料来源:由本研究团队编制,部分内容参考了学者杜燕锋和于小艳(2019)的文章。

1. 多重螺旋的创新机制的转变:人才培养主体异质化

在模式Ⅰ中,知识生产主要在大学内部进行,以"求真"为目标,但随着经济社会发展,知识生产模式也发生转变。在模式Ⅱ中,主体特征从等级化的同质性转向了非等级化的异质性。而在模式Ⅲ中,知识生产主体不仅来自高校、科研院所等学术组织,还有政府、各类社会组织与社会公众。此种主体异质化的转变,则需要我们重新思考和定义MSW人才培养主体的角色与责任。

2. 知识生产场域的转变:人才培养情境弥散化

在模式Ⅰ中,知识生产主要在单一学科的认知环境中进行,强调学科内部研究的深度。在模式Ⅱ中,知识生产不再局限于单一学科,而是发生在更广阔的、跨学科的社会和经济环境中,且强调跨领域的合作、交流以及对不同领域知识的整合和应用。而在模式Ⅲ中则超越了相对纯学术的学科,进入了实业和市场,形成了一个社会弥散的知识生产体系,更加注重公共价值的创造。

3. 知识生产动力机制的转变:人才培养目标社会化

在模式Ⅰ中,培养目标主要集中在单一学科的知识传授上。在模式Ⅱ中,培养目标则转向为学生提供广泛的知识和技能,以便他们能在多元化环境中解决实际问题,实现"政为引导"、"以产促学"、"学研互通"和"归于致用"。而在模式Ⅲ中,培养目标则转向创造公共价值,达到公共的"善",形成由"真"到"善"的知识链。

4. 知识生产评估标准的转变:人才培养评价多维化

在模式Ⅰ中,知识生产主要接受学术标准的评判。在模式Ⅱ中,质量标准不再由学术团体来单独定义,外部弥散性力量如综合、多维度质量评估也参与建构。而在模式Ⅲ中,评估则需要回应社会问责,并对知识生产方式、过程、结果等展开持续性反思。相应的 MSW 人才培养评估标准既包括学术质量和实用价值,又包括社会责任和公众利益。

(二)知识生产模式转型下 MSW 人才培养创新的理论框架

S 大学开展的 MSW 人才培养主要聚焦于知识生产模式Ⅰ转向知识生产模式Ⅱ,本文着重探讨知识生产模式Ⅱ及其引发的人才培养范式的转变。在知识生产模式Ⅱ中,以大学-产业-政府"三螺旋"结构为主,三者之间相对独立且具有各自的角色与分工。大学、政府和企业三个行为主体在不断的互动中逐渐明确各自的权力与责任边界,不论规模与实力大小,它们之间不存在支配与依附关系,均表现为相对独立的实体。此模式与国家干预主义模式(以支配与被支配为主要特征)和自由主义模式(以松散连接、互不干涉为特征)有所不同。如图 1 所示,大学、政府和企业以交叠区的共同需求为纽带紧密相连,且在互动过程中相互渗透、相互依赖、有机结合并融为一体。此种互为主客体的关系使其像一个生物体,最终实现伙计-伙伴-协同-共同体的转变。

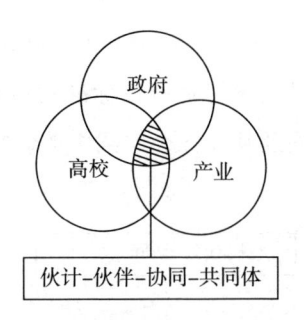

图 1 三螺旋理论下知识生产共同体

基于知识生产模式Ⅱ的"三螺旋"理论，以 N 社工机构的青少年"历奇辅导"夏令营项目为研究个案，我们采用程序逻辑模式（PLM）的三阶段框架（准备、实施、评估），结合知识生产模式转变的三螺旋上升过程（场景塑造、行动赋能、价值重构），来说明 S 大学 MSW 人才培养模式的创新。基于此也形成了知识生产模式转型下 MSW 人才培养创新的核心概念，如"多部门协同"（培养主体）、"跨学科跨场域"（培养情境）、"政产学研用"（培养目标）及"综合、多维度质量评估"（培养评价）。

如图 2 所示，从横向看，本研究的理论框架包括培养目标与主体间的关系两部分，其中"政产学研用"的培养目标贯穿纵向的不同发展阶段，且主体间的关系呈现伙计-伙伴-协同-共同体的发展过程。从纵向看，包括紧密相连的三个部分，即 PLM 模式准备阶段的"场景塑造"与多部门协同、PLM 模式实施阶段的"行动赋能"与跨学科跨场域介入、PLM 模式评估阶段的"价值重构"与综合、多维度质量评估。由此，可以不断回应当前新文科建设对人才的需求，探索 MSW 复合型人才培养过程、路径及策略。在 PLM 模式准备阶段的"场景塑造"中，核心概念为"多部门协同"，通过此种"多部门协同"可以塑造多主体多场域参与的培养环境，激发 MSW 学生参与社工实践的热情，为其提供广泛参与实践的机会；在 PLM 模式实施阶段的"行动赋能"中，核心概念为"跨学科跨场域多方赋能"，多主体多领域逐渐明确权力与责任边界及分工合作执行项目，且在发挥各自优势与彼此赋能中形成互为主客体的共同体；在

PLM 模式评估阶段的"价值重构"中,核心概念为"综合、多维度质量评估",即 MSW 人才培养的价值应超越单一领域内部的自我审视与自我评价,外部的弥散性力量也参与到质量标准的评价中,既关注实际成果,又注重个体和团队的发展及其在社会实践中的影响。

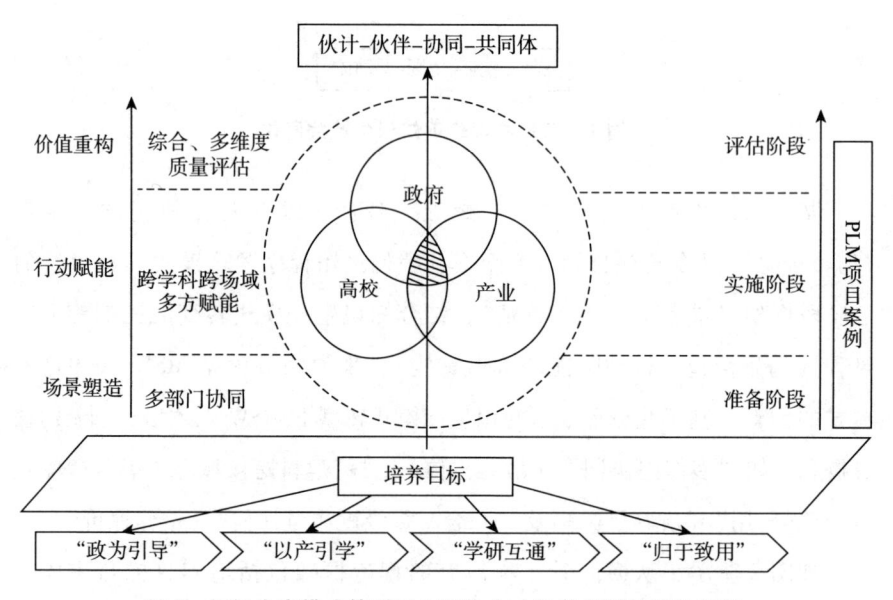

图 2 知识生产模式转型下 MSW 人才培养创新的理论框架

二 准备阶段的"场景塑造":MSW 人才培养的多部门协同

场景塑造是指在特定的时间、空间和情境中,形成对个体与环境相互关系的理解和应用框架。该阶段主要围绕"多部门协同"的核心概念,通过"双导师"制度(高校老师+机构老师)的人才培养主体扩展,尝试实现培养主体的异质化。

(一)主体异质化:从高校到"高校+机构"双主体

伴随知识生产机制由传统的"单/双螺旋线性"的知识生产模式Ⅰ转向"三螺旋非线性创新"的知识生产模式Ⅱ,打破了大学知识生产垄断的局面。相应地，大学不再是培养 MSW 学生的唯一场所，非大学的机构、研究中心、企业与政府等组织也参与研究生教育。此种广阔的知识生产环境催生了 MSW 学生培养的新组织形式，深化了多边行为主体在研究生教育中的合作及培养主体的异质化。比如，S 大学 MSW 教育中心采用"双导师"制度，高校课程主讲老师以翻转课堂、"角色扮演"等教学方式，向学生介绍了"历奇辅导"基本理论、活动设计及游戏技巧等；同时在 S 大学"请进来"和"走出去"活动中，借助"高级社会工作实务"等课程，邀请 N 社工机构多位导师进入大学课堂，并通过"历奇辅导"工作坊、情景模拟练习与同步互动督导等，在激发学生学习兴趣中建立起完整、系统的"历奇辅导"知识架构。由此，S 大学与 N 社工机构双主体联动形成了"高校老师+机构老师"的双导师队伍，高校与机构的边界消融，培养主体已从高校扩展到"高校+机构"双主体，呈现培养主体异质化取向。

（二）情境弥散化：从学术到"学术+产业"双领域

在知识生产模式 I 中，学术发展的动力是基于学者的学术兴趣求"真"，较少考虑实际的应用与回报。然而，随着知识与社会之间的边界逐渐消融，知识生产转向模式 II，大学开始与社会、市场形成互动，学科知识生产更强调应用性研究和应用性情境。于是，知识的应用场域开始向社会弥散，即从纯粹的学术场域转向"学术+产业"双领域。

以 S 大学 MSW 学生参与青少年"历奇辅导"夏令营项目为例，根据项目需求，师生运用文献回顾与理论知识设计问卷、进行数据分析和方案设计，在行动研究的实践过程中学习，也在反思性学习中不断实践，打破了单一高校场域的知识生产情境。比如，在"双导师"指导下，S 大学 MSW 师生依据多元智能与历奇辅导理论设计问卷，在实践场域中面向 N 社工机构（指产业）服务的青少年与家长共发放 765 份需求调查问卷。进行数据收集与分析后，"双导师"与 MSW 学生结合历奇辅导理论的四个要素（历奇活动、个人与团队辅导、户外训练、体验式学习），共同设计了青少年"历奇辅导"夏令营项目方案（见图 3）。在方案设计

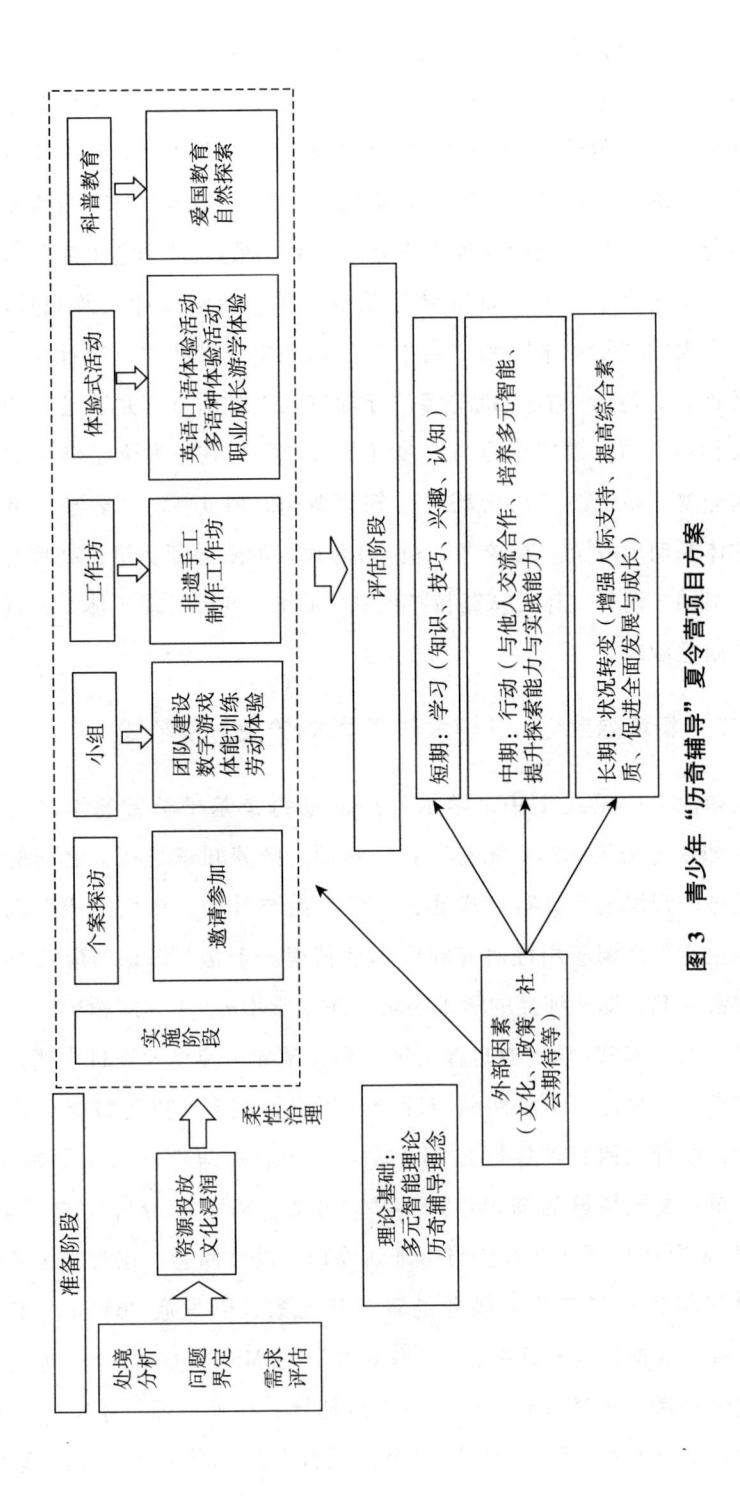

图 3 青少年"历奇辅导"夏令营项目方案

的过程中学术领域的知识与产业领域（指社工机构）的知识不断互动，促使封闭的学术生产和封闭的产业输出开始走向社会弥散。

通过"双导师"的创新授课方式、学生为主体实施的问卷调查和项目方案设计等，塑造了S大学MSW人才培养的"双主体""双领域"场景，促使学生更好地理解社会工作在青少年服务产业中的应用价值，学生的问题意识明显增强。同时，从人才培养目标来看，初步实现了"以产引学"、"学研互通"与"归于致用"的目标，也推动了S大学MSW学生与实习单位从伙计向伙伴关系的转变。

三 实施阶段的"行动赋能"：MSW人才培养的跨学科跨领域赋能

行动赋能是基于尊重、信任、支持和互为主体等价值理念，通过行动来关注人的价值，重视人员和组织的成长、合作及参与过程。仍以上述青少年"历奇辅导"夏令营项目为例，在此阶段多个主体主要围绕"跨学科跨场域"多方赋能的核心概念，采用个案探访、小组服务、手工工作坊、体验式活动、科普教育等多元方法，开展多领域实践。大学、社工机构与共青团三方既独自承担自己的权利、责任和义务，也履行各方对其他主体的部分职能。如此，在彼此赋能基础上发挥各自优势与实现多方共赢，以初步形成互为主客体的共同体。

（一）产业领域赋能

产业拥有大量的生产资料，包括技术、人力、财务资本、管理体系、社会资源和关系网络等，且产业与市场之间紧密相关，能及时捕捉市场信息，更准确地把握市场需求，做出更科学的决策。如此，在MSW人才培养中，可以利用产业（N社工机构）优势为创新人才培养和创业教育提供实践基地及知识技术的产业化平台；同时，产业在与高校、政府互动中发挥自身多元角色优势，可以促进以下几个层面的赋能。

其一，人力资源得到补充。比如，在"双导师"指导下，S大学

MSW 学生参与了 N 社工机构青少年中心的"历奇辅导"夏令营项目,将理论知识与实践技术相结合,聚焦人际关系、身体运动、逻辑数学、言语-语言、自然探索与空间、内省等六个智能,开展了个案探访、小组服务、手工工作坊、体验式活动和科普教育等多种专业实践活动。如此,在机构专业服务人力资源不足情况下协助完成了服务指标,保证了服务内容的输送。

其二,将实务上升为研究。基于 S 大学与 N 社工机构对"历奇辅导"夏令营活动的参与式行动研究,在促进青少年多元智能的全面发展中把夏令营提升为综合素质教育的平台。同时,通过项目实施的服务经验研究,尝试将实务转化为可视化产品与工具包、可复制的经验模式、服务手册与标准,促使 N 社工机构的研究与项目开发能力得到增强。

其三,实现自我发展及参与社会治理。在 S 大学 MSW 师生的加持下,N 社工机构启动本土性理论研究与技术创新及人才储备,在逐渐提升机构创新能力与社工行业的主导地位中提高了其整体发展水平。而该过程也促使政府持续投入项目资源,以推动机构进一步实现自我发展及参与社会治理。

(二) 高校领域赋能

在传统的知识生产过程中,单螺旋的知识生产致使知识流动受到一定程度的限制,难以对产业与政府产生影响力。而知识生产模式转型下的项目制实践使 MSW 师生在不断与外界互动中获取知识,既有助于提高学术领域的人才培养效率,又能促进行政领域(政府)与产业领域(N 社工机构)知识的扩展及逐步实现"政产学研用",从而为传统的 MSW 人才培养注入了新的活力和动力。如 S 大学 MSW 师生作为"历奇辅导"夏令营项目实施的参与者,在提供人力资源与研究成果中,通过培养过程建立高校、行政、产业领域的交流合作并引发了高校赋能,其作用主要表现为以下几个方面。

其一,较好地弥补了 MSW 学生理论与实践的鸿沟,提升了学生能力。如产业在项目实施过程中可以为 MSW 学生提供实践平台、前沿市场信息、社会关系网络与跨学科交流。由此，S 大学 MSW 师生在理解青少年心理生理特征与"历奇辅导"游戏治疗中学习实务技术，协助 N 社工机构开展个案、小组等活动，以此促进"理论—实践—再知识—再实践"的转化。同时，"双导师"鼓励学生参与青少年领域论坛并在创新大赛中获奖，既提高了 MSW 学生的实践与研究能力，又提高了 MSW 育人质量。

其二，促进了学生政策分析能力提升及其对专业价值的理解加深。在 N 区共青团"悬浮治理"的破难行动中，以"历奇辅导"夏令营项目为个案，S 大学 MSW 学生采用多元智能理论与方法，将政府"双减""第二课堂"等理念落实，增强了 N 区共青团对社工专业的认同，促进了 MSW 学生政策分析能力提升及对专业价值的理解加深。同时，在与 N 区共青团形成共同的认知与合力中开展合作，提高了 MSW 学生的社会资源整合能力和团队合作能力。

其三，从"伙计"到"伙伴"关系的转变中，学生主体性得以凸显。在寻求专业化发展中，社工机构的行政性工作占用大量的公共资源，致使缺乏资源的专业社工只能在让渡的有限空间里寻求专业化发展。如此，在机构实习的 MSW 学生也陷入失语状态，被迫接受大量行政性工作并逐渐沦为社工机构的"伙计"。然而，随着 MSW 学生专业能力的逐步增强及专业不可替代性功能的发挥，在"双导师"带领下学生从雇佣关系中解放出来，也促使社工机构将专业空间逐渐释放给 MSW 学生，以平等的伙伴关系开始合作性知识生产。

（三）行政领域赋能

政府作为政策制定者，具有公共管理和服务职能，并在推行权力下放政策中强化基层多主体的协同共治，如通过财政支出支持某项科学研究或打包购买基层服务项目。在此政策背景框架下，政府将部分职能授权给 N 区共青团，期望其作为"双重委托代言人"[①] 在上述政府与服务青少年中避免"悬浮治理"的双重困境。为此，N 区共青团以打包方式

---

① 双重委托代言人是指共青团兼具"国家代言人"和"社会代言人"双重角色。

整体购买N社工机构青少年"历奇辅导"夏令营项目开展试点，在采取一系列行动中促进自上而下的政策意志传达与自下而上的利益诉求反馈。具体表现如下。

其一，在破难行动中解决N区共青团的"悬浮治理"问题。通过共青团购买N社工机构青少年服务来吸引S大学MSW师生参与，开始形成"政产学研用"的跨领域团队。同时，在尝试解决共青团"眼睛朝下"的问题中提高服务的公益性、专业性与实效性，以有力回应"双重委托代言人"的困境。

其二，探究共青团改革实践的行动逻辑与实践策略。在参与青少年"历奇辅导"项目实践中，S大学作为研究机构探究了共青团改革实践的行动逻辑，提出了以共青团作为"中间领域治理"[①]为核心的改革分析框架。由此，在深化"政产学"多主体协同共治中探究了共青团改革实践逻辑与实践策略。如提出了"党总体领导、政府统筹负责、共青团连接协调、社会有序协同、公众积极参与"的社会治理体系及策略机制等。

其三，有针对性地规划共青团购买青少年服务。基于S高校有关青少年服务需求与"历奇辅导"夏令营项目总结报告以及决策咨询报告等研究成果，N区共青团可以全面了解青少年需求与青少年购买服务的发展趋势，从而有针对性地制定青少年购买服务的中长期规划与服务项目。

四 评估阶段的"价值重构"：MSW人才培养的综合、多维度质量评估

知识生产三螺旋结构下的价值重构指多领域主体在不同情境中进行价值碰撞与融合，以及重新审视和调整价值观念、规范、信念及形塑价值共同体的过程。三螺旋中知识生产主要是以应用为导向，单纯的知识

[①] "中间领域治理"概念由徐选国等学者提出，此处指共青团作为国家与社会之间的治理主体，扮演着"国家代言人"和"社会代言人"的双重角色，通过发挥自身的多重优势来推动"自上而下和自下而上"双向通道的稳步并行，以形成国家与社会之间有序连接与良性互动的社会治理体系。

生产不再是大学存在的充分理由。在这种背景下，人才的培养评估标准也发生了变革，不再简单地通过单一的考核标准来评定，需要更加综合和多维度的质量评估。以 S 大学 MSW 学生参与的青少年"历奇辅导"夏令营项目为例，在这个过程中，围绕"多维度质量评估"的核心概念，采用基线测量的问卷调查、半结构访谈等方法，主要对服务对象与 MSW 学生进行综合评估。此外，也对整个三螺旋中各主体做出综合多维度评估，既关注实际成果，又注重个体和团队发展及其在社会实践中的影响。

（一）结果与过程导向的成效评估

以上述青少年"历奇辅导"夏令营项目为例，在"双导师"指导下，研究团队采用量化、质化的混合评估方法，从服务对象、MSW 学生、社工机构及政府四个层面进行结果为导向的成效评估。结果如下。

其一，从服务对象层面看，青少年多元智能均有所发展。通过半结构访谈发现，九成青少年的人际关系智能、八成青少年的身体运动智能、八成青少年的逻辑数学智能、七成青少年的言语-语言智能、七成青少年的自然探索与空间智能，以及六成青少年的内省智能均有提高和发展。同时，研究团队实施的满意度（满分为 5 分）调查数据显示，参与活动的青少年对项目整体满意度综合平均分为 4.34 分。其中，满意度排在前三位的分别是活动内容（4.43 分）、活动形式（4.38 分）、活动开展时间与环境（4.37 分）。

其二，从高校实习生的角度看，MSW 学生专业敏感度和研究能力等均有所提升。研究团队通过问卷调查前后测、半结构访谈和参与式观察对 52 名 S 大学 MSW 学生及 120 名多方主体（包括用人单位成员、服务对象和 N 区共青团相关负责人）进行评估发现，专业实习能够显著提升 MSW 学生的专业敏感度、研究能力、理论与实践相结合能力、专业认同及职业认同。比如，采用威尔科克森符号秩检验的专业能力前后测数据显示（见表 2），5 个指标的满分均为 5 分，$p<0.05$，前后测的数据具有统计学差异，说明新知识生产模式理念下 52 名 MSW 学生的职业敏感度

和研究能力等都有所提升。

表 2　社工学生专业能力前后测数据

指标	前测（M）	后测（M）	Sig.（双尾）
专业敏感度	2.21	3.66	0.00
研究能力	2.35	3.58	0.00
理论与实践相结合能力	2.59	3.58	0.00
专业认同	2.54	3.77	0.00
职业认同	2.20	3.35	0.00

其三，从社工机构层面看，提升了项目创新能力。基于"三螺旋"模型实施的过程性评估发现，产教融合的实践教学可以推动高校向社工机构输送专业人才，同时社工机构既可借助 MSW 师生的研究能力进行项目创新，又可邀请高校教师扮演顾问督导角色，对机构项目进行研究与评估。借此，在科研与创新的双重驱动力中进一步提高了社工机构的服务质量，提升了其创新能力及行业地位。

其四，从政府层面看，"三螺旋"模型中涉及的一个关键问题是政府在大学和产业发展关系中的角色，即政府以何种身份介入。从上述青少年"历奇辅导"夏令营项目的过程性评估看，在政府的价值重构过程中，政府需认识到其作用是有限的，并与大学、产业建立平等、合作、共赢的伙伴关系，初步形成共同体，从而实现从管理者到治理者的角色转变，推动自下而上的专业服务及群团改革等。

（二）三螺旋结构下"政产学"共同体的评估

三螺旋理论强调政府政策引导、产业平台支撑、高校教学资源的优化配置，实现高校、产业和政府三位一体的良性互动与螺旋支持，不断推动整体功能的发挥。三螺旋模式改变了传统的高校知识生产和产业概念，大学和其他领域的知识生产者开始认识到创新离不开多场域的合作。同时，社工机构从"购买方"到"服务对象"的传统纵向产业链也被重构，大学、政府的知识、技术、投资和政策等横向因素在机构发展中的作用凸显。由此，机构的性质则由与其他机构相关的竞争单位，转变为与大学、政府关联的三螺旋实体。

比如，在本案例政产教融合的过程中，因系统之间的资源流通、实务场域弥补了学校系统的教学不足等，促使学校系统将实务场域的实践与理论相联系，且政府的加入也注入了政策、资金、场地等方面的支持。如此，政府、机构、高校在互构与行动过程中形成了互助网络，三者分别成为知识创新、技术创新和政策创新的主体，彼此职能既有分工又适度交叉，尝试实现了"政为引导"、"以产引学"、"学研互通"和"归于致用"的目标。同时，不同主体在互动中引发了知识和信息的良性流动，在螺旋上升中也实现了关系从伙计到伙伴再到协同，最终初步形成了一个互为主体的共同体（见图4）。

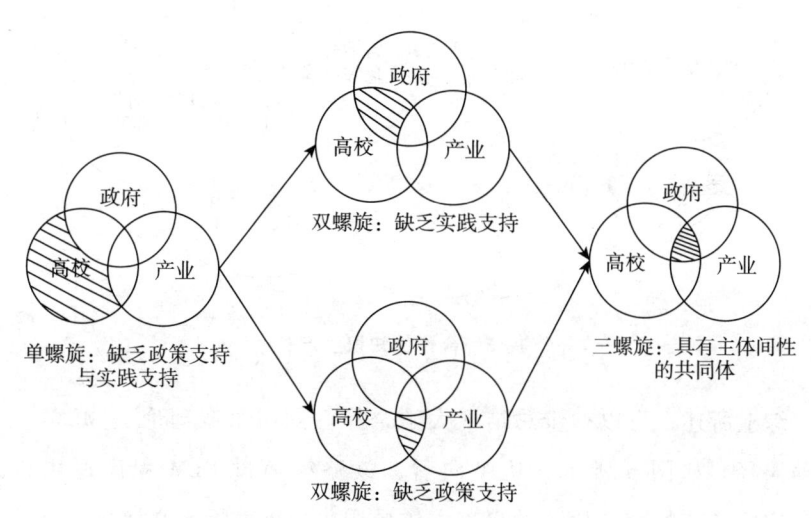

图 4　螺旋上升形成具有主体间性的共同体

五　总结反思

（一）总结

目前，S 大学 MSW 人才培养模式正由传统知识生产模式 I 转向知识生产模式Ⅱ，即尝试推进以大学-产业-政府"三螺旋"结构为主导的教学改革，然而因社会工作的专业特性，知识生产过程中价值也在形成更广泛的社会弥散。比如，在参与"历奇辅导"夏令营项目的过程中，服务对象保持了主体身份，并与 MSW 学生、机构和政府一起创造了知识，知识的价值也应用于公民社会中。如图 5 所示，这一知识生产合作实际上体现在 S 大学 MSW 人才培养过程中，也推动知识生产模式由Ⅰ到Ⅱ转变甚至逐渐向Ⅲ过渡。

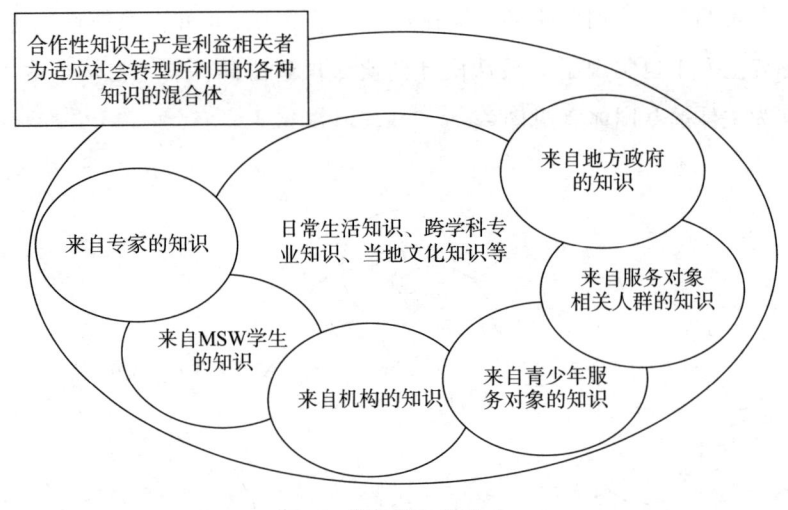

图 5　合作性知识生产

综上所述，可以初步总结 S 大学合作性知识生产理论下 MSW 人才培养路径。如图 6 所示，从纵向看，该路径通过 PLM 程序逻辑模式逐步实现了三螺旋结构下的培养主体异质化、培养情境弥散化、培养目标社会化、培养评价多维化。从横向看，整个项目实现了知识的"政产学研用"目标，并初步形成共同体的关系。此种合作性知识生产视角下的人才培养既提高了 MSW 学生培养的质量与效率，又促成了社会各层面之间的紧密互动。

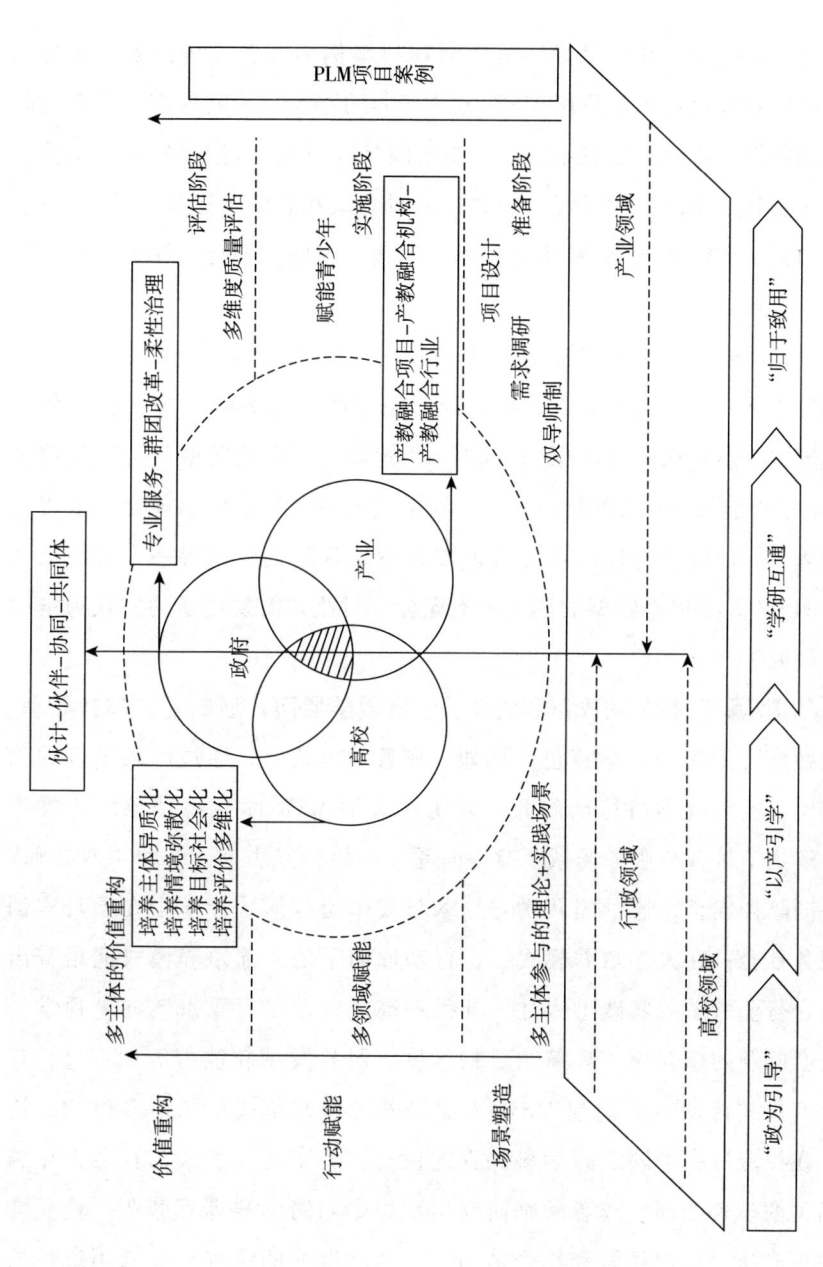

图 6 合作性知识生产理论下MSW人才培养路径

（二）创新与反思

本文以一个"历奇辅导"夏令营项目案例为实践支撑，第一次将知识生产模式理论运用于我国 MSW 人才培养的路径与策略探究，具有前瞻性与创新性。不过，反思本次项目制实践，应当意识到 MSW 人才培养路径的转变是一个渐进的过程，需要在不断尝试和总结中逐步完善。如此，基于知识生产模式下 MSW 人才培养的实践过程则需要更为深入的研究和丰富的实践经验积累。

一是从知识生产模式转型下 MSW 人才培养创新理论模式看，以往关于知识生产模式转型下的人才培养缺乏完整的项目案例支撑（仅依赖支离破碎的实践片段作为论据）；同时，"知识生产模式转型"运用于我国 MSW 人才培养的实践尚未开展。尽管本文的项目制实践目前已经取得了一些成果，但模型构建仍存在实证资料不足等问题。如将一个实践项目作为 MSW 人才培养转型的证据尚不充分，对此，需要更多的实践为本的循证研究。

二是从课程教学的改革和创新看。在教学层面，形成了"校社联动、产教融合"的实践教学特色。比如，在教学模式上，通过产教融合的项目案例、实践教学与行动研究，促使 S 大学 MSW 学生将抽象理论操作化，解决了教育与服务场域脱节等问题；在教学方法上，借助"双导师"的协同陪伴成长，通过团队学习、参与式体验等形式让学生在项目实训中服务社会；在人才培养模式上，行动取向下的人才培养模式能培育出更贴合行业所需的实践型人才，并推动高校人才培育重点转向重视学生对社会问题的感知度、理解力、探索度、服务及创新能力等。不过，知识生产模式转型也对高校 MSW 人才培养课程改革提出了诸多挑战。比如，在授课过程中缺乏跨学科课程的设置，未来需要引入与社会工作领域相关的学科授课，或者激励研究生积极参与跨学科课程旁听，使其能获得更广泛的知识视野和综合能力。又如，以往的课程设置采用线性的工学模式，致使学生缺乏面向实践的批判性思维和创新能力。对此，需要在传统课程设置范式里加入新的范式，在培养过程中不断调整与反思，以更好地适应知识生产模式转换下人才培养模式的变化与发展。

参考文献

杜燕锋、于小艳，2019，《大学知识生产模式转型与人才培养模式变革》，《高教探索》第 8 期。

黄瑶、王铭，2018，《"三螺旋"到"四螺旋"：知识生产模式的动力机制演变》，《教育发展研究》第 1 期。

R. K. 默顿，2003，《科学社会学》，鲁旭东、林聚任译，北京：商务印书馆。

马廷奇、李蓉芳，2019，《知识生产模式转型与人才培养模式创新》，《高教发展与评估》第 5 期。

张应强，2020，《"双一流"建设与中国高等教育改革发展》，武汉：华中科技大学出版社。

Limoges, C., Scott, P., Schwartzman, S., Nowotny, H., & Gibbons, M. 1994. *The New Production of Knowledge：The Dynamics of Science and Research in Contemporary Societies*. Thousand Oaks, California：SAGE Publications.

【社区工作研究】

整体动员与专业治理：老旧小区非成套住房的参与式改造[*]

朱海燕　彭善民[**]

摘　要　与当下时兴的社区公共空间营造相较，历时久远、缺少独立厨卫、涉及多种产权的非成套住房改造，是老旧小区改造中的老大难问题。作为新中国成立初期兴建的工人新村聚集地的上海T街道，近年来，对老旧小区大批非成套住房尝试了多主体协作的参与式改造探索。实践经验表明，整体动员与专业治理是老旧小区参与式改造得以可能的关键。涉及政治动员、科层动员和社会情理动员的整体动员，是参与式改造至为重要的价值驱动，涉及专业社会力量和专业方法技术应用的专业治理则是参与式改造重要的技术支撑。整体动员与专业治理相辅相成，在一定程度上有效回应了老旧小区改造过程中的合法性与效率难题，亦是对社区更新情感治理研究的增进。

---

[*]　本文系国家社会科学基金一般项目"组织生态视域下的社区社会组织发展研究"（19BSH138）的阶段性成果。
[**]　朱海燕，上海大学社会学院博士研究生，主要研究方向为社会组织与社区治理等；彭善民，上海大学社会学院教授、博士生导师，主要研究方向为宏观社会工作、社会组织与社区发展等。

关键词 老旧小区 参与式改造 整体动员 专业治理

一 问题的提出

老旧小区改造是党和国家对人民日益增长的美好生活需要的具体回应（庞娟，2021），是建设人民城市、打造人民群众高品质生活空间的重要抓手，是关乎民生、发展和社会治理现代化的重要工程（姜玲，2021）。目前，老旧小区房屋产权关系复杂、居住主体贫弱化、治理事务碎片化且正规化治理资源不足，给老旧小区改造带来不少的挑战（毛一敬，2021）。老旧小区改造作为一项复杂的社会工程，牵涉的利益主体多元化，改造任务繁重，以至于部分地区老旧小区改造出现改造主体权责不清、资金不足、理性沟通机制缺乏、居民参与意愿有限等问题，造成老旧小区改造项目的落地困难。当前我国老旧小区改造虽然有政府主导型、市场参与型、社区精英带动型等多种类型的动员实践，但是在政府主导的改造模式下，公众参与的广度和效果在很大程度上受制于行政主管部门的态度偏好（李咏梅，2015）。市场参与型的动员模式尽管能够快速实现生存环境空间的改善，但是也导致城市空间结构失衡、生态空间失衡和空间情感失衡等现代空间生产问题（赵怡帆、文成伟，2021）。此外，社区精英带动型虽然可以较好地解决社区参与和主体困境问题，却又难以有效集中资源、整合力量（丛晓峰、杨汇泉，2013）。因此，亟须改善和创新老旧小区改造模式。2020年7月，国务院办公厅出台《国务院办公厅关于全面推进城镇老旧小区改造工作的指导意见》，以"共同缔造"为更新理念，强调激发居民主动性，调动社会力量共同推进老旧小区改造。这充分表明，新时期下老旧小区改造绝不是政府的独角戏，需切实发挥多元社会主体的作用，让老旧小区改造成为政府扶持、社会力量辅助、居民自主参与的集体行动场域。如何实现老旧小区改造，不仅是当前老旧小区改造的难点和重点，而且也成为决定今后我国老旧小区改造成效的关键。

老旧小区改造作为改善社区居住条件的民生工程,兼具社会、经济、城镇化等多重效益,在我国城镇住房建设进程中占有举足轻重的地位,具有鲜明的中国特色。为此,学界针对老旧小区改造开展了大量的学术研究,也取得了丰富的研究成果。面对当前老旧小区改造困境,学者们认为依靠单一主体的改造模式难以有效应对和解决复杂的老旧小区改造难题。故而相继提出党政主导、第三方组织参与、多元主体协同治理等具有理论创新和实践意义的新模式。既有研究指出政党主导的旧城改造能够吸纳社会多元主体积极参与,进而实现党建引领、社区治理和公共服务供给的最优效能(陈毅、何萌,2021)。部分研究观点与之相似,基层党组织通过启发、触动、压力和反馈等助推机制,有利于社区共同生产机制的形成与可持续运作(张云翔,2022)。亦有学者指出,为推进老旧小区改造,政府部门应该出台政策优化空间布局、建设宜居的社区生活、完善社会保障体系、增加教育投入、完善就业服务体系、提高社区管理者的待遇(苏春艳、孟翔飞,2016),且应重视居委会在动员居民积极参与、搭建沟通平台、促进多方协作中发挥的关键作用(谭俊杰等,2021)。此外,有学者通过研究发现,第三方组织参与社区规划有利于促进多元主体的参与,提高协作规划效率,有效引导多方主体达成共识,并且对规划实施过程进行有效监督(袁媛等,2018;吴祖泉,2014)。协同治理是新时代背景下老旧小区改造的应然模式(朱德米、高霞,2018)。在老旧小区改造中,多元主体协同机制有助于政府破除单一科层制的管理形式,与市场、社会主体共享资源,有助于实现老旧小区的可持续更新目标(李翔、向立群,2022;刘佳燕等,2017)。

从上述分析可以看出,不管是官方的政策话语体系还是学界的理论阐释,多元主体共同推进老旧小区改造已经成为基本共识。然而,在老旧小区改造中,各主体之间何以实现协同参与的相关研究仍较少,有待回应。基于此,本文尝试从参与式改造的角度出发,以上海T街道的老旧小区改造创新实践为案例,探讨地方政府部门在面临老旧小区改造的利益复杂性和风险不确定性的情况下,如何通过一系列的制度安排和治理技术,充分动员政治、科层、市场和社会等多元力量化解老旧小区改造难题。

二 老旧小区非成套住房改造个案

新中国成立之初，国家大力发展工业，为解决职工的居住问题，上海中心城周边十几片区域规划建造了一大批煤卫设施合用的工人新村。在当时的历史条件下，三户、四户合用煤卫设施，比起棚户区里的人家生煤球炉、拎马桶的日子要强了不少。然而，到了20世纪90年代末，老公房房龄普遍超过40年，显露出破败之相。多户合用的厨房，光线昏暗，墙面脏兮，物品堆放凌乱，做饭时拥挤不堪。由于是公用设施，主动维护和清洁的居民较少，邻里之间相互埋怨、争吵等也是司空见惯的。为此，早在20世纪90年代，T街道已经开始探索非成套住房改造。直到2017年，该街道仍然遗留下19.1万平方米非成套住房，共有94幢房屋，涉及5476户居民，分布在12个居民区。居住在此的居民大多数是20世纪五六十年代进入且目前已经退休的工人及其难觅生计的后代，还有部分来上海寻求发展机会的年轻人，有条件的本地居民基本搬迁离开。居住在此的老住户基本上是无力购置商品房的孤、寡、残、弱、老者，他们大多数仰赖于每月的退休金和政府补贴的最低生活保障金生活。面对厨卫设施不完善、住房空间狭窄、社会支持薄弱的生活困境，居民有房屋和环境改善的强烈需求。然而，在老旧小区改造的推进过程中，牵涉多元复杂利益，情理矛盾相互交织，极容易引发诸如村落终结里面的"利益的摩擦与文化的碰撞"（李培林，2004）。T街道非成套住房改造遇到的一系列难题与挑战主要体现在以下两个方面。

其一，房屋结构复杂，入户施工难度大。T街道的老旧小区房屋已经经历了几轮的改造，几乎做到了能改尽改，剩下未能改造的房屋被相关部门视作"骨头中的硬骨头"。涉改小区的房屋结构复杂程度超乎想象，每幢房屋的房型不一、朝向不一、高低不一、户数不一。包括一个楼道内成套与不成套混合，或是楼上楼下一梯9户与一梯7户混合，或是楼下木质结构、楼上砖混结构，甚至底楼许多房屋还存在违规建造的门面房，导致改造方案的设计严重受限。如何能既确保改造合规，又满足涉改居民要求，往往在多方协调后也难以确定最终方案。

其二，居民诉求多且复杂。随着房屋征收安置政策的逐渐货币化，"动迁""征收"已经成为一部分城市家庭，特别是城市下层家庭进行再生产的新路径（林叶，2020）。不少居民左顾右盼，存在"等动迁"心态，拒绝非成套住房改造签约。有意愿改造的居民诉求多，或对户型设计高要求，或对改造分割面积相互比较，分毫必争。老旧小区内老年人口较多，由于他们的身体、年纪、能力等原因，工作人员与其沟通协调存在一定难度。而且，由于长期合用小小的厨卫空间，不少家庭内部积怨和邻里矛盾激化，老旧小区改造行动恰巧为涉改家庭提供了一个在平常之日难以获得的开展新一轮"家庭政治较量"的机会（林叶，2020）。在旧改实践中因家庭内部矛盾和邻里关系冲突及其进一步升级而导致改造被搁置的情况也不少。

面对上述改造难题，T街道的治理思路是实施多元主体协作的改造模式。一是T街道作为长宁区非成套住房改造工作的重要试点，政府系统集中了较多的资源及精英骨干投入T街道的旧改工作。二是以房地产公司和物业公司为代表的市场力量也全程参与到T街道的旧改工作中来。三是社会力量是当前老旧小区改造的重要主体，主要包括社会组织、社区积极分子、志愿者等。社会力量的协同带动了更多的社区居民参与到旧改工作中。四是社区居民全过程参与改造方案的设计，无论是小区整体层面的改造方案，还是具体到自己房子的改造。涉及房屋改造的居民区的签约率均达80%以上，有的小区甚至是90%以上。截至2021年底，T街道顺利完成了辖区内老旧小区非成套住房的改造任务，之前的非成套住房改造成了有独立厨卫的成套住宅，涉改居民的居住环境得到改善。

三 整体动员：老旧小区改造的价值驱动

多元共治格局是实现参与式改造的价值诉求之一。T街道在老旧小区改造过程中，设置了全面负责改造的专业部门，并且出台了多项指导老旧小区改造的政策措施。特别是党委通过整体动员充分调动了区、街道、社区的党员干部和其他党员形成了工作专班、工作小组、临时党支部等强有力的组织体系，并通过广泛的宣传动员与情感动员进一步激发社区居民的参与热情。

（一）纳入党委规划的政治动员

老旧小区改造是一个复杂的牵涉多方利益的系统工程，工程的顺利与否，依赖于利益相关方的高度认同。为此，充分的上下动员是改造工程实施的重要前提。

2017年，长宁区在召开第十次党代会时多次强调："到2020年基本完成全区非成套公房的成套化改造。"而且将老旧小区非成套住房改造直接列入了长宁区委的"十三五"规划，即长宁区委通过党代会将老旧小区改造任务上升为长宁区的政治任务，凸显了党政领导干部对非成套住房改造的高度重视。这意味着区级及以下的各级党委都要对非成套住房改造的顺利实施及完成负责。这种整体性党委动员（邓万春、黄璐璐，2021），强化了党组织和党员干部的政治担当，以及政治价值在国家治理、政治动员与社会整合中的核心地位与灵魂作用，是对非成套住房改造在意识形态上的统一，是改造成功的根本保证。非成套住房改造是为民谋福利的民生工程，是中国共产党全心全意为人民服务的责任实践，党委动员的背后实为责任力驱动。管理学中的责任力理论强调，责任感是我们赖以生存的基础，绩效源自责任，责任决定成功。又如著名的管理学大师德鲁克所言，责任保证绩效，一个高效率的团队必然是由一群充满责任感的成员组成的。非成套住房改造的党委动员本质上也是责任感与责任力的调动。

在中国情境下，负有政治责任的党政部门的主要负责人是首要动员对象（孔繁斌，2006）。T街道党工委把老旧小区改造作为街道全年工作的"重点任务"，有着明确的任务目标、任务期限和责任分工，全街道5174户的改造任务要求在三年之内全部完成。显然，要完成老旧小区改造的目标任务需要高度的动员和大量人力物力的投入。因此，为了壮大动员体系，T街道党工委在街道层面设立了旧改工作指挥部，由街道党工委书记、街道班子成员和其他职能部门的党员干部组成。为了确保老旧小区改造政策执行的有效性，T街道党工委从各职能部门动员并组织了100余名机关工作人员，下派到12个涉改居民区。同时，成立了7个群众工作小组，每个工作小组由两到三名街道班子成员组成，负责对接一到两个居民区，及时回应和解决改造签约过程中的难点问题，确保老旧小区改造攻坚任务得以完成。老旧小区改造是一项需要与城市更新职能部门众多行政部门之间进行合作互动的实践行动。如果各个部门之间缺乏有效的制度衔接和互动，那么改造工作也是难以推进的。因此，T街道在改造日常行政上，坚持"每天碰头会""周二例会""专题研讨会"等会议制度。通过开会，显示任务工作的重要性，明确工作思路和相关主体部门的权责，并且会议中的工作汇报会产生一定的压力和"威慑力"，对与老旧小区改造工作相关的体制内干部起到了一定的激励和动员作用（陈家建，2017）。

此外，为了提高党员在老旧小区改造过程中的参与度，T街道党工委专门在涉改小区成立了临时党支部。临时党支部班子按5~7人进行设置，由街道分管领导任党支部书记，居民区书记担任党支部副书记，支部委员则由街道科室党员联络员、派出所民警、居民区党员代表等组成。临时党支部积极探索党建引领的群众工作机制，如领导班子"一岗双责"机制、支部书记例会制度、重点楼栋分层包揽机制、重大问题会商机制、疑难问题约请机制、困难群众矛盾化解机制、过渡居民安置机制等。同时，由于居民的素质、心态及受政策的影响程度不一，老旧小区改造工程启动及推进过程中难免有不同程度的观望者、抗拒者，并且不少居民有着从众心理。为此，党员居民的表率示范显得尤为关键。T街道充分挖掘党员居民的能量与潜力，依托"党员志愿者服务站"平台，让涉改党员居民发挥先锋作用，率先表态，率先行动，积极带头签约。

（二）基于情感与利益的社会动员

老旧小区改造工作涉及居民的切身利益诉求，容易引发矛盾，产生的问题亦较多。然而，在老旧小区改造的过程中亦存在很多正能量。为此，T街道老旧小区改造工程注重典型激励，强化正面宣传，营造非成套住房改造工程正向的舆论氛围。街道和社区层面充分利用主流媒体、网络新媒体和基层各种宣传平台，开展了"老旧小区改造媒体蹲点采访"，提升老旧小区住房改造工作的影响力；制作各类海报、宣传品，深入老旧小区改造工地进行宣传，提升覆盖力和影响力；以老旧小区房屋改造先进事迹和感人故事为原型，创作优秀文艺作品，到各居民区进行巡回演出。宣传媒介的广覆盖，进一步提高了社区居民对老旧小区房屋改造的认知与感受度，营造和建构了群众全力配合推进改造工作的浓郁氛围，"早改早获益"的宣传发动深入民心。老旧小区改造需要广泛的社会动员，让居民和利益相关者认同改造的合理性和合法性，基于优势视角的正面弘扬，客观呈现老旧小区改造过程中的支持力量，在一定程度上可以防止抱怨指责甚嚣尘上，不失为社会动员的重要机制。

尽管大范围的媒体动员宣传在一定程度上激发了社区居民的参与热情，但是这种参与热情的持续性有限，并不能立即触发居民的参与行动。在此基础上，T街道进一步实施情感动员，将情感运用到治理中，用情感来调节治理主体与居民之间、居民与居民之间的关系，最大限度地获取社区居民认同（田先红、张庆贺，2019）。众所周知，以基层社区党组织为领导的社区"两委"成员，多与社区居民打交道，因而在社区动员上具有独特优势。相比其他社区治理主体，他们更熟悉在地文化，并且掌握丰富的关系资本。因此，他们在动员社区居民参与改造的实际工作中，往往更为注重人情、面子、熟人关系等情感要素的运用，在很大程度上为社区居民的参与提供了情感"共鸣"。在老旧小区改造中，一旦老旧小区改造签约工作走进社区居民的日常生活，就会牵扯出隐藏在家庭内部的矛盾纠纷和利益冲突。又或者是长期独居生活的个体，他们对外界有着极大的不信任感和不安全感，往往容易成为签约困难户，影响改造进程（施芸卿，2017）。对于签约困难户，社区干部通过与其互动沟通并进行情感交流，对其处境表示感同身受，以共情、接纳和陪伴打消他们的顾虑，以此推动老旧小区改造的签约工作。比如涉改居民区中有一位长期独居且患有脑梗的老人，由于与邻居发生了矛盾冲突，本着"你不让我好过，我也不让你好过"的心态而迟迟不肯签约。该老人有一次脑梗疾病突发，又没有子女在身旁照顾，社区干部自己开车将其送到医院，使其得以被及时救治。在后续照顾中，社区干部也一直前来探望、关心和陪伴，最终感动了老人，顺利完成了签约。社区干部以私人感情和社会交往关系进行的情感动员在改造签约中起到了关键作用，实现了私人化情感关系向老旧小区改造公共目标的转化。

四 专业治理：老旧小区改造的技术支撑

老旧小区改造的顺利实施关键在于社区居民的积极参与。T街道立足于老旧小区的实际情况，把握居民的个性化、多样化需求，根植于社会治理、社会组织公益性与助人自助等理念，通过技术嵌入的形式，增强老旧小区改造政策在基层社区的执行力，培育社区居民的主体性和参与积极性，在很大程度上促进老旧小区改造的精细化、技术化与持续化。

（一）专业社会力量的协同

老旧小区改造不仅是政府的实事工程，还是需要社会力量广泛参与的社会性工程。政府予以的支持是有限的，需要社会力量的协同与整合。协同的实质在于建立在公共利益和认同之上的良好合作，产生"1+1>2"的协同效应。在T街道实践中，由房管部门牵头，成立了由街道、社区、专业技术人员、热心居民组成的规划师队伍，统筹社区改造规划设计工作，引导社会各方积极参与改造，增强社区治理能力，提升老旧小区改造的可持续性。

其一，专业规划师队伍的组建，实现多方知识的整合。老旧小区改造涉及房屋政策法规、补偿条例、基础施工、建造设计等诸多专业知识。普通居民缺少相关的知识积累，很难形成对改造工作的充分理解和认知。老旧小区改造是如何进行的，它们的实现和完成给社区居民的生活带来何种改变，社区居民期望通过专业权威的解读得到可靠的答案。为此，T街道组建了专业的规划师队伍，为老旧小区改造提供专业服务，在一定程度上能提升社区居民的参与积极性。具体而言，规划师、物业公司与施工单位等实地走访居民家庭，查看房型结构，逐户研究分析居民情况，了解居民需求，探讨可行性设计方案；房地产商、施工方、物业公司等进入社区，整合专业设计意见与居民群众诉求；律师、规划师则提供专业咨询服务，为居民讲解相应的法规政策、规划方案以及规划原理等。

其二，专业社会组织的积极参与，促进矛盾冲突的化解。老旧小区改造行动涉及不同类型的房屋产权，涉及复杂的利益和关系处理，在追求效率的同时，容易忽视社区居民的真正需求，从而引发冲突。社区居民的参与常常在"参与冷淡"和"参与爆炸"之间反复横跳，导致非理性的需求表达和抗争事件发生，既不利于社会的和谐稳定，也不利于城市老旧小区改造的有序推进。为此，政府充分赋权，发挥社会组织力量化解社会矛盾和冲突的优势，实现社会秩序维护的低成本运行。在T街道的旧改实践中，街道党工委赋权作为正式组织的Y党群工作事务所，邀请该组织参与老旧小区住房改造矛盾的调处，该事务所负责人是在地退休的居民区书记，有着丰富的调处经验，也有着丰富的群众工作基础，在引导居民利益诉求的理性表达和避免矛盾的升级扩大方面发挥了重要的作用。

（二）专业方法应用的情理协商

老旧小区改造关涉多个利益主体，涉及诸多人的切身利益，在综合改造的动员、实施及评估等环节涉及各方面的不同主张和意见，多元主体利益协商的机制成为必然。根据《上海市旧住房综合改造管理办法》，非成套住房改造需要两次意见征询：第一次是对群众改造意愿进行意见征询，要求征得三分之二以上公房承租人或者业主同意；第二次是对具体改造项目规划设计方案和综合改造实施方案进行意见征询，要求征得改造范围内业主以及三分之二以上公房承租人同意。T街道借鉴和整合已有的开放空间、社区议事会、专题会议等社区协商议事的技术和方法，从改造政策、改造技术、改造流程、改造安置等多方面着手，开展社区居民的协商专题会议，创新基层协商议事机制，在非成套住房改造过程中形成了情理兼备的社区协商机制,即一方面依托法律法规及政策规章等专业法治手段进行正式协调;另一方面依托专业社会工作者进行非正式协调。

首先,依托专业法治力量进行正式协调。T街道设置了三个梯队,保障和维持现场秩序。第一,由司法所和结对的律师事务所在涉改小区现场设置了咨询站点,向居民说明现有的改造政策和法律条例。第二,由街道和各居民区所属人民调解委员会成员对"无理取闹"的居民进行面对面的劝说性沟通,争取做到小事不出社区。针对社区居委会无法解决的矛盾纠纷则由社区干部上报到街道,再由街道级调解队伍进行介入调解。第三,由街道相关科室、辖区内各企事业单位和社区法律志愿者为生活困难的居民提供法律框架和政策允许范围内的帮助,解决特殊困难家庭的特殊问题。从上述三个法治梯队的设置可以看到,在老旧小区改造工作中,在区委和街道统筹协调的指导下,对法律资源进行合理的整合和运用,极大地推动改造工作的顺利开展。

其次,依托专业社会工作力量进行非正式协调。社会工作是一项以利他主义为核心理念,以实现社会正义为己任的助人专业(沈黎,2012)。针对改造中基于空间争夺而引发的冲突协调,专业社工树立了"社区是居民的"理念,真诚为社区居民提供服务以及维护社区居民知情权等,建构了有效且有温度的柔性治理机制。在中国语境下,住房意味着"身家",是城市居民最重要的家庭资产,尤其是在大都市当中,住房面积与市场价值紧密相连(李翠玲,2020)。随着城市开发的不断推进,城市土地成为稀缺资源,其作为商品的价值也随之攀升。也就是说,住房面积越大,其商业价值越高,而社区居民获益就越多。T街道的住房改造要在以往有限的公共厨卫空间进行"一分二"或是"一分三",即在原有的公共厨房空间基础上分割成两户甚至是三户居民的独卫空间。而老旧小区公共物品的属性也决定了这部分空间的让渡和获得是很难平衡与对等的。作为"理性经济人"的社区居民在涉及利益分配时也比较敏感,当他们的利益诉求不能被满足时容易产生被剥夺感。厨卫面积分割关系到居民的切身利益,如果对面积分割不对等的冲突处理不当可能会导致冲突升级。在现实的旧改中，一对姐弟原本共用厨房和卫生间，双方出于利益的考量争夺空间，双方各执一词，不肯让步，冲突不断激化。专业社工以中立第三方的角色介入其中，打破了社区居民之间的二元对抗关系，有效缓解了冲突双方的矛盾情绪，促使双方在较为和平冷静的环境下寻求问题解决方案。同时，社会工作者以真诚的服务态度，充分利用自身专业优势，客观全面地为居民讲解政策，帮助居民厘清其中的利害关系，最终达到化解冲突的目的。社会工作者以"人在情境中"为理念，以"个别化"为原则，从社区居民的立场出发，尊重社区居民的主体性，促使居民情绪由非理性转向理性。需要说明的是，不同于社区干部依靠情感关系来推动工作，专业社工除了运用共情、理解、接纳以及信任等技巧来开展工作之外，亦强调遵守价值中立、专业界限以及尊重居民的自决权和知情权等专业伦理。

（三）个案管理技术应用

个案管理指的是由社会工作专业人员为一群或某一案主统整协助活动的一个过程，过程中各个不同机构的工作人员相互沟通协调，以团队合作方式为案主提供所需服务，并以扩大服务成效为主要目的。根据入户动员之前的摸底情况，社区骨干对改造意愿强的居民进行签约动员，对不愿意改造的社区居民则是建立"一户一档"制度，了解他们的居住状况、社会关系、困难诉求、家庭成员等一系列资料，识别出影响他们参与意愿的关键需求，有针对性地进行动员劝说，进而提高居民对老旧小区改造参与动力。

T街道老旧小区改造的个案管理本质上是一种服务攻坚，即基于涉改居民的多重需求，提供相应的服务，以服务来做通居民的工作。对于老百姓而言，心中都有杆秤，摸准居民需求，为其解决实际困难，常能找到解决办法。如一涉改居民是一位身患多种疾病独居的重残无业刑释人员，处境困难，由于各种原因成为其楼栋唯一一户迟迟不肯签约的对象，影响到其他20户签约居民的改造进程。所在居委会第一时间将该特殊居民的情况向街道和工作小组做了汇报，请求上级予以支持。居民区书记、块长在疫情期间特别关心这户居民的生活情况，送上防疫物资，通过人文关怀感化了这位特殊的居民。本着特殊情况特殊处理的原则，综合考虑既不影响施工，又要切身解决居民生活困难的问题，社区党总支、居委会通过多方协调，最终为该居民寻找到了可接受的房源，解决了该户居民过渡性住宿问题。

五 结论与讨论

参与式改造是老旧小区改造的发展方向，尤其是针对涉及居民切身利益的非成套住房改造而言，居民的参与不仅可以为改造提供强有力的支持，而且是改造合法性的重要来源。参与式改造的前提和核心是参与式规划。参与式规划强调多元主体平等参与小区改造和社区更新设计，是人本导向的规划（郑露荞、伍江，2022），尊重利益相关者的参与权利，同时也赋予了利益相关者责任，集思广益，亦有利于增强方案设计的合理性。政府部门主导下的社区更新改造虽然有利于政策下沉和整合资源，但是社区居民的主体参与性容易被遮蔽或居民本身被"置身事外"（庞娟，2021）。精英式规划引导的居住空间供给容易忽视自下而上的诉求，难以实现社区更新与社区治理之间的平衡。同时，空间生产往往被资本控制，商业侵蚀加重，从而造成贫困群体的空间剥夺和弱势群体的空间边缘化（袁方成、汪婷婷，2017）。老旧小区改造是在存量空间基础上将居民需求与城市治理相融合的一种治理安排，其核心是公众参与的多元主体合作共治（孙菲、朱志伟，2022）。参与式规划旨在强调社区居民在社区更新的全过程参与和共同缔造，以达到在互动的过程中提升居民对社区的认同度和参与度的目的，进而降低老旧小区改造的执行成本。本文中老旧小区的非成套住房改造首先在大的改造方案上通过社区"三会"（听证会、协调会、评议会）形式征得绝大多数居民的同意，同时在具体的房屋改造方案上，也是征得每户居民的参与及同意，居民的不少意见融入具体的改造方案及过程中，具备了参与式改造的雏形。

T街道老旧小区非成套住房改造的实践表明，整体动员与专业治理是老旧小区改造的基础和保障。城市老旧小区改造是一项系统性工程,面对分散化、个体化和利益异质化的社区居民,需要发挥政治动员、科层动员和社会动员的整体动员优势,最大限度地整合政治、行政和社会资源,以治理权力集中、治理主体多元的治理模式解决社区更新难题。在整体动员中,政治动员和党建引领发挥关键作用。整体动员为老旧小区改造提供了价值驱动,但光有价值驱动还不足以解决改造实践引发的各种复杂的具体问题或矛盾。为此,重视专业理念和专业方法介入的专业治理是对整体动员的有效补充和有力支撑。非成套住房改造过程中引入了大量的专业社会力量,主要有专业的规划师团队、施工团队、律师团队、社会工作师团队,他们运用专业的理念、方法和工具,诸如优势视角、个案管理、议事会等,有效地应对房屋改造的各类问题。吉登斯的风险社会理论提出风险社会的信任更趋向于专家系统的信任,无疑专业团队及专业方法的应用为老旧小区改造提供了强有力的技术支撑,更能得到居民的信任与认同。

当然,本文所强调的专业治理,与既有的专家治理和技术治理有相当大的共通性,也有一定的区别。既有的专家治理,偏重于人的身份和专项技能;既有的技术治理,偏重于自然科学技术、信息技术等,相对忽视社会技术。专业治理强调专业的理念、方法、工具及伦理,相对于专家治理具有更强的客观性和开放性,专业治理不排斥专家,也不限于专家。专业治理相对于技术治理具有更多的包容性和价值性。老旧小区非成套住房改造,既重视建筑设计知识等自然科学技术,又特别强调以参与为导向的社会技术,注重专业技术应用的伦理。

与此同时,老旧小区改造的专业治理在一定程度上也可以与当前基层社会治理中流行的情感治理形成一定的对话。有研究指出,在社区微更新场域下,情感动员可以柔化政府、市场与社会的边界,有效链接政府资源、企业资源、社会组织资源,能够获取居民的信任,促进多主体的协同参与(孙菲、朱志伟,2022)。但需要看到的是,随着法治社会的兴起,社区居民权利意识和法治意识增强,以情动人的情感治理在获取人们的持续信任和深度信任中有其局限性。虽然老旧小区改造的社区更新中,诸如公共空间的营造多能依靠人情、面子、熟人关系等情感因素动员社区居民参与,然而,但凡涉及与居民直接利益高度关联的社区事务往往非情感所能奏效。诸如本文案例中涉及居民房屋产权和重大利害关系的非成套住房改造,虽然情感动员和情感协商起到一定作用,但更多的是靠以理服人。情感治理中的情感应用亦考验情感伦理,谨防以情诱人或骗人。又如参与非成套住房改造宣传动员的社区骨干在接受访谈时所言:"我们在通过熟人关系、情感关系动员那些不愿签约的居民时,其实心里也有压力,也担心政策在改造过程中会不会变,改造方案是不是最终能消除这些人的顾虑,满足他们的期望。"专业治理不排斥情感治理,不否定情感在治理上的功能,相对而言,更注重情感应用的专业伦理。总的来说,老旧小区改造需要以情动人和以理服人的结合,专业治理不失为情理融合机制,在基层社会治理中相对于技术治理和情感治理而言,具有更强的包容性和解释力。

参考文献

陈家建,2017,《政府会议与科层动员——基于一个民政项目的案例研究》,《甘肃行政学院学报》第 5 期。

陈毅、何萌,2021,《政党主导旧城改造:党建引领、社区治理与服务供给——以上海市 S 区 58 个旧街坊整体改造为例》,《中共天津市委党校学报》第 3 期。

丛晓峰、杨汇泉,2013,《参与式治理视角下的农村社区建设路径研究》,《山东社会科学》第 7 期。

邓万春、黄璐璐,2021,《乡村振兴的动员机制与模式:整体党委动员与差别化动员》,《北京工业大学学报》(社会科学版)第 3 期。

姜玲,2021,《共建共治加快城镇老旧小区改造,着力推进以人为核心的城镇化》,《北京航空航天大学学报》(社会科学版)第 2 期。

孔繁斌,2006,《政治动员的行动逻辑——一个概念模型及其应用》,《江苏行政学院学报》第 5 期。

李翠玲,2020,《"家园"追寻与社区治理的价值取向》,《中国行政管理》第 1 期。

李培林,2004,《村落的终结:羊城村的故事》,北京:商务印书馆。

李翔、向立群，2022，《老旧小区改造中的多元主体协同机制研究——基于深圳市场化政策改革的经验》，《建筑经济》第 8 期。

李咏梅，2015，《农村生态环境治理中的公众参与度探析》，《农村经济》第 12 期。

林叶，2020，《拆"穿"的家庭：住居史、再分家与边界之争 货币化征迁的伦理政治化》，《社会》第 6 期。

刘佳燕、谈小燕、程情仪，2017，《转型背景下参与式社区规划的实践和思考——以北京市清河街道 Y 社区为例》，《上海城市规划》第 2 期。

毛一敬，2021，《党建引领、社区动员与治理有效——基于重庆老旧社区治理实践的考察》，《社会主义研究》第 4 期。

庞娟，2021，《韧性治理视角下城镇老旧社区更新治理困境及其破解》，《中州学刊》第 10 期。

沈黎，2012，《本土社会工作实务的伦理困境与伦理抉择——基于上海青少年社会工作实践的质性研究》，《社会工作》第 2 期。

施芸卿，2017，《草根国家的四张面孔——以一个旧城改造项目为例》，《山东社会科学》第 8 期。

苏春艳、孟翔飞，2016，《棚户社区治理的模式与政策选择——以辽宁抚顺、阜新、本溪棚户区改造为个案》，《社会科学辑刊》第 5 期。

孙菲、朱志伟，2022，《以"情""动"人：社区微更新中的情感安排与行动逻辑》，《学习与探索》第 3 期。

谭俊杰、廖绮晶、袁媛、陈哲、何灏宇，2021，《居委会主导的老旧小区改造协作模式研究——以广州市仰忠社区为例》，《上海城市规划》第 5 期。

田先红、张庆贺，2019，《城市社区中的情感治理：基础、机制及限度》，《探索》第 9 期。

吴祖泉，2014，《解析第三方在城市规划公众参与的作用——以广州市恩宁路事件为例》，《城市规划》第 2 期。

袁方成、汪婷婷，2017，《空间正义视角下的社区治理》，《探索》第 1 期。

袁媛、刘懿莹、蒋珊红，2018，《第三方组织参与社区规划的协作机制研究》，《规划师》第 2 期。

张云翔，2022，《基层党组织如何助推社区共同生产？——基于 S 市 L 社区蔷薇项目的案例研究》，《行政论坛》第 4 期。

赵怡帆、文成伟，2021，《空间生产的城市问题及其治理》，《云南社会科学》第 4 期。

郑露荞、伍江，2022，《社会网络视角下的参与式社区更新实践——以上海大学路发生便利店为例》，《城市发展研究》第 7 期。

朱德米、高霞，2018，《旧城改造协同治理机制研究——以上海为例》，《北京理工大学学报》（社会科学版）第 2 期。

社会工作参与"同频妈妈"育儿的行动研究[*]

——基于上海市 D 社区妈妈故事会实践

任秋梦　张均鑫[**]

摘　要　随着社会经济的发展,为孩子提供最佳的教育与成长环境逐渐成为父母重要的育儿追求。在传统的育儿模式下,妈妈是养育幼儿责任的主要承担者。而在市场化背景下,母职加码导致的妈妈育儿困境和身心耗竭已成为群体性社会问题。本研究基于上海市 D 社区"妈妈故事会"的实践探索,以参与-回报理论为指导,运用行动研究的方法,通过需求评估、制定计划和方案、实施计划、效果评估与反思等步骤,探讨了社会工作参与社区"同频妈妈"育儿教育融入社区活动的可行性。行动研究在实践中强调参与者的自主性、主动性的激发,以及研究者与参与者的平等合作,取得了显著成效,达到了研究目的。研究发现,将有相似教育理念和育儿需求的"同频妈妈"聚集在一起,共同学习和分享育儿知识与技能,能够显著提高育儿效果。依据参与-回报理论,可以通过满足"同频妈妈"的

---

[*] 本文系国家社会科学基金重点项目"家校社协同视角下城市在校青少年心理健康问题的预防与干预机制建设研究"(22ASH017)的阶段性成果。

[**] 任秋梦,上海大学社会学院博士研究生,主要研究方向为家庭社会工作、城市贫困等;张均鑫,上海市延吉新村街道办事处工作人员,主要研究方向为家庭社会工作。

心理预期、增强活动组织意识、增加参与收益并降低参与成本，使服务对象自发地参与活动。

关键词 同频妈妈 行动研究 育儿教育 社会工作

一 引言

2017年5月，一份名为《中国妈妈"焦虑指数"报告》[①]的大数据报告引发了广泛关注。该报告对日益增长的"焦虑妈妈"群体进行了详尽的统计。研究数据显示，一线城市妈妈的心理焦虑程度显著高于二、三线城市，其中，上海妈妈以超过70的焦虑指数位居榜首。而在年龄分布上，80后妈妈成为焦虑程度最高的妈妈群体。全面二孩政策的实施和女性就业潮的兴起使女性在职场和家庭的选择之间处于两难境地。社会期望女性主要承担起照顾孩子的重任，而这种期待与妈妈群体自身的职业发展形成了冲突。这种巨大的压力导致她们出现焦虑、迷茫和困惑等情绪，从而直接影响了她们在育儿过程中的态度和方式。

研究者有幸在上海市D社区（以下简称D社区）与众多幼儿家长进行深入交流。了解到她们热衷于探讨为孩子报名各类课外补习班或特长班，了解到孩子相关的一切，尤其是教育学习方面，深刻影响着妈妈们的心情，这可能成为导致她们极易产生焦虑和不安的根源之一。在后续的需求调研中，大多数妈妈表达了在育儿过程中所面临的压力与困扰。例如，在职场压力的影响下，一些妈妈回到家中时往往难以调整自己的心态，从而对孩子产生了暴躁情绪。一些妈妈在育儿过程中，由于对孩子的需求了解不足，难以耐心教育，导致孩子性格逐渐变得古怪。此外，许多妈妈表示，她们的育儿知识仅仅来源于长辈的经验和自己摸索，而她们渴望学习更科学的育儿技巧。因此，她们迫切希望能有一个平台让"同频妈妈"们聚在一起，分享有益的育儿经验和成功案例，以便提升育

[①] 参见《中国妈妈"焦虑指数"报告发布，看哪座城市妈妈最焦虑？》，http://news.youth.cn/sh/201705/t20170512_9746106.htm，最后访问日期：2024年6月18日。

儿能力，缓解育儿焦虑。由此，研究者产生以下思考：面对 D 社区 3～6 岁儿童的"同频妈妈"，可否将育儿实践融入社区活动并通过基于行动研究的社会工作实践模式实现两者的有机结合？这样的实践活动对研究对象的育儿需求满足和问题解决可否产生实际效果和影响？

此处，"同频"主要是指在价值、思想、意识、行为等方面产生的共鸣。而在本文中，"同频妈妈"指的是社区中因孩子年龄相仿、育儿观念相近、育儿价值观相投、育儿需求相似而聚集的妈妈们，"同频妈妈"在育儿上容易产生共鸣，沟通默契有效，能让更多的信息和知识汇聚在一起。

二 理论基础与研究方法

（一）参与-回报理论

参与-回报理论的分析框架是由亚瑟（Asher）、理查森（Richardson）和韦斯伯格（Weisberg）三位学者在其共同著作《政治参与》中提出的。他们将其归纳为：当且仅当 P+D+B-C>0 时，居民才会自觉自愿地参与公共事务（Asher et al., 1984）。结合"社区参与"的实践和冯敏良（2014）的研究论述，可以对参与-回报理论的主要观点予以如下描述。

P（Prospection）指"社区参与"的心理预期。从社会心理层面分析，若居民的参与行为未能达到预期目标，他们的参与动机可能会减弱，甚至停止参与社区活动；反之，若居民的参与行为超越了预期目标，他们将更加热情、投入更多精力参与下一次活动（Kai & Tversky, 1979）。在前期调研中，研究者发现 D 社区居民在活动开展方面存在特定需求。而传统社区服务活动形式化且缺乏针对性，同时，调研显示社区居民对"社区参与"的心理预期较低。因此，动员和激励居民参与是社区工作的首要问题。

D（Duty）代表社会责任和公民精神。冯敏良（2014）认为"假参与"或不参与成了很多居民的生活习惯。因此，在社会工作开展中需要充分考虑如何强化参与者的社会责任与参与精神。

B（Benefit）指"社区参与"的实际收益。对居民参与社区活动而言，其收益包括物质上的获得、精神上的快乐、人际关系的拓展、个人知识和能力的增长、个人威信的提升，甚至是社区组织的认可和居民的称赞等。因此，居民参与的收益是多维度的，应充分强化"社区参与"带给参与者的价值。

C（Cost）指参与社区事务的成本。居民参与社区事务的代价主要包括两个部分：一是时间、精力和物质投入的直接成本；二是减少与家人团聚、社会交往、工作生产等方面的机会成本。当然，还包括其他方面的潜在成本。

为此，研究者在为 D 社区"同频妈妈"提供社会工作服务时确定的基本思路是，尽可能提升居民的心理预期（P↑）、努力培养社区意识（D↑）、增加居民参与的收益（B↑）并降低"社区参与"的成本（C↓），只有在如此协同下，社区居民与社区之间的联系才会更加紧密。

（二）行动研究

本研究主要采用"行动研究"方法展开实务工作，该方法最早由美国的柯利尔（Collier）和勒温（Lewin）提出，是一种致力于解决问题、改变现状的方法（夏林清，1983）。它强调工作者要与行动者共同参与实践活动，确保整个实践活动过程与实际情境或环境相一致。这就要求研究者在实施过程中，不断反思过往实践与经验，以提升行动质量与工作效率。

本研究将此项行动研究的宗旨总结如下。首先，在行动中研究，研究者需要在"行动"中了解实践需求，开展实践活动。其次，结合实际情况与需求开展第二步，即在研究中"反思"，致力于改善实践，在育儿教育融入社区参与的实践探索中，不断地反思与总结实践经验。最后，在反思中"进步"，得到所要解决问题的途径和可借鉴经验，然后再投入新的问题探索与解决的行动之中。本研究中运用的行动研究方法思路简要地概括为四个阶段，即评估需求—制定计划和方案—实施计划—效果评估与反思。

三 社会工作具体介入过程

本项目的实践地点为上海市宝山区 D 社区，它占地面积约为 11 万平方米，常住人口为 4498 人，青壮年、少年儿童和老年人口分布均衡，社区居民素质较高，经济收入稳定。周边公共设施足以满足居民的基本生活需求。在居委会行政楼内，设有专门的社区活动室。社区调查显示，D 社区居民入住时间较长，居民联系紧密，多年来的邻里生活使他们产生了强烈的认同感和情感归属，这成为行动研究开展的重要社区基础。

（一）第一阶段问题和需求的探寻：妈妈故事会的研究团队产生

社会工作者进入"现场"，按照行动研究的程序，最核心的工作就是了解社区及"同频妈妈"，与她们建立信任关系。有学者认为，社区实践的感受力是从事社会工作的开始或行动研究的起点，更是持续推动专业实务和行动研究的原动力（黄鲜鲜，2018）。研究者通过社区调研和访谈，对"同频妈妈"遇到的问题及需求有了一定的掌握。

1. D 社区"同频妈妈"育儿中存在的问题

社区调查表明，"同频妈妈"在育儿过程中面临以下五个问题：①缺少科学的育儿知识辅导和育儿支援；②担心孩子行为教养和学习能力问题；③亲子交流方式单一；④情绪不稳定，容易焦虑暴躁；⑤家庭教育理念冲突。

2. D 社区"同频妈妈"的育儿需求分析

通过进一步分析，"同频妈妈"的下述需求尤其强烈。

①亲子互动与社交的需求。"同频妈妈"希望通过社区这个平台参与各种类型的亲子互动与社交活动，旨在丰富孩子的娱乐生活，同时增进亲子间的交流与成长。众多家庭反映 3~6 岁的儿童日常接触外部环境主要依赖于手机和幼儿园。尽管市场上存在许多早教机构和服务，但其费用较高，效果并不尽如人意。②育儿知识与技巧的需求。许多年轻妈妈是 80 后，她们表示其获取的育儿知识和技巧主要来自长辈和身边的朋

友。一些妈妈提到,由于育儿观念的差异,她们会和爷爷奶奶或外公外婆发生冲突。因此,大多数受访者表示希望有一个平台能够提供育儿知识和技巧等服务,以支持她们更好地应对育儿挑战。③育儿支援和社会资源的需求。许多年轻妈妈强调养育孩子已成为一项需要高素质和充沛精力的庞大工程。尤其是在3~6岁的关键成长阶段,孩子的性格塑造以及学习习惯的培养显得尤为关键。因此,大多数受访者认为单一家长的职责和角色无法完全满足当今育儿的需求,亟待社会各方资源与力量的积极参与,共同助力育儿过程。④得到情感支持缓解育儿焦虑和压力的需求。许多幼儿家长尤其是母亲,面临育儿焦虑的困扰。她们尤其关注科学育儿和平衡家庭与职业的挑战。在教育资源竞争激烈、资源稀缺的背景下,许多父母从孩子降生之初就开始担忧其未来,从而衍生出无形的压力和焦虑。

为了满足"同频妈妈"的需求以及合作参与的理念,在社会工作者的引导下,以"妈妈故事会"为形式的研究团队及活动应运而生。研究团队由1名机构项目负责人社会工作者专家S老师、2名志愿者,以及参与妈妈故事会的研究对象——年轻妈妈共同组成。研究团队的任务包括规划活动、记录活动、确保活动正常进行、观察收集研究对象的活动情况以及相关感受等数据并进行深入分析等。研究团队前期的目标是期望通过新颖、有趣且富有教育意义的活动,吸引妈妈们参与妈妈故事会,为孩子们讲述绘本故事,同时,也让更多父母学会亲子阅读的方法,更加高效地陪伴孩子健康成长。

(二)第二阶段行动规划的制定:妈妈故事会行动方案制订

在此阶段,研究团队寻求解决问题的模式与指导思想,致力于赋能社区内的"同频妈妈"。通过创新方式挖掘和充分利用社区资源,创造新的动力和资源,协助"同频妈妈"解决问题的同时关注社区的全面发展。具体的方案制定过程与内容如下所述。

首先,通过前期社区调研与社区居委会合作,招募子女为3~6岁的年轻妈妈,并由社会工作者负责建立微信群。通过妈妈们的邀请、推广以及线上线下的宣传，扩大成员规模，并对妈妈故事会的具体活动开展进行讨论。其次，社会工作者与妈妈故事会核心成员共同商定问题解决方案和活动规划。这一过程旨在激发年轻妈妈们积极参与，并充分利用多样化资源。讨论的范畴包括活动的固定时间、形式、具体内容，以及组织和分工的合理安排等。最后，商定在社区正式启动妈妈故事会，由核心妈妈成员与社会工作者共同协作。首期活动以绘本阅读为主题，采用亲子互动的活动形式。活动报名通过微信群进行，每次活动结束后，协调确定下一周负责活动的妈妈和活动主题。

此外，研究团队还在计划中规定了以下要求。第一，开展活动并观察参与者的变化与感受，包括关注孩子的反应。通过观察不断反思活动成效，了解参与者满意度，并据此及时调整和增添新的内容。第二，定期召开分享会议，系统总结和归纳参与者的参与状况、新的需求和问题，深入分析项目的不足之处，反思并审视进行下一阶段的行动和规划。

（三）第三阶段行动规划的推动：妈妈故事会的实施

在明确行动模式与干预策略之后，项目实施步入核心阶段。在此过程中，首要任务为在实际行动中推动个人与社区的能力提升。具体干预措施可划分为以下几个关键部分。

1. 妈妈故事会服务平台的实践

通过充分商讨，妈妈故事会按计划为社区"同频妈妈"先后提供了以下服务：①妈妈们轮流主导每期绘本故事，以及育儿经验的分享与交流，推动育儿教育的普及、共享和传播，同时促进社区参与和协同发展；②为"同频妈妈"提供能力和知识的经验赋权，旨在提升她们的科学育儿能力，同时为孩子们构建一个有益于健康成长的互动游戏学习平台。

在活动初期，研究者观察到，参与者主要为妈妈，爸爸几乎未参与。然而，经过几次活动后，爸爸们目睹了家中孩子的积极变化，受到了妈妈们的鼓舞和感染。因此，在活动过程中，爸爸们的参与人数逐渐增多，他们积极加入亲子育儿的行列。这一转变不仅加强了家庭成员之间的紧密互动，还为孩子们提供了更全面的成长体验。

2. 助力"同频妈妈"育儿能力建设：育儿沙龙

随着妈妈故事会的热烈展开，参与活动的人数逐渐攀升。在这个过程中，微信群的妈妈们不仅建立了深厚的友谊，还构建了一个紧密的沟通与交流平台。在迎接2019年新年的茶话会上，研究团队邀请了参与活动的妈妈们分享交流新的想法和需求。结果发现，妈妈们在育儿过程中的焦虑现象日益突出，于是决定举办育儿沙龙，旨在为妈妈们提供更多实用的育儿方法，助力解决她们在育儿过程中遇到的各种困惑与问题。

3. "同频妈妈"自组织队伍巩固与发展

在活动持续推进的过程中，原先由社会工作者主导的模式逐渐演变为从组织内选举出核心负责人，由一位妈妈负责组织开展活动。为促进"同频妈妈"们加强协作并提升参与积极性，社会工作者通过鼓励更多妈妈故事会成员成为组织的核心成员，成功增强了组织的凝聚力和积极参与的意识。妈妈故事会成员逐渐掌握了规划和明确分工的能力，增强了团队精神，培养了资源和信息共享的意识，使同频从思想层面延伸至实际行动，推动妈妈故事会的发展逐渐走向成熟和稳定。

（四）第四阶段评估和反馈：妈妈故事会的成效

经过为期7个月的服务，项目进入检验行动结果的阶段。这个以助力"同频妈妈"育儿为核心的亲子互动项目，始终朝着预设目标——提升妈妈们的育儿能力、缓解育儿焦虑、促进社区参与的方向稳步推进。与此同时，项目还孵化出一个目标明确、持续发展的"同频妈妈"自组织，其成员热衷于推动社区发展，协助更多妈妈掌握育儿技巧，为孩子们创造健康成长的平台。项目实施至今，可以明显观察到这些妈妈的自信心和幸福感显著增强，焦虑感逐渐减轻，并对社区产生了更为深厚的认同感。具体而言，研究团队从下述几个方面评估介入后的变化。

1. 参与状况：从消极被动到积极主动

"同频妈妈"从被动接受者成功转变为积极的行动者。在项目初期，妈妈们将其视为社区举办的活动，仅随意参与以消磨时间，对活动内容与讨论并无过多关注。然而，在参加一两次活动并得到社会工作者的引导后，她们逐渐认识到这是一项专为她们和孩子们量身定制的活动。因此，妈妈故事会微信群的成员从最初的39人后来增加到163人，参与活动名额更是一抢而空。在这个过程中，作为组织骨干的部分妈妈充分发挥自身潜力，逐渐成为妈妈故事会组织的领导者，她们通过积极参与D社区的妈妈故事会和其他社区活动，甚至被选为D社区的业主委员会代表。

2. 能力提升：增加"同频妈妈"亲子有效互动

活动的持续进行使妈妈们在多次互动中找到了适用于自己孩子的有效沟通方式。以社区为平台开展的活动为"同频妈妈"们创造了良好的育儿环境，更好地引导家长了解更多适用的育儿方式，解决她们在育儿过程中遇到的困惑和问题。后期的调查显示，77.27%的妈妈表示现在能积极与孩子沟通，并且高达81.82%的妈妈选择与孩子保持平等的交流方式。由此可以证明活动在促进亲子沟通方面取得了显著成效。

3. 资源赋权：丰富与链接育儿信息

后期对受访者在所获得的知识和资源的满意度等方面的调查显示，66.67%的受访者表示非常满意，其余33.33%表示比较满意。这反映出在相互交流育儿经验的过程中，"同频妈妈"们既能发现彼此的共性，也充分认识到各自的差异，并借此展开相互学习。通过妈妈故事会这一平台，各位妈妈均获得了丰富的育儿技巧，借鉴他人的经验，使得在实际操作中能够"因材施教"，进而达到事半功倍的效果。

4. 儿童发展：提升儿童综合能力

社区作为儿童认识社会和实现社会交往的重要平台，在儿童成长和发展中发挥着重要的作用。家长的积极参与，有助于孩子在性格塑造、注意力集中、人际交往、行为态度、热情度和积极性等方面得到全面提升。活动持续开展有助于提升儿童的阅读能力、自我管理能力、表达能力和专注力，同时在潜移默化中增加了他们的语言和人际交往技巧。活动内容涵盖中英文绘本故事、亲子阅读和手工制作等，受到儿童的认可和喜爱，有助于他们在寓教于乐的环境中与妈妈共同成长。此外，许多孩子在英语能力方面也取得了显著进步，具体表现为学习和掌握的单词量不断增加。

5. 团队成长：自组织的稳定发展

项目从最初的社会工作者主导和组织，逐步转变为由"同频妈妈"引领和组织积极分子共同开展活动的自助服务模式，并逐渐产生了20余位"同频妈妈"骨干。实践证明，这些积极分子和骨干在确保活动顺利进行和居民社区积极参与方面发挥了至关重要的作用。她们的激励与支持保障了项目高效推进，进而维持了自组织项目的稳定发展。

（五）第五阶段总结与反思：新问题和新需求

进入行动研究周期的最后阶段，研究团队对经验和学习的深入总结、对下一步服务发展方向的思考显得尤为重要。

1. 行动研究新反思——"同频妈妈"的新问题和新需求

在活动推进过程中，妈妈们初步的需求和问题已得到相应满足与解决。后期社会工作者逐渐退出，在妈妈故事会成员自主组织的骨干讨论中，发现部分"同频妈妈"的孩子处于5岁半的年龄，正面临幼升小的压力。家长们纷纷为孩子盲目报名具有竞争力的英语课程以及各类才艺培训班，让他们参加各种考试。有些父母因自身焦虑而产生情绪波动或意见冲突，进而导致孩子出现压抑、自责、焦虑甚至自闭的心理状态。面对这些新问题、新情况，有妈妈提议开展一系列幼升小的分享会，以期借鉴成功案例，掌握最新动态和发展趋势。"同频妈妈"们经过认真讨论，决定将此作为下一阶段服务的方向。

2. 行动研究循环——"同频妈妈"自组织解决问题

在为期7个月的社会工作介入和服务过程中，D社区的"同频妈妈"自发组建团队，并且队伍规模和覆盖范围逐渐扩大，社区居民之间的凝聚力也明显增强。妈妈故事会自组织的周六活动仍然如火如荼地进行，报名名额每次都呈现"秒杀"的热度。在妈妈故事会逐渐稳定发展的同时，骨干和研究团队经过多次协商讨论，提出了新的发展思路，即关于故事会，一是建成会员制，这样更规范，持续性更强；二是考虑产出，实施主题式故事会或排练儿童绘本剧，向社区展演，同时向社区各个部门争取一定的经费支持并建成核心组织人员。

"同频妈妈"们已不再局限于活动本身,在面对新问题时,自组织核心成员整合各类资源,协同居委会工作人员及上海某高校教师,共同开展多样化的系列活动。一位妈妈表示:"我其实挺希望这个活动和组织能一直延续下去,这帮孩子能一直共同成长,等孩子到了小学,大家可以一起讨论其他适合他们的活动,我真的觉得这个组织发展到今天很不容易,其他小区的朋友都特别羡慕我们,现在这个社区里,我找到了组织和家的感觉,我家宝贝每周很期待见到其他小朋友。"

在没有社会工作者的引导和参与下,妈妈故事会成员形成的自组织已经能够自主开展活动、发现问题并解决问题。"同频妈妈"们开始关注孩子下一个阶段的教育和学业问题。

四 社会工作服务专业反思

行文至此,基于社会工作的研究规范,需要对实务过程中的参与-回报理论的运用以及行动研究方法的运用做一反思和分析。

(一)理论运用的反思

研究发现,将社会工作实务与参与-回报理论相结合,构成了一种创新且切实可行的方法,该方法具备较高的可操作性与理论基础。为此,可以从四个方面探讨如何实现 $P+D+B-C>0$,从而激发居民自发地参与公共事务。

1. 满足"同频妈妈"心理预期 $P\uparrow$

现实表明,许多社区服务活动的实施效果并不理想,出现形式大于内容、效率和效益双低的现实问题。出现这些问题的关键原因在于参与者心理认同感不足以及利益关联缺失,即未能满足他们的"心理预期"。因此,在 D 社区开展妈妈故事会项目之前,研究者通过深入调研,充分了解妈妈们的实际需求与心理预期。理论指出:如果居民的参与行为没有实现预期目标,他们就会降低参与动机,甚至停止参与社区行为;而反过来,如果居民的参与行为超出了他们的预期目标,他们将会以更大的热情和更多的精力投入下一次参与行为。基于此，研究者得出以下结论。

在社会工作初期干预阶段，需要深入了解 D 社区妈妈们的育儿需求和教育观念，找到"同频"的信号。利用 D 社区的现有资源和价值，积极链接更多资源，以满足"同频妈妈"对于育儿知识、亲子互动和孩子成长交流的期望。通过丰富多彩的活动内容和形式，激发她们参与的动力和热情。

在活动实施过程中，发掘参与者关注的焦点，提高"同频妈妈"及其孩子的参与度与价值感知能力。通过鼓励她们轮流参与每期活动并亲自设计，让她们体会到参与带来的成果喜悦。同时，强化"同频妈妈"对活动成效的认同与支持，借助参与成果培育团队意识和集体荣誉感，使她们将这些经验内化为育儿和成长过程中的宝贵知识，进而形成参与的内在驱动力。

在服务的后期阶段，把握并不断超越其"心理预期"。通过持续引导和鼓励妈妈故事会领导者和积极分子在参与过程中丰富活动内容和形式，从简单的阅读绘本、亲子互动提升至自主策划活动内容，让参与者充分挖掘自身潜力和价值。同时，社会工作者需要在动态变化的服务环境和平台中，为"同频妈妈"及其幼儿提供更加专业的服务，推动个人、社区和社会的不断完善和发展。

2. 增强活动组织意识 D↑

妈妈故事会成功的关键在于形成"同频互助，积极参与"的意识。为唤起这一共同意识，避免"假参与"或不参与现象，以及解决参与者对公益服务活动的排斥和不信任等问题，在协同合作思想的指导下，研究者在实践的探索中不断注重培养"同频妈妈"的组织意识和参与态度。

首先，强调对育儿知识教育的重视以及对孩子成长需求的耐心。倡导妈妈亲自参与，以身作则，从讲故事到有效沟通，引导她们站在孩子的角度进行对话，深入了解孩子独特的性格和特点。定期在固定时间地点聚集"同频"的人，通过"自助和互助"的活动形式，不断内化这种"同频"的理念，形成良好的"同频"人际互动和共鸣。

其次，在实践的探索中，研究者发现建立自组织是推动故事会稳定发展的核心环节。在自组织的发展中，不断加强科学育儿、多元发展和健康意识的推动。组织意识的培养是一个长期且动态的过程，不仅需要社会工作者专业的服务技巧和积极引导，还需要参与者的共同努力。

最后，着力培养妈妈故事会成员的自助精神、互助精神和公益精神。在活动推进过程中，不断激发"同频妈妈"参与的内源性动力，促使她们在共同的努力中持续注入"情感投入"，逐步形成对妈妈故事会的心理依恋和认同感。

3. 增加"同频妈妈"参与的收益 B↑

实践表明，让"同频妈妈"们在活动中获得实际收益，满足其需求并解决问题，有助于增加她们的利益关联，提升活动效果和参与意愿。

首先，增加"内在价值"。从参与者的内在需求出发，提升"同频妈妈"在母亲教育和陪伴幼儿成长方面的自我认同和价值感。这涵盖满足妈妈们对孩子健康成长、性格良好、学业优异的内在价值认同。同时，通过参与活动，有助于缓解育儿过程中的焦虑，获得精神上的放松并深化对育儿方式的了解。

其次，增加"外在收益"。活动的核心在于增加参与者的收益，社会工作者在实践中需不断帮助"同频妈妈"获取科学育儿知识、提升育儿能力，并拓展"同频"的人脉资源。为实现这一目标，社会工作者和组织领导者应不断丰富活动内容，创新活动形式，以提高"同频妈妈"之间的契合度和利益关联度。

4. 降低"同频妈吗"参与的成本 C↓

参与成本包括时间、经济、投入和耗力成本等，降低"同频妈妈"参与行动的成本是促进活动长期发展和延续的重要因素。在服务开展过程中，研究者借助社工机构通过政府购买服务的方式获得资金支持，并与居委会沟通获得场地持续借用，从而在一定程度上解决了参与资金的投入问题。同时，研究者还挖掘并鼓励组织者进行带领和分工，以及协调参与者的活动时间，提高活动内容多样性和效率，并与各方相关资源和网络进行合作，为妈妈故事会的开展提供有力的支持。

参与-回报理论不仅从"同频妈妈"问题的角度出发，还站在社区的视角来看问题。该理论着重挖掘"同频妈妈"之间的利益关联，并致力于提升参与者的效能感，增强"同频妈妈"对妈妈故事会资源的依赖性。此外，该理论还注重增进"同频妈妈"与社区之间的亲密关系、提高信任度和认同度。

（二）方法运用的反思

行动研究的终极目标是与"同频妈妈"们共同成为开展研究与实务的合作伙伴，确保她们充分参与到研究项目的每个步骤中并最终成为行动的主体。这一目标和理念与社会工作专业的宗旨和前进方向高度一致。古学斌（2013）在分享云南农村开展行动研究的社会工作经验时指出，行动研究方法是社会工作的一种重要介入策略，它集研究、教育和实践于一体。通过行动，我们能够为在地社区提供服务并改善社区状况，同时在教育过程中与居民共同成长。行动研究方法为指导社区"同频妈妈"育儿提供了清晰的方向和步骤：在实践行动中寻找研究问题，制定社会工作的介入方案和实践行动方案。

在实践过程中，需要不断反思与社区"同频妈妈"的互动、合作和信任关系，在实践和现有理论进行对话中，探寻摸索并衍生新的实践经验。在此行动研究的思路下，研究者首先深入了解服务对象的问题和需求，激发了妈妈故事会的创立，随后制定行动计划并展开各项故事会活动，推动计划实施，最终进行全面反思。依此思路，在社会工作实务中，需要致力于不断引导"同频妈妈"充分挖掘自身潜力，解决各种问题并实现自我发展。同时，行动研究是一个循序渐进的循环过程，强调行动是动态前进的过程，需要社会工作者和参与者在共同行动中互相协助与合作。

运用"在行动中研究，在研究中反思，在反思中进步"的行动研究源于妈妈故事会项目，在需求评估阶段，研究者通过走访和访谈的方式对D社区年轻妈妈的育儿情况和存在的问题进行了深入调查并予以科学的评估。这些需求评估为行动研究奠定了基础，为下一步的"在行动中研究"提供了实践背景和依据。

在行动制定阶段,即在"在行动中研究"的过程中,在对 D 社区"同频妈妈"需求深入分析的基础上,研究者与社会工作者、居委会主任、社区积极分子(部分"同频妈妈")组成研究团队,共同商讨和制定了具体的行动方案并决定成立妈妈故事会,这一举措旨在吸引更多有需要的社区"同频妈妈"参与和支持,以此壮大妈妈故事会成员队伍,不断扩展育儿资源和信息渠道。由此,通过解决妈妈们的育儿问题,满足其育儿需求,行动任务逐渐变得更加清晰。

在"在研究中反思"即行动规划的推动过程中,一方面,完善妈妈故事会平台,开展育儿沙龙活动,让妈妈们轮流参与规划和设计,聚焦孩子教育和育儿议题;另一方面,在每期活动中,积极推动研究团队与参与者进行不断的反思和总结,探讨活动实施的经验以及下一步的开展和行动方向。

在行动反思阶段,即"在反思中进步",这一阶段至关重要。在社会工作干预过程中,研究者观察到"同频妈妈"和孩子们的收获和改变,"同频妈妈"们的参与热情和参与频率都有显著提高。同时,研究者也观察到,在没有社会工作者干预和介入的情况下,"同频妈妈"自组织已经能持续并良好地开展下去。这表明,社会工作者从助人者转变为促进自助者,社会工作最重要的理念——助人自助,已经基本实现。

当然,在本项目的实施过程中,尽管行动研究充分强调了参与者的自主性、主动性的激发,研究者与参与者的平等合作等理论指导经验,但仍存在一些不尽如人意之处,需要在后续项目实践中予以探索与完善。

参考文献

冯敏良,2014,《"社区参与"的内生逻辑与现实路径——基于参与—回报理论的分析》,《社会科学辑刊》第 1 期。

古学斌,2013,《行动研究与社会工作的介入》,载王思斌主编《中国社会工作研究》第十辑,北京:社会科学文献出版社。

黄鲜鲜，2018，《大学生志愿者参与社区服务能力建设——基于行动研究方法》，硕士学位论文，西北大学。

夏林清，1983，《从实务取向到社会实践》，台北：张老师出版社。

Asher, H. B., Richardson, B. M., & Weisberg, H. F. 1984. *Political Participation: An Issc Workbook in Comparative Analysis*. Frankfur: Campus Verlag.

Kai, D. & Tversky, A. 1979. "Prospect Theory: An Analysis of Decision under Risk." *Econometrica* 47（2）：263-292.

【学校社会工作研究】

校园欺凌旁观者共情能力与干预行为的小组工作研究

——以上海市 S 校七年级为例

陈慧菁　汤静雯[*]

摘　要　本研究以旁观者干预五步模型为理论依据,以认知行为治疗模式为实务指导,探讨旨在提升校园欺凌旁观者共情能力、促进旁观者采取干预行为的小组工作的介入效果。研究以上海市 S 校七年级学生为研究对象,随机选取 86 名学生,采用问卷法和访谈法开展前期需求调研。在此基础上,结合提升共情能力、促进旁观者采取干预行为的小组目标设计介入方案。本研究从前期调研中筛选 20 名研究对象,采用随机对照组实验法将其分配至实验组和对照组,对实验组进行连续六次的小组工作介入。研究结果表明,小组工作有效提升了实验组成员的共情能力 ($F=16.64$, $p<0.001$),尤其是认知共情 ($F=39.02$, $p<0.001$),也显著提升了旁观者的干预倾向 ($F=221.77$, $p<$

---

[*] 陈慧菁,博士,上海大学社会工作系讲师,主要研究方向为心理健康、青少年社会工作、学校社会工作等;汤静雯,上海大学社会工作系社会工作专业硕士研究生,主要研究方向为学校社会工作等。

0.001）及各分维度得分；访谈结果显示小组工作回应了旁观者的各项服务需求，包括：提升共情能力、准确识别校园欺凌行为、了解欺凌危害、直面个体责任、克服恐惧心理与增强介入信心。本研究提示，提升校园欺凌旁观者的共情水平、促进其采取积极干预行为是预防和治理校园欺凌的一条可行路径。

关键词 校园欺凌 旁观者干预 共情 小组工作 旁观者干预五步模型

一 引言

校园欺凌是一个在世界范围内存在且影响严重的问题，指学生长时间或反复受到一个或多个同伴的蓄意伤害，是学校背景下的一种特殊形式的攻击行为（Olweus，2013），具体可分为言语欺凌、身体欺凌、关系欺凌、网络欺凌四种。联合国教科文组织数据显示，近三分之一的学生（32%）至少在学校被同龄人欺负过一次（UNESCO，2019），而在我国，全国六省的调查数据显示，校园欺凌的发生率为32.4%（付卫东等，2021）。对此，党和国家高度重视，自2016年起出台了一系列有关校园欺凌防治的文件，如《教育部等九部门关于防治中小学生欺凌和暴力的指导意见》《防范中小学生欺凌专项治理行动工作方案》等。

校园欺凌会造成被欺凌者身体伤害、财产损失或精神损害等，严重妨碍其身心健康发展，已成为儿童青少年健康发展的最大威胁之一。研究显示，遭受欺凌的学生存在更多心理健康问题（如抑郁、焦虑）、行为适应问题（如自杀念头、自杀自伤行为、报复行为等）（Zhang & Jiang，2022）以及学业问题（如学业成就更低、辍学、逃学等）（Glew et al.，2005），并且这些负面影响会持续存在，在童年时期频繁遭受校园欺凌的个体在迈入中年之后仍面临更高风险的抑郁、焦虑、自杀倾向、经济困难、社交关系等社会与心理问题（Takizawa et al.，2014）。而对于校园欺凌的施害者，也更有可能出现越轨行为或成年期的犯罪行为（Klomek et al.，

2015)。可见，校园欺凌的预防与治理已成为值得关注的社会热点问题。

以往研究较多关注校园欺凌事件中的欺凌者与被欺凌者，近年来，研究者逐渐将焦点转向校园欺凌中的旁观者，即既非欺凌者也非被欺凌者、未直接参与欺凌事件的第三方。事实上，旁观者在校园欺凌中同样扮演着重要的角色，有80%以上的校园欺凌事件存在旁观者，给旁观者带来心理问题（如感到内疚、自责，出现抑郁、焦虑、创伤反应等）（Mazzone et al.，2016；Hutchinson，2012）。另外，旁观者如能对校园欺凌采取积极的干预行为[①]，如安慰被欺凌者、寻求成年人或他人的帮助、对抗欺凌等，将为被欺凌者提供保护和情感支持，有效防止校园欺凌、减轻负面影响（Eijigu & Teketel，2021；Padgett & Notar，2013）。相反，如旁观者漠视、袖手旁观、假装不知道，或是嘲笑、起哄，则会助长欺凌行为，甚至成为欺凌者的帮凶，使欺凌事件进一步升级恶化（Kärnä et al.，2011）。数据显示，旁观者干预能够有效制止50%以上的欺凌事件，然而，实际上仅有20%左右的旁观者会进行干预（Jenkins et al.，2018）。旁观者作为校园欺凌中数量远超欺凌者与被欺凌者的群体，对其介入的影响范围是最广的，如能将这股力量转化为积极干预校园欺凌的力量，将给校园欺凌防治带来极大助力。

旁观者在面对欺凌时的行为反应受诸多因素影响，包括群体因素如学校教育、群体规范、校园欺凌发生频率、同伴关系等（李缘、苏普玉，2022；石常秀等，2023），以及个体因素如性别、自我效能感、道德推脱、社交技能等（Gini et al.，2020；Jenkins & Nickerson，2019）。其中，旁观者的共情能力是一个重要的变量，共情能力更高的学生更有可能采取积极的干预行为（Deng et al.，2021）。共情指的是理解他人情绪、对他人情感感同身受的能力（Jolliffe & Farrington，2006），分为两个维度：情感共情（指对他人情绪做出类似情绪反应）和认知共情（指对他人情绪进行认知评价的能力）。一项三水平的元分析研究表明，共情水平与旁

[①] 为避免混淆，本研究中"干预"（intervention）一词对应旁观者干预（bystander intervention），也即旁观者对校园欺凌所采取的积极干预行为，以旁观者为研究对象所开展的干预研究（intervention）则统一以"介入"一词表述，以示区分。

观者干预存在紧密关联，且情感共情相比认知共情更能预测旁观者的干预行为（Deng et al.，2021）。也就是说，共情能力更高的旁观者能够体验到被欺凌者的情绪状态，识别被欺凌者的情感与需要，继而更有可能采取积极的干预行为。可见，提升旁观者的共情水平是促进其积极干预校园欺凌的一条可行路径。

国内现有针对校园欺凌的介入研究大多仍以欺凌者与受害者为主，作用于欺凌事件发生之后，目的是减轻欺凌事件带来的伤害，而针对旁观者的介入则更符合社会工作实务所强调的预防、发展的视角。然而，国内已有研究中针对旁观者的介入研究较少，提升旁观者的共情能力、促进其采取干预行为的研究则更为稀少。例如，罗丹和邹丽琼（2022）对初中校园欺凌旁观者开展团体辅导，有效提升了旁观者干预校园欺凌的倾向，然而该研究未考察共情的作用。佟欣（2021）探讨了初中生共情能力对校园欺凌旁观者保护行为的影响、旁观者保护行为的表现和形成原因，并使用团体辅导训练提升共情能力与反欺凌态度，然而该研究主要是出于教育学而非社会工作的视角。

因此，本研究选择校园欺凌旁观者为研究对象，以上海市 S 校七年级学生为例，以其需求为出发点，将认知行为治疗模式和旁观者干预五步模型作为主要理论依据，使用小组工作的实务方法，结合提升共情能力、促进旁观者干预行为的小组目标设计介入方案，探讨其在影响旁观者干预校园欺凌中的作用。本研究主要探究如下两个问题：（1）S 校七年级的校园欺凌与旁观者干预现状如何？存在哪些服务需求？（2）基于认知行为治疗模式与旁观者干预五步模型的小组工作对旁观者共情能力和干预欺凌倾向的影响效果如何？

二 理论视角

（一）认知行为治疗模式

该模式是以人的认知和行为作为关注焦点的治疗模式，有两个基本的理论假设。一是引起人们情绪和行为问题的不是事件本身，而是个体对于事件的解释和评价——个体的认知。在实务工作中，认知既是问题产生的关键，也是帮助个体摆脱困扰的要点所在。二是认知、情感和行为相互联系和影响，个体的行为能够增强情感和认知，改变个体的行为重点在于打破错误认知、情感和行为之间的恶性循环，形成新的认知、情感和行为之间的关联（Beck，2013）。认知行为治疗模式的常用技术包括放松训练、系统脱敏、模仿学习、角色扮演、决断训练、与不合理的信念辩论、合理情绪想象技术等，广泛用于儿童及青少年问题的社会工作实务中。

（二）旁观者干预五步模型

该模型于20世纪60年代末由Latané和Darley（1970）提出。旁观者干预五步模型认为，旁观者在做出干预行为时必须经历的五个阶段为：①注意到欺凌行为；②将欺凌定义为紧急情况；③承担干预欺凌的责任；④了解干预欺凌的方法；⑤采取干预行动。该模型不仅适用于校园欺凌的旁观者干预行为，也适用于其他暴力事件、性侵犯等（Nickerson et al.，2014）。五个阶段环环相扣、层层递进，每一阶段都会决定旁观者是否实施干预行为。例如，Burn（2009）考察了大学校园性侵犯旁观者的干预行为，发现干预模型中的五个阶段与干预行为均存在关联，并且研究表明五个阶段与认知共情、情感共情分别存在关联（Fredrick et al.，2020）。旁观者干预五步模型为促进旁观者干预欺凌提供了完整的思路，帮助旁观者提升五个阶段的干预能力，将增加干预行为发生的可能性，对解决校园欺凌问题具有重要意义。

从理论视角来看，旁观者干预五步模型与认知行为治疗模式有着较好的对应关系，其中"注意到欺凌行为"和"将欺凌定义为紧急情况"与个体对校园欺凌的认知有关，"承担干预欺凌的责任"与个体产生的情感有关，"了解干预欺凌的方法"和"采取干预行动"与个体采取的行为有关。旁观者干预五步模型的优势在于能够评估旁观者在每一阶段是否存在困难，而认知行为治疗模式则提供了具体方法和技术上的指引，如使用纠正不合理信念、理性情绪等技术对每一阶段存在的错误认知、不合理情感进行纠正，使用角色扮演、决断训练等技术帮助旁观者学习新的行为，从而提升旁观者的认知共情与情感共情水平，以促进干预欺凌的行为倾向。综合认知行为治疗模式和旁观者干预五步模型，本研究的总体理论框架如图1所示。

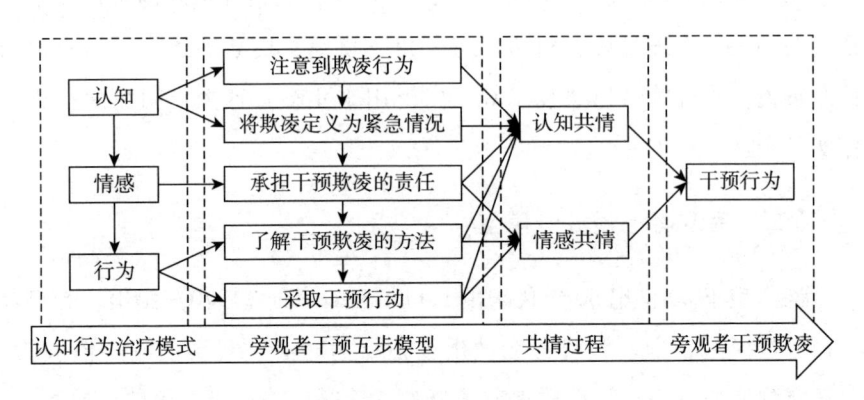

图1 本研究理论框架

三 研究思路与方法

（一）总体研究思路

本研究以旁观者干预五步模型为主要理论依据，以认知行为治疗模式指导实务工作与小组活动设计，以上海市 S 校七年级学生为研究对象，运用小组工作的实务方法介入学生中的校园欺凌旁观者，以期提升旁观者的共情能力，引导旁观者主动干预校园欺凌事件，避免校园欺凌事件的发生，阻止其进一步造成恶劣影响。

本研究采用混合研究方法，以获得更为综合全面的研究视角。研究共包含两个步骤：步骤一为需求评估与小组工作方案设计，采用问卷法和访谈法了解上海市 S 校七年级的校园欺凌现状和旁观者服务需求，结合认知行为治疗模式和旁观者干预五步模型设计小组工作方案；步骤二为小组工作的实施与成效评估，采用随机对照组实验法将实验对象分配至实验组和对照组，结合问卷法和访谈法对小组工作的介入效果进行定量和定性分析，以探讨提升旁观者共情能力和促进干预行为的小组工作在校园欺凌防治中的实务价值。

（二）研究对象

本研究在上海市 S 校开展，该校是一所公办九年一贯制学校，现有 9 个年级共 43 个班级。本研究选取七年级学生为目标群体（研究对象选取流程如图 2 所示），原因有三：①小学和初中阶段是校园欺凌的高发时期，青少年易受到来自网络媒体和朋辈行为的负面影响、习得不良行为，同时青少年的错误认知和行为也容易被纠正和重塑；②研究者在前期实务过程中了解到该校七年级的校园欺凌问题较为严重，亟待介入解决；③七年级学生相较于低年级学生具备更强的理解力和自制力，有利于小组工作的开展。

本研究步骤一中问卷调查的研究对象从七年级各班随机抽取，S 校七年级现有 7 个班级，学生共计 343 人，按照 S 校七年级学生总数与抽样人数 4∶1 的比例共发放问卷 86 份，回收问卷 86 份，回收率为 100%，其中男生 33 名（38.4%），女生 53 名（61.6%），平均年龄为 13.05±0.24（M±SD）岁。访谈对象由问卷调查筛选而来，选取曾经目睹过校园欺凌的旁观者 27 人开展半结构式访谈，以深入进行需求评估。27 人中男生 9 人（33.3%）、女生 18 人（66.7%），平均年龄为 13.07±0.27（M±SD）岁。

本研究步骤二中的研究对象来自上述 27 位旁观者，入选标准为：①曾目睹过校园欺凌；②自愿参与小组活动；③无其他严重身体疾病或精神困扰。排除标准为：①曾有过欺凌他人或被他人欺凌的经历；②不愿意参与小组活动；③课程时间安排不匹配；④存在其他严重身体疾病或精神困扰。最终得到 20 人作为研究对象，随机分配至实验组和对照组，每组各 10 人，其中实验组男生 2 名（20.0%），女生 8 名（80.0%），年龄均为 13 岁；对照组男生 3 名（30.0%），女生 7 名（70.0%），平均年龄为 13.1±0.32（M±SD）岁。两组在性别、年龄、共情得分、旁观者干预倾向上均无显著差异（$p>0.05$）。在伦理上，本研究可能伤害了对照组的权利和利益，因此在完成对实验组的小组工作后，对照组将接受同样的介入。

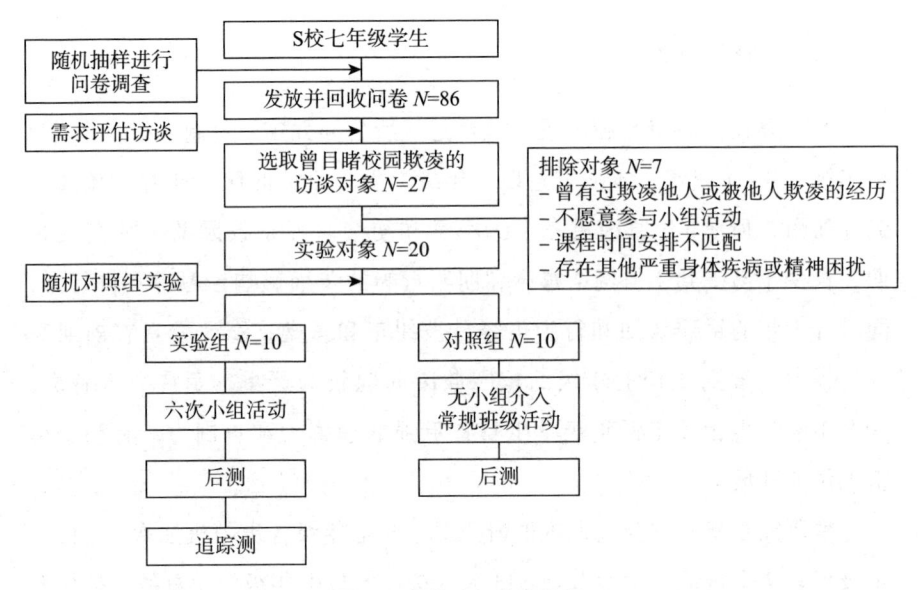

图 2　研究对象选取流程

（三）介入设计

采用随机对照组实验法进行小组工作介入，干预流程如图 2 所示，实验组成员接受旁观者干预欺凌成长教育小组六次活动，对照组无小组介入，参加常规班级活动。将前期需求调研获取的《基本共情量表》《校园欺凌旁观者干预量表》得分作为前测，在对实验组完成介入后，对两组再次使用《基本共情量表》《校园欺凌旁观者干预量表》进行定量数据测查，并开展质性访谈评估，作为后测。对实验组在介入结束 2 个月后使用《基本共情量表》《校园欺凌旁观者干预量表》进行追踪测。具体介入方案见后文"小组工作设计与介入服务"。

(四) 资料收集方法与工具

1. 基本情况问卷

该问卷为本研究自编,用于了解研究对象的基本信息(性别、年龄)、是否有过校园欺凌的经历、是否曾经目睹校园欺凌、参与后续访谈与小组活动的意愿等。

2. 校园欺凌旁观者经历半结构式访谈提纲

访谈提纲由研究者围绕研究问题与服务对象的需求制定,包括受访者曾经目睹校园欺凌的经历、对校园欺凌的态度与认识、目睹校园欺凌时感受与反应、是否干预校园欺凌及其原因以及干预校园欺凌的方法。在受访者签署知情同意书后,对访谈进行全程录音。

3. 基本共情量表 (the Basic Empathy Scale,BES)

该量表由 Jolliffe 和 Farrington (2006) 编制,由李晨枫等 (2011) 进行了中文版的修订,量表由 20 个条目组成,包括认知共情 (9 个条目) 和情感共情 (11 个项目) 两个分量表,每个条目均采用 5 点正向计分 (1 = 完全不同意,5 = 完全同意),总分在 20~100,得分越高表明共情程度越高。中文修订版的内部一致性系数 Cronbach's α = 0.78,其中认知共情 Cronbach's α = 0.75,情感共情 Cronbach's α = 0.72。

4. 校园欺凌旁观者干预量表 (Bystander Intervention in Bullying)

该量表由 Jenkins 和 Nickerson (2016) 在旁观者干预五步模型的理论基础上编制,由游志麒等 (2020) 进行了中文版的修订。量表包含 5 个维度 16 个条目,分别为旁观者注意到校园欺凌事件(注意)、将其解释为突发事件(解释)、是否要承担行动的责任(责任)、是否具有进行干预的能力(能力)和采取行动(干预),每个条目均采用 5 点正向计分 (1 = 完全不赞同,5 = 完全赞同),总分在 16~80,得分越高表明干预校园欺凌的倾向越高。中文修订版的内部一致性系数 Cronbach's α = 0.83,各维度 Cronbach's α = 0.67~0.81,重测信度在 0.50~0.74。

5. 小组成效评估半结构式访谈提纲

访谈提纲由研究者围绕服务对象的需求与小组工作制定,包括小组内容、形式、组员收获等，用于评估小组工作的成效。访谈过程在受访者签署知情同意书后全程录音。

（五）资料分析方法与工具

采用 SPSS 24.0 统计软件进行量化数据的分析，采用独立样本 t 检验和卡方检验统计实验组与对照组在人口学变量和问卷得分上的差异，采用 Pearson 相关分析共情水平与旁观者干预水平之间的关联，采用重复测量方差分析和多元方差分析统计两组前后测与追踪测的数据，如有显著的交互作用，则进一步分析简单主效应。如分析结果违反 Bartlett's 球形检验，则采用 Greenhouse-Geisser 方法校正自由度，成对比较均采用 Bonferroni 校正。所有统计检验均设置 $p=0.05$ 的 α 水平，即 $p<0.05$ 视为达到统计显著性。

对于质性访谈资料，研究者首先对录音资料进行文本转录，依据旁观者干预五步模型和访谈提纲将每位受访者的回答予以分类和归纳，针对关键信息进行编码，形成质性分析结果。

四 小组前期需求评估

（一）S校七年级校园欺凌及旁观者干预的现状调查

问卷结果显示，86 位调查对象中，32 人（37.2%）报告曾目睹过校园欺凌事件，3 人（3.5%）报告曾实施过校园欺凌行为，14 人（16.3%）报告曾遭受过校园欺凌，曾目睹、实施、遭受校园欺凌人数总计为 49 人（57.0%），表明 S 校七年级中存在校园欺凌现象。

在 32 位报告曾目睹过校园欺凌事件的旁观者中，10 人（31.3%）表示在目睹欺凌时会选择积极干预，而 22 人（68.8%）选择了放任欺凌、忽视欺凌或煽风点火等行为，成为消极旁观者。后者的数量是前者的两倍多，说明 S 校七年级旁观者积极干预校园欺凌的比例不高，存在社会工作者开展介入工作的空间。

在共情能力与旁观者干预行为之间关联方面，本研究测量了认知共情、情感共情与旁观者干预的五个维度，并进行了相关分析，结果如表1所示。认知共情与旁观者干预的五个维度均呈显著正相关（$r=0.25\sim0.59$，p均小于0.05），情感共情与旁观者干预的三个维度（承担责任、了解方法与采取干预行动）呈显著正相关（$r=0.26\sim0.34$，p均小于0.05），也就是说，旁观者的共情能力越强，采取积极干预行动的可能性越大，与以往研究的结果相符（Fredrick et al.，2020；Jenkins & Nickerson，2019），可见，在对旁观者的介入中融入共情能力的提升将有助于促进其积极干预校园欺凌。

表1 共情能力与旁观者干预的相关分析

变量	$M\pm SD$	1	2	3	4	5	6
1. 认知共情	28.71±3.17	—					
2. 情感共情	30.35±4.09	0.33**	—				
3. 注意到欺凌	7.61±3.82	0.25*	0.13	—			
4. 定义为紧急情况	13.21±1.53	0.33**	0.08	0.23	—		
5. 承担责任	9.29±3.0	0.50**	0.26*	0.31*	0.56**	—	
6. 了解方法	7.51±2.62	0.59**	0.34**	0.09	0.39**	0.76**	—
7. 采取干预行动	13.0±3.64	0.37**	0.26*	0.07	0.40**	0.58**	0.69**

* $p<0.05$，** $p<0.01$。

（二）旁观者干预校园欺凌的需求评估

根据问卷调查的结果，选取曾有目睹校园欺凌经历的旁观者27人开展半结构式访谈，访谈结果显示旁观者存在以下几方面的服务需求。

1. 提升对受害者感同身受的共情能力

一些旁观者表现出对受害者的情感冷漠，无法体会其感受，导致不仅难以准确认识到校园欺凌的存在，而且无法全面地认识到校园欺凌可能会带来的情感伤害，因此更容易采取忽视、袖手旁观的消极行为。

> S4：G 同学有抑郁症，其他同学基本上把"抑郁"这个词理解为黑化，他们给她起外号，虽然她一直很反感这样的称呼，但是大家都不在乎，还是会这样叫她。
>
> S3：校园欺凌对别的同学的影响我不知道，因为大家好像都没有变化。

由此可见，帮助旁观者提升对受害者感同身受的共情能力是服务需求之一，将促进其积极干预校园欺凌。

2. 准确识别校园欺凌行为的需求

通过访谈发现，多数旁观者无法准确识别校园欺凌行为。例如，有旁观者将关系欺凌中的冷暴力行为简单理解为"不愿意交朋友"，忽略了情感忽视与孤立造成的心理压力；也有旁观者表示不知道如何判断什么样的行为属于校园欺凌。

> S1：我分不清楚同学有没有在欺凌。她总是突然吓我们，还会很用力地拍打我们……我不知道这样算不算校园欺凌。

可见，旁观者需要学习分辨校园欺凌行为，提高对校园欺凌特征、表现形式、发生场所等内容的认知水平。

3. 了解欺凌危害的需求

由于一些旁观者将校园欺凌看作同伴间的社交问题，弱化了对校园欺凌危害的认识。而即便有旁观者观察到校园欺凌的存在，也表示不清楚校园欺凌会带来怎样的危害，难以在情感上引起对受欺凌者的重视。

> S2：我没有经历过（发生在自己身上的）校园欺凌，所以我不是很清楚它的危害，但我能够猜测一些影响，会让遭受欺凌的同学难过、自闭、抑郁等。
>
> S3：我观察过被欺凌的同学，他会很安静，逃避欺负他的同学，只和愿意跟他接触的同学玩。但是我也不知道他心里是怎么想的。

访谈结果表明，尽管旁观者承认遭受校园欺凌对被欺凌者存在负面影响，但缺乏对校园欺凌危害的全面了解与思考，因此提高旁观者对校园欺凌危害的认识、提升共情能力也是服务需求之一。

4. 直面个体责任的需求

一旦旁观者意识到校园欺凌及其危害，下一步就需要承担做出干预的个人责任。然而，当有其他旁观者在场时，旁观者效应的存在使责任分散于群体中，个体认为会有其他人采取行动，而非自己的责任。另外，大范围的校园欺凌也加剧了责任的分散。

S4：因为大家都在喊 G 同学的外号，就不担心被老师说了。我很纠结，我知道这样不好，很伤害 G，但是大家都这样对她。

旁观者出于对欺凌的恐惧，选择漠视欺凌行径或随大溜施加欺凌行为是常见的反应，因此帮助旁观者认识到个体责任才能进一步采取干预行动，这也是服务需求之一。

5. 学习干预校园欺凌事件方法的需求

旁观者在目睹校园欺凌后选择漠视，原因之一在于不清楚能求助的对象、不知道如何有效阻止欺凌行为，并且害怕会对自身产生负面影响、被欺凌者报复和针对。

S5：发现的时候我人都傻了，没想过身边会发生这样的事情，事实上我也不知道怎么做才能既帮助同学又不影响到自己。

S6：我对欺凌越关注，被欺负的感觉就会越多，而且我也不知道这是校园欺凌，就感觉很不舒服。我想去找老师又害怕被发现，就几个同学在场的话谁去找老师一下就知道了！被发现（的话）肯定也会被针对。

可见，旁观者需要学习和掌握干预欺凌的正确方法、避免受欺凌波及，也需要了解可寻求的资源和求助方式。

6. 克服恐惧心理、增强干预信心的需求

旁观者干预的最后一步是采取行动，然而，对被欺凌的恐惧、对潜在风险和个人成本的认知以及对有效干预的信心缺乏使旁观者在面对校园欺凌时瞻前顾后、犹豫不决，难以采取行动。

S7：我不相信自己能够成功干预欺凌，我没有经验。

S8：我不敢尝试制止欺凌者的行为，我在想如果我的行为没有想象中的效果，他们会不会把目标转到我身上，或者我的行为会增加他们的行为，因为我不是权威，我只是个学生。

S9：虽然我也想帮助同学，但是我也害怕我的行为会影响到他们，加重欺凌。如果帮不上忙反而伤害到他们就太糟糕了！

由访谈结果可见，帮助旁观者克服恐惧心理、增强干预校园欺凌的信心也是服务需求之一。

五 小组工作设计与介入服务

（一）小组介入目标

基于前期需求评估的结果，制定小组的总体介入目标：提升组员的共情能力、增强组员积极干预校园欺凌的倾向。具体目标包括：①认识校园欺凌及其危害；②提升应对欺凌危机的能力，掌握应对方法；③增强干预校园欺凌的信心；④提升对受欺凌者的认知共情和情感共情能力。

（二）小组实施

从2022年11月中旬至12月下旬，在S校心理活动室连续开展6次封闭式小组活动，每次时长为1.5小时，10名组员加入后均至少参加5节小组活动。小组活动频率原定为每周一次，其中第五次、第六次活动

受新冠疫情影响,频率调整为一周两次,其余均为每周一次。小组带领者为上海大学社会工作系硕士研究生。

(三) 小组方案设计

小组名为"防欺凌,携手成长"旁观者成长教育小组,结合前期需求调研,以旁观者干预五步模型为理论依据,以认知行为治疗模式为实务指导,融入旁观者共情能力提升和积极干预校园欺凌的小组目标与理念,设计小组活动方案。每次小组活动主题基于旁观者干预欺凌的五个步骤,分别为识别欺凌、了解欺凌、承担责任、掌握技巧、实施干预、总结与告别,并在其中融入提升共情能力的活动设计。6次小组活动的具体目标与内容如表2所示。

表2 "防欺凌,携手成长"旁观者成长教育小组活动方案

单元	活动名称	活动目标	活动内容
一	识别欺凌	1. 破冰,促进组员之间的认识与信任; 2. 认识校园欺凌,对其形成正确的概念; 3. 辨识校园欺凌的形式,澄清关于校园欺凌的迷思; 4. 帮助组员获得分辨校园欺凌的能力	1. 分发知情同意书、制定小组契约 2. 破冰与自我介绍 3. 校园欺凌初印象 4. 校园欺凌知多少
二	了解欺凌	1. 认识校园欺凌的危害; 2. 澄清关于校园欺凌危害的迷思; 3. 增强组员分析校园欺凌事件危害的能力; 4. 引导组员理解欺凌者、被欺凌者和旁观者的心理感受	1. 热身活动:站得稳 2. 欺凌危害知多少 3. 小小法官判欺凌
三	承担责任	1. 引导组员分享作为旁观者的经验,辨析旁观者的类型; 2. 澄清"旁观者干预就一定会遭到打击报复"的迷思; 3. 分享作为旁观者干预校园欺凌行为的感受; 4. 认识旁观者干预校园欺凌的影响	1. 热身活动:彩虹蹲 2. 走进旁观者 3. 我是旁观者 4. 辩辩旁观者

续表

单元	活动名称	活动目标	活动内容
四	掌握技巧	1. 增强组员的助人信念； 2. 催化组员表达内心真实想法，协助组员表达内心的恐惧和不安； 3. 帮助组员掌握干预欺凌的技巧； 4. 认识不同解决方法给自我和他人带来的感受与影响，思考安全的解决策略	1. 热身活动：大风吹，小风吹 2. 情景再现 3. 动脑筋
五	实施干预	1. 运用掌握的因应技巧实际演练； 2. 了解组员在面对干预欺凌危机时的心理反应和动力； 3. 了解校园欺凌的求助渠道	1. 热身活动：交换名字 2. 干预欺凌我来试 3. 谁能来帮忙
六	总结与告别	1. 总结小组经验； 2. 回顾干预欺凌活动的技巧和策略，检验小组成员独立分析案例的能力； 3. 检验小组成员对欺凌的共情能力； 4. 处理离别情绪	1. 热身活动：猜猜我是谁 2. 再看欺凌 3. 再见欺凌

六 小组工作成效评估

（一）介入效果的量化分析

Shapiro-Wilk 正态性检验显示，实验组与对照组的前后测及追踪测数据均符合正态性分布（p 均大于 0.05），故采用方差分析进行后续统计分析。

1. 小组工作对共情能力的介入效果

为检验小组工作的介入效果，以共情能力（基本共情量表得分）为因变量，时间（前测 vs. 后测）为组内因变量，组别（实验组 vs. 对照组）为组间因变量，进行两因素混合重复测量方差分析。结果显示，时间和组别的交互作用显著（$F=8.68$，$p<0.01$），简单主效应检验显示，实验组的前测得分（$M=59.60$，$SD=5.19$）与后测得分（$M=64.30$，$SD=2.58$）差异显著（$F=16.64$，$p<0.001$），即实验组在接受小组工作的介入后，共情能力显著提高，而对照组的前测得分（$M=59.40$，$SD=6.92$）

与后测得分（$M=59.30$，$SD=6.80$）无显著差异（$F=0.008$，$p=0.93$）。此外，实验组与对照组的前测得分无显著差异（$F=0.003$，$p=0.96$），后测得分差异显著（$F=18.72$，$p<0.001$），表示相比常规班级活动，对实验组的小组工作介入能够显著提升共情能力。两组得分的前后测比较如图3所示。

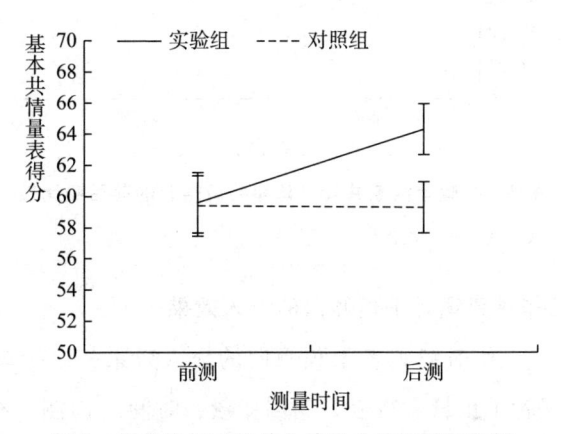

图3 实验组与对照组共情能力的前后测比较

说明：误差线表示标准误。

为进一步探究实验组的共情能力在介入前后的变化，分别以情感共情能力（情感共情分量表得分）、认知共情能力（认知共情分量表得分）两个维度为因变量，时间（前测 VS 后测）为组内因变量，进行多元重复测量方差分析。结果显示，时间的主效应显著（$F=23.55$，$p<0.001$），其中实验组的认知共情的前测得分（$M=25.70$，$SD=2.98$）与后测得分（$M=31.50$，$SD=2.01$）差异显著（$F=39.02$，$p<0.001$），情感共情的前测得分（$M=33.90$，$SD=2.82$）与后测得分（$M=32.80$，$SD=1.48$）无显著差异（$F=1.20$，$p=0.30$），即实验组组员在接受小组工作的介入后，认知共情能力得到了显著提升，而情感共情能力没有显著变化。实验组情感共情、认知共情得分的前后测比较如图4所示。

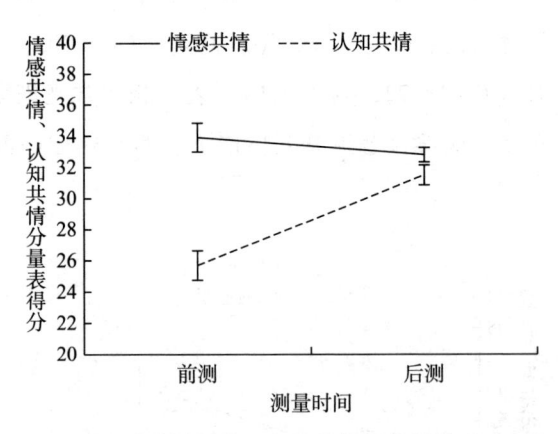

图 4 实验组情感共情、认知共情得分的前后测比较

说明：误差线表示标准误。

2. 小组工作对旁观者干预倾向的介入效果

为检验小组工作对旁观者干预倾向的介入效果，以旁观者干预倾向（校园欺凌旁观者干预量表得分）为因变量，时间（前测 VS 后测）为组内因变量，组别（实验组 VS 对照组）为组间因变量，进行两因素混合重复测量方差分析。结果显示，时间和组别的交互作用显著（$F = 100.41$，$p<0.001$），简单主效应检验显示，实验组的前测得分（$M = 43.00$，$SD = 5.52$）与后测得分（$M = 67.80$，$SD = 3.12$）差异显著（$F = 221.77$，$p<0.001$），即实验组在接受小组工作的介入后，旁观者干预得分显著提高，而对照组的前测得分（$M = 41.90$，$SD = 5.17$）与后测得分（$M = 43.10$，$SD = 4.56$）无差异显著（$F = 0.52$，$p = 0.48$）。此外，实验组与对照组的前测得分无显著差异（$F = 1.37$，$p = 0.32$），后测得分差异显著（$F = 146.67$，$p<0.001$），表示相比常规班级活动，对实验组的小组工作介入能够显著提升旁观者的干预倾向。两组得分的前后测比较如图5所示。

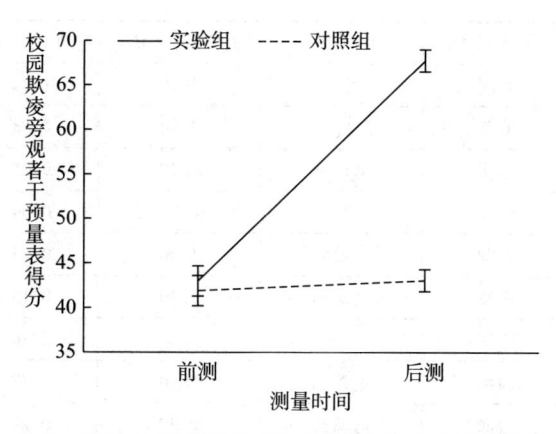

图 5　实验组与对照组旁观者干预水平的前后测比较

说明：误差线表示标准误。

为进一步探究实验组的旁观者干预倾向在小组工作介入前后的变化，并检验小组介入的维持效果，以校园欺凌旁观者干预量表中的五个维度及量表总分分别作为因变量，时间（前测 VS 后测 VS 追踪测）为组内因变量，进行多元重复测量方差分析。结果显示，时间的主效应显著（$F=21.94$，$p<0.001$），五个维度及量表总分的后测分数均显著高于前测分数，且追踪测分数与后测分数无差异显著（统计结果见表 3 和表 4），可见，小组工作对旁观者干预水平的提升是有效且多维度的，能够带来良好的持续性影响。

表 3　实验组校园欺凌旁观者干预量表五维度得分前测、后测、追踪测比较

维度	前测 ($M\pm SD$)	后测 ($M\pm SD$)	追踪测 ($M\pm SD$)	F 值	p 值
识别欺凌	5.70±2.87	9.40±2.01	9.60±1.65	10.65	0.014
了解欺凌	12.80±1.40	14.10±0.74	13.80±1.03	5.83	0.039
承担责任	7.20±2.30	12.60±1.17	12.80±0.63	47.64	<0.001
掌握技巧	5.90±1.29	13.50±0.97	13.40±0.70	190.74	<0.001
实施干预	11.40±2.17	18.20±1.81	18.40±1.35	108.27	<0.001
量表总分	43.00±5.52	67.80±3.12	68.00±3.13	113.51	<0.001

表 4 前测、后测、追踪测得分的两两比较

维度	时间点 1	时间点 2	均值差异（MD）	标准误（SE）	p 值
识别欺凌	前测	后测	3.70	1.22	0.43
	前测	追踪测	3.90	1.08	0.17
	后测	追踪测	0.20	0.25	0.99
了解欺凌	前测	后测	1.30	0.54	0.12
	前测	追踪测	1.00	0.63	0.45
	后测	追踪测	0.30	0.15	0.24
承担责任	前测	后测	5.40	0.76	<0.001
	前测	追踪测	5.60	0.78	<0.001
	后测	追踪测	0.20	0.29	0.99
掌握技巧	前测	后测	7.60	0.54	<0.001
	前测	追踪测	7.50	0.52	<0.001
	后测	追踪测	0.10	0.18	0.99
实施干预	前测	后测	6.80	0.61	<0.001
	前测	追踪测	7.00	0.67	<0.001
	后测	追踪测	0.20	0.25	0.99
量表总分	前测	后测	24.80	2.28	<0.001
	前测	追踪测	25.00	2.37	<0.001
	后测	追踪测	0.20	0.36	0.99

（二）介入效果的质性分析

根据小组结束后对实验组成员的访谈结果，小组工作在以下方面带来了改变。

1. 提升共情能力，对受欺凌者感同身受

小组活动中通过换位思考、情绪识别与分析、角色扮演等活动，增强了组员的共情能力，使其能够从认知和情感两个维度认识到校园欺凌带来的伤害，进而更愿意帮助受欺凌者、采取积极的干预行为。

C7：（我认识到）被欺凌者会自我否定，可能受到欺凌后会欺凌他人变成施暴者，以后被欺凌者看到欺凌行为也不关心。

C1：在（模拟案例中）被打时，感到比较伤心、生气，明明是对方的错。在被帮助时，感到生气的心情降下去了，很感谢同学的帮助。希望别人能换位思考自己的处境。被打的那刻希望有人伸张正义。

2. 纠正错误认知，认识校园欺凌

小组工作中通过修正组员的错误迷思、重塑组员认知，帮助旁观者形成对校园欺凌类型、组成、发生地、形式等的现实认知。

C4：以前分不清楚校园欺凌和同学之间的碰撞，经过小组活动后我理解了它们的区别。

3. 了解校园欺凌的危害，界定为紧急情况

通过使用"合理的情绪想象""重塑认知"等技术，组员认识到校园欺凌的危害性，直面漠视、放纵欺凌引起的危害，建立了"校园欺凌急需干预"的认知。

C10：不干预校园欺凌的话，校园欺凌不会因此消失，有可能会越来越严重，因此在看到校园欺凌后要及时干预。
C5：我以前只想过校园欺凌对被欺凌者的伤害，没想到校园欺凌对欺凌者和旁观者都有着不利影响。

4. 承担个体责任，了解责任分散的危害

使用"与不合理的信念辩论""系统脱敏"等技术，帮助组员释放对校园欺凌的恐惧，了解责任分散的危害，使其能够积极承担个体干预校园欺凌的责任。

C5：我感觉自己比以前更勇敢，没有那么害怕校园欺凌了，我相信如果遇见了校园欺凌，我有责任也有能力去克服。

C9：通过学习"旁观者效应"，我认识到责任分散对干预欺凌的影响，如果我产生了想要帮助被欺凌者的想法，就应该去做，不能犹豫，否则，其他人也会受到我的影响而不去做。

5. 了解求助渠道，学习干预技巧

采用"角色扮演""系统脱敏"等方法，促进组员掌握作为旁观者干预欺凌的相应技巧，并了解发现欺凌事件时可以寻求帮助的渠道与资源。

C1：在小组里我体验了一次如何解决欺凌事件，以后面对类似的事情我会从这次小组中学到的知识出发，尝试解决欺凌事件。

C7：我学到了很多知识，让我不害怕校园欺凌了，因为我掌握了很多办法去保护自己和同学。

6. 体验旁观者干预，增加经验与增强信心

小组活动中通过角色扮演等方法模拟演练了具体案例，组员预演了面对欺凌时的介入状况，使用在小组中学习的干预技巧尝试终止欺凌，增加了个人经验，增强了其信心。

C6：我学习到了在别人被欺凌时我能做的事情，我相信自己能够帮到别人。

C8：通过练习干预欺凌，我使用了在小组中学到的技巧和方法，熟悉了干预欺凌的方法和注意事项，增加了我的经验。

七 讨论与反思

（一）小组工作提升旁观者共情能力与干预校园欺凌倾向

本研究运用小组工作的实务方法提升旁观者共情能力与干预校园欺

凌倾向。首先利用问卷法与访谈法了解 S 校七年级的校园欺凌现状,分析旁观者的服务需求,以此为导向制定小组工作目标,并结合认知行为治疗模式和旁观者干预五步模型的理论视角设计小组介入方案。研究中筛选出 20 名符合条件的研究对象,采用随机对照组实验法分配至实验组和对照组,对实验组的介入结果表明小组目标得以达成。本研究回答了提出的两个研究问题。

(1) S 校七年级存在校园欺凌问题,旁观者干预的比例不高,旁观者的服务需求包括:提升共情能力、准确识别校园欺凌行为、了解欺凌危害、直面个体责任、克服恐惧心理与增强干预信心。

(2) 结合认知行为治疗模式和旁观者干预五步模型所设计的小组工作方案能够有效提升旁观者的共情能力,尤其是认知共情能力,且显著增强旁观者干预欺凌的倾向。此外,小组工作回应了前期调查所呈现的各方面服务需求。

首先,前期调查表明,S 校七年级存在校园欺凌问题,总计 57.0%的调查对象曾目睹、实施、遭受过校园欺凌,37.2%的调查对象是校园欺凌的旁观者,然而仅不到三分之一(31.3%)的旁观者会选择积极干预,这一结果与以往研究是一致的(Jenkins et al.,2018),也凸显了对旁观者进行介入的重要价值。此外,旁观者的共情能力与干预校园欺凌水平呈显著正相关,符合以往研究结果(Fredrick et al.,2020;Jenkins & Nickerson,2019),即旁观者的共情能力越强,采取积极干预行动的可能性越大。可见,在对旁观者的介入中融入共情能力的提升将有助于促进其积极干预校园欺凌。

其次,本研究结合认知行为治疗模式和旁观者干预五步模型设计了小组工作方案,关注个体认知的改变、情感的转化以及行为的学习,通过修正组员的错误认知、角色扮演、学习干预技巧、演练干预欺凌事件等方法,以认知影响情感,以情感改变行为,以实现介入效果。值得注意的是,本研究中实验组的认知共情得分显著上升,然而情感共情得分未有显著变化,其原因可能在于:第一,相较于认知维度,情感维度的变化可能需要更长的时间,而本研究开展的小组工作前后跨度仅不到六周；第二，情感共情容易受到压力、焦虑等负面情绪状态的影响（郭晓栋等，2023），完成小组工作进行后测的时间点临近 S 校期末考试阶段，学生的学业压力所带来的情绪扰动可能影响了情感共情得分。

最后，本研究的小组方案设计从识别欺凌的形式、了解欺凌的危害、承担干预欺凌的责任、学习干预欺凌的技巧和演练干预欺凌的实况五个角度入手，让组员在参与小组的过程中切实学习旁观者干预校园欺凌的具体步骤。相比对照组，实验组的旁观者干预得分显著提升，在识别校园欺凌、了解欺凌的危害、承担个体责任、掌握干预技巧、实施干预行为五个维度上均有显著提高，并且在两个月后的追踪测中保持了介入效果，表明小组工作对旁观者干预水平的提升是有效且多维度的，能够带来良好的持续性影响。以往研究显示，旁观者如能对校园欺凌采取积极的干预行为，能够保护被欺凌者，提供情感支持，也能有效制止校园欺凌，避免负面影响的扩散（Eijigu & Teketel, 2021; Padgett & Notar, 2013）。

因此，本研究结果提示，提升旁观者的共情水平、促进其积极干预校园欺凌是预防和治理校园欺凌的一条可行路径。

（二）研究反思

诚然，本研究存在一些局限和不足。首先，本研究选取 S 校七年级学生进行前期调查，并从中筛选介入对象，样本量较小，故在推广本研究结论时需要谨慎。但是，本研究对实验组共情能力和旁观者干预得分的介入效果显著，表明这一路径是可行且有效的。后续研究可以扩大样本量，针对不同社会环境中的学生（如农村地区、留守儿童等）展开研究，以验证本研究结论的学术意义与实务价值。其次，本研究中对资料的收集主要依赖于研究对象的主观报告，无法完全排除社会赞许性的影响，并且受现实条件的局限，难以观察其在面临真实校园欺凌事件时的自然反应，后续研究可以纳入学生班主任、家长等其他主体作为收集资料的来源，以获得更为真实、客观的评估。

在开展实务工作的过程中，研究者对小组工作的设计与实施也有以下反思。第一，针对初中生的小组工作在活动设计上应符合青少年发展阶段的年龄特点，如在注意力方面，初中生不像成年人能够保持较长时间的集中注意力状态，容易出现走神、开小差、私下交谈等妨碍小组过程的情况，在活动设计上需要融入丰富的形式，如角色扮演、课堂辩论等，增强互动性、调动积极性和兴趣，从而提升小组介入的效果。第二，在针对校园欺凌旁观者的介入中，应把握探讨校园欺凌的尺度，如在案例讨论、角色扮演等环节中，不宜详细描述欺凌行为的细节，以减少可能给组员带来的间接创伤、避免模仿行为的发生。

参考文献

Beck, J.S., 2013,《认知疗法：基础与应用》（第二版），张怡等译，北京：中国轻工业出版社。

曹霞，2017,《认知行为疗法在药物滥用人员小组工作中的实践与应用——以知与行药物滥用认知行为改变小组为例》，载范明林等主编《都市社会工作研究》第二辑，北京：社会科学文献出版社。

付卫东、周威、李伟、陈安妮，2021,《校园欺凌如何治理》，《中国青年报》2021年11月1日。

郭晓栋、郑泓、阮盾、胡丁鼎、王毅、王艳郁、陈楚侨，2023,《认知和情感共情与负性情绪：情绪调节的作用机制》，《心理学报》第6期。

李晨枫、吕锐、刘洁、钟杰，2011,《基本共情量表在中国青少年群体中的初步修订》，《中国临床心理学杂志》第2期。

李缘、苏普玉，2022,《校园欺凌事件旁观者不作为行为研究进展》，《中国学校卫生》第10期。

罗丹、邹丽琼，2022,《预防校园欺凌的团体干预研究——基于旁观者的干预》，《教育测量与评价》第2期。

石常秀、代晨辉、辛宇、赵小军，2023,《初中生良好同伴关系对其积极干预欺凌行为的影响：有调节的中介模型》，《中国健康心理学杂志》第11期。

佟欣，2021,《初中生共情对校园欺凌中旁观者保护行为的影响及干预研究》，硕士学位论文，赣南师范大学。

游志麒、徐钰、张陆，2020，《校园欺凌旁观者干预量表在初中生群体中的信效度检验》，《中国临床心理学杂志》第 1 期。

Burn, S. M. 2009. "A Situational Model of Sexual Assault Prevention through Bystander Intervention." *Sex Roles* 60: 779-792.

Deng, X., Yang, J., & Wu, Y. 2021. "Adolescent Empathy Influences Bystander Defending in School Bullying: A Three-Level Meta-Analysis." *Frontiers in Psychology* 12: 690898.

Eijigu, T. D. & Teketel, S. Z. 2021. "Bullying in Schools: Prevalence, Bystanders' Reaction and Associations with Sex and Relationships." *BMC Psychology* 9: 183.

Fredrick, S. S., Jenkins, L. N., & Ray, K. 2020. "Dimensions of Empathy and Bystander Intervention in Bullying in Elementary School." *Journal of School Psychology* 79: 31-42.

Gini, G., Thornberg, R., & Pozzoli, T. 2020. "Individual Moral Disengagement and Bystander Behavior in Bullying: The Role of Moral Distress and Collective Moral Disengagement." *Psychology of Violence* 10 (1): 38-47.

Glew, G. M., Fan, M. Y., Katon W. et al. 2005. "Bullying, Psychosocial Adjustment, and Academic Performance in Elementary School." *Archives of Pediatrics & Adolescent Medicine* 159 (11): 1026-1031.

Hutchinson, M. 2012. "Exploring the Impact of Bullying on Young Bystanders." *Educational Psychology in Practice* 28 (4): 425-442.

Jenkins, L. N., Fredrick, S. S., & Nickerson, A. B. 2018. "The Assessment of Bystander Intervention in Bullying: Examining Measurement Invariance Across Gender." *Journal of School Psychology* 69: 73-83.

Jenkins, L. N. & Nickerson, A. B. 2016. "Bullying Participant Roles and Gender as Predictors of Bystander Intervention." *Aggressive Behavior* 43 (3): 281-290.

Jenkins, L. N. & Nickerson, A. B. 2019. "Bystander Intervention in Bullying: Role of Social Skills and Gender." *The Journal of Early Adolescence* 39 (2): 141-166.

Jolliffe, D. & Farrington, D. P. 2006. "Development and Validation of the Basic Empathy Scale." *Journal of Adolescence* 29: 589-611.

Klomek, A. B., Sourander, A., & Elonheimo, H. 2015. "Bullying by Peers in Childhood and Effects on Psychopathology, Suicidality, and Criminality in Adulthood." *Lancet Psychiatry 2: 930-941.

Kärnä, A., Voeten M., Little, T. D., Poskiparta, E., Kaljonen, A., & Salmivalli, C. 2011. "A Large-Scale Evaluation of the KiVa Antibullying Program: Grades 4-6." Child Development 82 (1): 311-330.

Latané, B. & Darley, J. M. 1970. The Unresponsive Bystander: Why Doesn't He Help? Englewood Cliffs, NJ: Prentice Hall.

Mazzone, A., Camodeca, M., & Salmivalli, C. 2016. "Stability and Change of Outsider Behavior in School Bullying: The Role of Shame and Guilt in a Longitudinal Perspective." The Journal of Early Adolescence 38: 164-177.

Nickerson, A. B., Aloe, A. M., Livingston, J. A., & Feeley, T. H. 2014. "Measurement of the Bystander Intervention Model for Bullying and Sexual Harassment." Journal of Adolescence 37: 391-400.

Olweus, D. 2013. "School Bullying: Development and Some Important Challenges." Annual Review of Clinical psychology 9: 751-780.

Padgett, S. & Notar, C. E. 2013. "Bystanders Are the Key to Stopping Bullying." Universal Journal of Educational Research 1 (2): 33-41.

Takizawa, R., Maughan, B., & Arseneault, L. 2014. "Adult Health Outcomes of Childhood Bullying Victimization: Evidence from a Five-Decade Longitudinal British Birth Cohort." The American Journal of Psychiatry 171 (7): 777-784.

UNESCO. 2019. Behind the Numbers: Ending School Violence and Bullying. Paris: The United Nations Educational, Scientific and Cultural Organization.

Zhang, H. & Jiang, Y. 2022. "A Systematic Review of Research on School Bullying/Violence in Mainland China: Prevalence and Correlates." Journal of School Violence 21 (1): 48-59.

系统视角下学校社会工作在学生保护体系中的功能定位研究

——基于上海市阳光中心的地方性实践

张瑾瑜[*]

摘 要 随着学生心理和行为问题的日益严峻，学校面临传统保护策略难以触及问题根源的挑战。被期待能够发挥独特优势的学校社会工作因其功能及定位有待明晰而在国内推进迟滞。本文采用文献研究法和案例研究法，基于上海市阳光中心20年学校社会工作服务经验积累，研究发现，在微观层面，根据"学生在环境中"的视角，学校社会工作关系为本的个案介入模式可以填补传统方法忽视的关系维度；在中观层面，根据"学校在环境中"的视角，学校社会工作可以发挥盘活家校社协同体系的桥梁纽带作用；在宏观层面，学校社会工作致力于"改善整体环境"，间接推动学生保护视角从问题解决转向促进全面发展。研究最终结论为，在系统视角下上述三个层面相互联系、相互作用，呈现学校社会工作辅助性、补充性、专业性支持力量的功能

---

[*] 张瑾瑜，社会工作硕士，上海市阳光社区青少年事务中心副总干事、上海市阳光星辰少年司法社会服务中心总干事，主要研究方向为青少年事务社会工作、未成年人司法社会工作、学校社会工作、青少年犯罪预防等。

定位。理解这一功能定位有助于作为学生保护主体的学校接纳学校社会工作，更有效地开展学生保护工作。

关键词 学校社会工作 学生保护 人在环境中 系统视角

一 问题的提出

学龄阶段未成年人的大部分时间在学校度过，学校对学生的健康发展起到重要且关键的作用。随着社会环境的不断变化，学生心理和行为问题发展形势严峻。中国青少年研究中心和共青团中央国际联络部发布的《中国青年发展报告》的数据显示，我国17岁以下的未成年人群体中，约有3000万人正受到各种情绪障碍、行为问题的困扰。[①]《全球青少年健康问题》报告显示，自杀已成为15～19岁青少年的第二大死亡原因。[②] 最高人民检察院发布的《未成年人检察工作白皮书（2022）》的数据显示，2022年共受理审查、逮捕未成年犯罪嫌疑人4.9万人，并呈上升趋势。[③] 学生心理、行为问题高发的态势如何应对，已成为全社会关注的重要议题。

面对学生心理、行为问题严峻的形势，教育系统积极推行落实"双减"政策，全面推进中小学素质教育改革，将加强学生心理健康工作上升为国家战略[④]，但在实践中，绝大部分学校仍习惯于对已发生事件的事

---

① 《专家：不应把青少年"网瘾"简单归纳为精神疾病》，https://news.cnr.cn/dj/20180524/t20180524_524245503.shtml，最后访问日期：2024年3月18日。
② 《联合国：全球五分之一的青少年受心理健康问题困扰》，https://t.m.youth.cn/transfer/index/url/news.youth.cn/jsxw/201911/t20191106_12112264.htm，最后访问日期：2024年3月18日。
③ 《最高检发布〈未成年人检察工作白皮书（2022）〉强化"四大检察"融合履职打好未成年人权益保护"组合拳"》，https://www.spp.gov.cn/xwfbh/wsfbt/202306/t20230601_615967.shtml#1，最后访问日期：2024年3月18日。
④ 2023年4月，教育部、国家卫生健康委等17个部门联合印发了《全面加强和改进新时代学生心理健康工作专项行动计划（2023—2025年）》，这标志着加强学生心理健康工作上升为国家战略。

后处理和被动防守的应对策略,难以真正消除问题根源,学生问题依然层出不穷。

作为学生保护体系的重要参与力量,学校社会工作在国外的发展迄今为止已有近100年的历史并日渐完善,但国内学校社会工作的发展仍处于初期阶段。尽管相关法律、政策已为我国学校社会工作的推广在宏观层面上提供了根本依据和方向指引,但在实践中,学校社会工作在全国各地依然尚未跳出"不断探索试点"的初期阶段,并未真正被纳入学校体系和机制。究其根源,学校社会工作在进入学校场域后,参与学生保护体系的功能定位仍有待进一步明确。基于此,学校社会工作在学生保护体系中具有何种功能以及如何实现学校社会工作的普及是本研究的重点问题。本研究在系统视角下从微观、中观、宏观三个层面提炼学校社会工作在学生保护体系中的功能定位,以供多方尤其是作为学生保护体系重要主体的学校作为参考。

二 文献综述

(一)国内外学校社会工作相关研究

国外学校社会工作起步较早,发展较为成熟。以美国为例,学校社会工作的演进包括传统临床、社区学校、学校变革和社会互动四大模式的整合,形成了广域临床模式。这一模式将传统临床模式和社会互动模式融合,注重内在动力与生态系统对学生的影响(Frey & Dupper, 2005)。日本的学校社会工作则着重关注"人与社会环境的相互作用及影响",在实践中致力于促进学生与环境相互适应及融合(黄辛隐, 2006)。在我国香港、台湾地区,学校社会工作亦已有较长的探索历史,形成了较为成熟的介入模式(唐孝奎等, 2007)。

国内学校社会工作真正付诸实践始于2002年浦东新区社会发展局的地区性探索,以及2005年起上海市阳光社区青少年事务中心以犯罪预防为目的推行的社工联驻校机制(彭善民, 2017)。目前的实践经历了从初期以心理辅导为主的萌芽阶段到当前更关注本土化和实践困境的多元化阶段的发展过程。其中，校园欺凌、学生性教育等成为领域的热点话题（黄丹等，2022）。在理论视角方面，学者们主要从优势视角、依恋理论和抗逆力理论等对学校社会工作展开研究（樊有镇、杨梦婷，2020；任姝静，2017；苗艳梅，2017；张超、张亚利，2018）。

当前国内学校社会工作主要可划分为学校制度外的参与模式、学校体制内的并存模式和学校系统整合模式。学校制度外的参与模式具有更高的自由度，但也面临资源匮乏等问题（葛俊、施碧钰，2010）。学校体制内的并存模式需要处理学校制度内外的边界问题，并面临专业性和独立性等挑战，这一模式以上海浦东学校社会工作模式为代表（沈黎，2004）。目前，相关研究更多致力于整合各种模式，探索更为全面的学校社会工作模式（高鉴国、孙天骄，2013）。

此外，学校内部适当让渡空间、社会工作者专业话语权的争取以及外部各方利益相关者的推动等，也是学校社会工作建构过程中不可忽视的重要因素（李晓凤等，2019）。在政府政策支持下，需要学校社会工作群体重视结构性因素，用协同的框架、开放的思路、有效的服务进行积极的建构（王思斌、秦小峰，2018）。

（二）国内外学生保护相关研究

国外学生保护的研究主题围绕校园暴力、学生欺凌展开。针对校园暴力，国外学者指出其是社区、学生个体、媒体等多方面因素的交织作用导致的（Brookmeyer et al., 2006），解决校园暴力问题，需要学校、家庭以及教育部门等多方的共同努力（Veltkamp & Lawson, 2008）；学生欺凌的产生则与宗教、国籍、性取向、体重等因素密切相关，并有学者研究发现，与欺凌者交谈、对欺凌者进行纪律处罚以及增加成人监督是学校最常用的三种反欺凌策略（Sherer & Nickerson, 2010）。

国内学生保护相关研究主要围绕学生保护的内容、存在的问题以及措施三个方面展开。学者们首先关注的是学生权利的保护，包括保护学生人格权、财产权以及受教育权等（王国良、魏委，2001）。学界指出当前学生保护仍存在问题：一是学校安全事故频发，校园食品安全事故、教育设施设备事故、体育教学事故等时有发生；二是校园暴力问题突出，校园欺凌、教师侵犯学生人格尊严现象给学生带来不同程度的伤害（邵佩雯、李戬，2020）。

（三）研究述评及资料来源

通过文献检索发现，有关学生保护的研究对学校社会工作的讨论仍有所欠缺。当前对学校社会工作的研究主要集中于解决具体问题的微观服务方法、技巧，对学校社会工作在中观层面如何协同家庭、学校与社会鲜有讨论，对宏观层面学校社会工作整体导向和视角的关注亦相对不足，亟待进一步加强。

本研究采用文献研究法和案例研究法，基于上海市阳光中心在学校社会工作领域多年探索积累的大量数据资料，包括新闻稿件、经验性材料、研究报告、专报，以及开展系统性试点的行动研究报告、访谈记录[①]等，并立足"上海市青少年事务社会工作系统"，收集2017~2023年，委托来源限定为"学校"的个案工作337个、以"联驻校"为关键词的小组工作26个、社区工作274个。[②]

三 微观：学生在环境中，关系为本的个案介入模式

经验表明，在被众多引起舆论关注的典型案件吸引注意时，需要认识到，学生外在行为只是问题的表面现象，真正需要理解和解决的是背后引发这些行为的深层影响因素，特别是涉及关系处理不良等深层根源所带来的影响。"人在环境中"这一社会工作核心的基础理论视角突出了环境对个体发展的深刻影响，社会交往和人际关系同样被视为塑造个人

[①] 华东理工大学社会工作系费梅苹教授带领团队基于上海市阳光中心在宝山开展的学校社会工作试点所完成的行动研究报告。

[②] 因委托来源、关键词有所限定，所筛选的个案工作、小组工作、社区工作数量不能完全代表机构在该时间段内学校社会工作开展的全貌与全量。

行为和心理的至关重要的因素之一。因此，从"学生在环境中"的视角审视剖析学生频发的心理、行为问题，可以发现绝大多数问题是由个体与家庭、同伴、教师，乃至网络社群等不同层级的社会环境之间的关系失衡导致的。

传统的学校保护体系依靠专职心理老师、精神卫生医疗资源对学生心理维度进行测量与治疗，却忽视了社会环境维度对学生个体的深层影响，这无异于"治标不治本"。基于"学生在环境中"的视角，学校社会工作将问题学生个体置于其生活学习环境中考量，重点以关系为核心进行干预，调整和修复关键关系，构建新的关系支持，有助于从根源上帮助学生摆脱困境与解决问题，进而达到保护和促进学生发展的目的。

小C是一名高中生，多次割腕自伤，复学转班后仍适应不良，成绩持续下滑，并被诊断为双相情感障碍。其在学校感到孤独，在家庭中与父母关系紧张，冲突频繁。社工经访谈和调查后发现，小C的表象问题来源于父亲长期以来对成绩要求过高以及将其与已考上大学的哥哥频繁进行比较。

社工的介入策略是：

建立信任——通过心理老师与小C建立信任，倾听她的困扰并建立专业关系；

个体支持——运用认知行为疗法和生命教育，帮助小C缓和极端情绪；

关系修复——引导父母反思做法，启动家庭会议，化解家庭内部积压的误会和对抗情绪；

学校支持——调整令小C不适的座位安排，允许其在情绪波动时到心理咨询室休息，并引导其参与学校活动，建立同伴支持网络。

经社工与学校协作的综合干预，小C的情绪稳定，学业成绩提高，与家人关系改善，极端行为不再发生。

（摘自上海市阳光社区青少年事务中心的驻校案例，由负责社工

和本文作者共同完成）

在上述案例中，小 C 的外在表现是双相情感障碍、自伤、适应不良以及成绩下滑，但其根源是从小到大家庭给予的压力和难以匹配期望的学业成绩之间的落差所造成的亲子关系紧张。学校社工作为协调者，协同心理健康、德育教育、班主任等校内传统条线进行综合干预，着重修复小 C 家庭关系尤其是关键的父女关系，同时构建同伴关系作为补充的新关系支持，使小 C 的整体状况得到明显改善，基本达成了个案目标。这一案例不仅体现了社工在关系层面的专业优势和联动协作能力，而且展示了加入社工后多维支持体系系统性介入的重要性，为其他类似案例的处理提供了宝贵的经验和借鉴。

综观 2017~2023 年上海市阳光中心受学校委托开展的 337 个案例并对其个案工作目标进行关键词词频统计。在前十位（见表 1）中，除学校最为关注的"学习提升"这一关键词，分别排在第二、三、五、九位的"家庭关系""人际交往""同辈交往""支持系统"代表了学校社会工作在关系层面的介入，其占比总和（32.4%）超过排在第一的"学习提升"。"关系为本"的微观视角与干预模式已成为上海市阳光中心社工在学校社会工作中，针对已经产生问题的学生个案应用的服务逻辑。

表 1　个案工作目标关键词词频表（前十）

单位：次，%

排序	关键词	词频	占比
1	学习提升	74	22.0
2	家庭关系	44	13.1
3	人际交往	43	12.8
4	自信心提升	27	8.0
5	同辈交往	16	4.7
6	情绪管理	15	4.5
7	行为习惯	15	4.5
8	学习态度	9	2.7

续表

排序	关键词	词频	占比
9	支持系统	6	1.8
10	生涯规划	6	1.8

我觉得社工应该侧重于系统，就是说家庭系统包括社会，跟我们之间的差别就是我们更多的是服务于个体，服务于心理问题，这是我个人的理解。

以前学生遇到任何问题，就觉得心理老师是万能的，什么都问心理老师，但我们现在就是划清界限，不是学生所有的问题都是心理老师的问题，同样地，也不是所有问题都是社工的问题，那就先要分清他是哪方面的问题。我们区里实施了导师制（班主任、任课老师每个人带几个学生），由导师进行问题的分流和上报，确定是行规、学习、家庭问题还是真的是挫折、心理的问题。由导师确定他是哪方面的问题，再上报到哪个部门，比如教导处、德育处，或者我心理条线这边。例如，如果遇到学生是身体问题引起的心理不适，我跟卫生老师之间也会有协作。如果是家庭矛盾引起的话，那我肯定会先求助社工。

（摘自学校社会工作访谈资料，访谈对象为学校专职心理老师 S）

以上海的地方性实践为例，教育行政部门在全市中小学推动的全员导师制、加强心理健康教育、加强家长学校建设等举措与学校社会工作的参与并无矛盾，且给予了更大的空间。[①] 基于包括前述小 C 在内大量学生个案的合作模式探索，以及对试点服务成效的半结构式访谈，可以提炼出学校社会工作与学生保护体系中德育教育、心理健康教育等传统条线，在具体学生个案的合作介入中的理想角色关系。

社会场域助人行为的协同共进，主体上要进行联动、伦理上要求同

---

① 2021 年 6 月，上海市人民政府办公厅印发《上海市妇女儿童发展"十四五"规划》。

存异、对象上要寻求交叉、目标上要定位清楚、方法上要参照个案管理智慧（顾东辉，2021）。考量学校社会工作与传统学生保护体系中不同角色的合作亦是如此。其一，学校社会工作与校内原有的德育教育、心理健康教育、法治教育等育人体系板块在促进学生身心健康发展的目标上具有一致性，且学校社会工作关注学生的社会互动和环境影响，这同样对塑造学生的品德和价值观，以及身心健康有着间接影响，这是学校社会工作参与学生保护体系"角色求同"（许娓等，2021）的前提。其二，德育教育强调对学生道德素养、品德培养和价值观的引导，并更多地起到统筹管理学生问题的作用；心理健康教育关注学生心理维度的具体问题，并提供专业的心理支持和咨询；而社会工作则关注学生与环境的互动关系，补充了原本缺失的社会环境维度，这是不同角色专业分工的"差异互补"。其三，学校社会工作的个案管理模式强调协调和联结不同服务体系，确保以最完善的资源和方式来满足服务对象的需求，这使学校社会工作可以联结传统学生保护体系中的不同角色，协调并发挥"合力作用"。

四 中观：学校在环境中，家校社协同体系的桥梁纽带

家庭与学校是关乎学生成长和保护的两个重要场域，但随着时代的发展，仅靠家庭教育和学校教育已无法满足学生全面发展的需要，原本边缘化的社会教育逐渐受到重视。社会化理论强调，个体是通过社会互动和环境影响逐渐形成和发展的。在社会化过程中，个体接触到多样化的社会环境和社会角色，逐渐吸收并内化经验、规范和价值观，从而塑造自身的行为方式和认知模式进而成为"社会人"。社会教育的重要性就在于提供更广泛的社会化教育环境和体验。

学校在地理上归属于社区，但在交互联结的层面，学校场域作为封闭、独立的"小社会"，呈现内循环独立运作的鲜明特质。这种场域壁垒在一定程度上保护了学生的身心健康免受来自校外的不良影响，但同样也阻碍了学校顺畅地联结家庭、吸纳外部社会化教育的补充性支持力量。有学者基于"人在环境中"扩展提出"社会工作在环境中"的理论视角

（王思斌，2023）。同理，学校社会工作在中观层面的功能定位亦要将学校场域作为主体置于系统环境中考量，即"学校在环境中"。

打破学校与家庭、社会相互隔离的现状，使教育更贴近学生的真实生活（洪明，2021），有助于学生全面健康成长。为此，党的十九届五中全会以及二十大均提出要健全学校家庭社会协同育人机制，并在2022年1月起实施的《中华人民共和国家庭教育促进法》中以法条的形式予以固化。2023年1月，教育部等十三部门联合印发《教育部等十三部门关于健全学校家庭社会协同育人机制的意见》，进一步明晰工作要求，提出要增强协同育人共识，积极构建学校家庭社会协同育人新格局。

> 我们学校要深入家庭、深入社区，包括居委会这些部分，我们是不熟悉的。但是社工就很熟悉这一块，我们可以互补。像最近的一个危机个案就是咱们社工利用自身的优势马上去深入学生的家庭，跟社区一起做立即性的干预和处理。这是我们学校心有余而力不足的一个部分。
>
> （摘自学校社会工作访谈资料，访谈对象为区学校心理健康教育发展中心教员Q）

教师缺乏家庭教育指导的专业能力，教学工作中的压力和责任也限制了他们投入关注的精力和时间；教育决策和资源分配集中在学校一方，权力、地位上的不均衡和沟通的不顺畅导致双方在教育目标和方法上难以达成协同与合力；不同家庭的不同价值观、教育方式和教育期望同样对家校合作的方式和理念产生影响。基于上述原因，学校对于学校社会工作参与加强家校协同的需求是迫切的。

在促进家校协同层面，学校社工可以剖析学生问题根源并延伸至家庭，开展多元化家庭教育指导，畅通家校关系，形成家校支持改善家庭环境的合力。以上海市阳光中心的学校社会工作为例，针对部分家庭监管、家庭关系或家庭教养理念存在问题的学生，学校社工协助老师共同走进学生家庭，开展个案的同时结合家庭治疗、家庭关系调适和家庭教育指导，从根源上解决问题。学校社工通过家长会宣讲、班主任推荐、自主报名的形式吸纳有需要、有改变意愿的家庭，结合社区家长讲堂、亲子平行小组、家长互助小组等形式，进一步促进家校育人的协同。

> 学生平时参与社会实践的机会少之又少，学校希望学生的社会实践能够落到实处，真正融入社区，社工如何帮助学校链接社区资源？联校社工做出了尝试。社区的违章花坛拆除过程中矛盾不断，经过社工、学校、未保站的多方努力，这块花坛经过社工争取被改造成社区菜园。学校对这块菜园格外重视，组织学生设计、描绘壁画，菜园环境焕然一新。同时学生们成立"护菜小分队"，在不同的时节种植蔬菜，收获后会被统一清洗、分装，送到社区中孤寡老人的手上。小小的菜园，让学校的社会实践有了着落，劳动教育、敬老教育、志愿服务统统能够达成。菜园经过学生的美化，也成了小区的风景线。
>
> （摘自市阳光中心普陀工作站石泉社工点联校社区活动"走出书香校园，走进蔬香菜园"记录）

如上述案例，在促进校社协同层面，学校社工可以链接、供给丰富的社会化教育资源，满足学生多层次的发展需求；为学生提供社会实践与志愿服务的平台，构建远大于学校本身的、更为立体的社会支持体系，为学生的社会化教育提供有效支持。家校社协同育人，其中的"社"本就是指一切可利用、有益于学生保护和发展的社会支持力量，学校社会工作也包含在其中，更应扮演好资源链接者这一社会工作重要的间接服务角色，链接起学校、家庭与社会资源。

在实践中，如将学校社工捆绑于学校场域中，对于学校而言无非是增加一名专职"心理老师"的有限作用。相反，以"学校在环境中"为视角，鼓励学校社工跳出学校场域，深入家庭、链接社会资源，能够起到更为灵活的桥梁纽带作用。

五 宏观：改善整体环境，推动保护视角从问题转向发展

基于"学生在环境中""学校在环境中"的微观、中观视角推导学校社会工作在宏观视域下的功能定位，依然要围绕"环境"这一核心。罗斯曼将社区工作的目标分为任务目标和过程目标，任务目标解决具体问题，过程目标着重于过程中个体的发展（徐永祥，2004）。同理，学校社会工作不仅是为了解决学生的具体问题和实现家校社联动，还应致力于在过程中逐步改善微观、中观、宏观各层级的整体环境，包括学校乃至社会教育政策对于学生保护视角或者说方针策略的转变。

传统学生保护体系的策略主要偏向于"灭火""防守"的问题视角。"灭火"指在学生遇到问题或危险时，学校采取紧急措施来解决问题或阻止危险发生，如学生欺凌发生后，学校采取处分或要求赔礼道歉的措施。但这大都是针对事件本身的事后措施，忽视了问题产生的根源。"防守"则是指学校通过一定的制度和措施来保护学生免受潜在危险的侵害，如制定严格的校园安全规章制度。但"防守式"的保护体系过于被动，同样无法从源头上预防和减少问题的发生。

发展是最好的保护，包括个体的抵抗力、知识与技能、自尊与自信，以及关系处理等。值得一提的是，当学生个体能够理解、尊重并与他人建立积极的关系时，他们亦拥有了适应不同情境的能力，而各种潜在的、原本可能发生的矛盾和问题就被消弭于前端。因此，发展视角才是真正贯彻"上工治未病"的最好保护。

以上海市阳光中心学校社会工作试点的实践为例，基于不同年龄段、学校类型学生的发展需求建构了多层次的服务体系。服务体系纵向关注与年龄以及发展阶段所需相契合，横向将发展维度划分为自我认知、自我意义、学业自我、关系自我、身体自我与情境自我六个维度，弥补了传统教育在回应学生发展需求方面的不足。另外，基于"学生在环境中"的视角，家长、教师亦是与学生互动紧密的重要环境因素，服务体系设计了针对家长的家庭教育指导以及针对教师在学生社会化发展方面的培

训内容。在具体个案的开展中，学校社工亦注重与班主任的合作，打造友善的班级氛围，帮助解决学生问题。

　　学校社会工作的融入需要双向奔赴。一路走来，是学校在多年的过程中看到了我的付出和成效，他们的态度也随之转变。第一年，有一次亲子平行小组开到了晚上八点多，校长看到我被家长围着问问题，对她的触动挺大。那一年里我也介入了三个危机个案，都有一定的成效显现，因为第一年的头开得比较好，我也进入了学校管理层的视野。在三四年后，我逐步开始融入校内体系，例如，牵头具体个案的干预计划，针对班级的群体问题改善班级氛围，对教师群体进行发展理念的培训。如今，学校制定前瞻性、发展性的德育工作计划，也会吸纳我的想法和理念。一路走到这个程度，真的是持续点滴的积累。今年我提出在小学设立学生会，培养班级领袖，共同带领同学们全面发展，这一设想也得到了校方的认可。

　　（摘自学校社会工作访谈资料，访谈对象为上海市阳光中心杨浦工作站驻校社工 Z）

　　事实上，要能够真正影响到学校整体策略的转变实属不易。上海市阳光中心杨浦工作站在某小学建立学校社工站长达 9 年，随着工作的深入和成效的显现，学校社会工作在该校学生、家长、教师中的认知度、认可度逐步提升，得到了校领导的支持，因而学校在学生保护方面的整体方针策略更多地考虑并吸纳了学校社工的意见。

　　职校本身学生问题多，比如抽烟喝酒打架，还有自己的群体亚文化，学校原本的处理机制就是处分、张贴告示通报、教官军训，结果大都是起反作用，被处分的学生在小群体里被吹嘘，反而觉得自己威风。一开始引入社工时，学校只是抱着增加一条教育路径的想法，社工主要聚焦亚文化的转变、校园文化和氛围的营造、朋辈群体的支持，从一个个典型个案着手滚雪球。经过时间积累和成效显现,到现在学校把学校社会工作完全纳入了处理机制中,问题学生需要接受社工的服务,参加小组,社工的反馈被作为学校撤销处分的依据。

另外,职校本身有职业教育的需要,自2016年进入该校,我们就推广职前教育的服务项目,开展一系列活动,带学生去劳模基地感受,邀请专业的讲师进校做讲座,受到了学生的欢迎。学校十分认同我们的理念,把我们的小项目提炼成为学校的品牌,纳入固定的毕业班课程,可以说影响了学校职业教育的整体策略。

(摘自学校社会工作访谈资料,访谈对象为上海市阳光中心虹口工作站联校社工Y)

上海市阳光中心虹口工作站与某职业学校探索联校工作机制,一方面,结合该校学生偏差行为问题多发的现象,从校园亚文化以及学校的处分机制着手,有效改善了校园整体氛围;另一方面,结合该校职业教育的特点以及职校学生对于职场和社会适应的需求,开展了"职场指北针"项目,其深受学生和学校的欢迎,被纳入该校对毕业年级的固定课程并成为学校品牌项目。

以"学生在环境中""学校在环境中"为理论视角,基于宏观社会工作引导社会环境积极改善的专业功能,学校社会工作还应致力于推动营造支持、包容和鼓励个人成长的学校氛围乃至教育政策的变化,在宏观系统为学生营造更大范围内的整体友好环境。然而,限于学校社会工作仍处于初期阶段的现实,要想达到改善学校环境氛围、间接影响学校方针策略的高度,需要长久的积淀和可见的成效,目前这部分功能尚属于所追求的远景目标,有待进一步积累和探索。

六 系统视角下学校社会工作参与学生保护体系的功能定位

综上所述,在微观方面,以"学生在环境中"为理论视角,学校社会工作重点以关系为核心对学生具体问题进行干预,这一关系为本的干预模式能够有效补充传统学生保护体系对关系维度关注的不足，与其他的传统专业角色厘清侧重，形成有效协作合力，进而达到保护和促进学生发展的目的。在中观层面，以"学校在环境中"为理论视角，学校社会工作既非完全融入原有的校内体系，也非孤立地在学校之外工作，而是发挥资源链接这一间接服务角色的桥梁纽带作用，串联起家庭、学校、社区以及可争取的其他有效社会支持力量，盘活家校社协同育人机制，助力学生成长和保护体系建设。在宏观层面，以学生整体环境改善为宗旨，学校社会工作能够间接影响学生、家庭、学校，从单纯关注问题和危机处理的问题视角，转向关注学生全面发展的视角。从长远来看，学校社会工作也应致力于推动营造支持、包容和鼓励个人成长的学校氛围乃至教育政策的变化，使学生获得有助于全面发展并充分挖掘潜力的整体环境。

"学生在环境中"，"学校在环境中"，学校社会工作亦在环境中。以此为思路，在系统视角下，微观、中观和宏观的学校社会工作功能定位并非完全割裂的，它们之间存在紧密的内在联系和交互，进而呈现更为立体的学校社会工作整体形象，即具有辅助性、补充性、专业性的社会支持力量。

其一，关系为本模式是学校社会工作在微观层面实际个案干预中的核心。但它不仅是解决学生个体问题的具体手段，还贯穿于整个学校社会工作的具体实施过程和理念中，对个案干预、小组工作、活动设计、团队合作以及整体工作的规划都具有重要意义。

其二，学校社会工作不仅是在中观层面联结家庭、学校和社会支持力量的桥梁，其在家校社协同方面的纽带作用同样也联结着微观与宏观层面的实践。在微观层面的具体个案干预中，学校社工与学校老师、家长之间同样需要形成协同合作的模式，且这种家校社协同不仅是微观个案干预的策略、中观家校社协同体系构建的核心，还是最终实现宏观层面环境营造和政策倡导的关键和基础。

其三，宏观层面的发展视角代表着学校社会工作所追求的长远目标和整体策略方向。这一视角贯穿并蕴含于微观和中观层面的实践之中，为构建更具包容性和支持性的环境和政策提供了方向。它涵盖了对学生个体的关注、协同工作的推动，以及教育体系更广泛的发展，对学校社会工作在各层面的实施和设计都具有重要影响。社会工作是在具体环境中实施，在中观、宏观中进行发展的（王思斌，2023）。要达到发展视角这一远景目标，需要学校社会工作在微观、中观层面的持续投入和成效显现，方能在宏观层面逐步实现个体与环境的共优。

参考文献

樊有镇、杨梦婷，2020，《从问题到优势：农村留守儿童的学校社会工作实践》，《湖北广播电视大学学报》第 4 期。

高鉴国、孙天骄，2013，《灾区学校服务中的社区工作方法——以"四川抗震希望学校社会工作服务项目"为例》，《华东理工大学学报》（社会科学版）第 6 期。

葛俊、施碧钰，2010，《我国学校社会工作开展中面临的困境初探——以深圳市学校社工试点为例》，《传承》第 21 期。

顾东辉，2021，《联动利他：社会场域助人行为的协同共进》，《中国社会工作》第 25 期。

洪明，2021，《走向协同：家校社关系演进的历史趋向》，《北京教育学院学报》第 4 期。

黄丹、罗英廷、冉若阳，2022，《我国学校社会工作实证研究的脉络、概况和热点——基于 CiteSpace 的可视化分析》，《重庆工商大学学报》（社会科学版）第 2 期。

黄辛隐，2006，《日本学校社会工作现状及发展探析》，《苏州大学学报》第 4 期。

李晓凤、林佳鹏、张姣，2019，《嵌入、建构、自主：学校社会工作本土路径探究——基于深圳的十年发展历程》，《社会工作》第 2 期。

苗艳梅，2017，《抗逆力视角下学校社会工作实践研究——以武汉市某职业中学服务项目为例》，《中国青年社会科学》第 5 期。

彭善民，2017，《犯罪预防与联校社会工作发展》，《学海》第 1 期。

任姝静，2017，《试从学校社会工作角度介入留守儿童服务——以吉林省延边朝鲜族自治州汪清县的留守儿童为例》，《延边党校学报》第 5 期。

邵佩雯、李戬，2020，《中小学校未成年学生保护问题与对策研究》，《新生代》第

3 期。

沈黎，2004，《关于我国发展学校社会工作的几点思考》，《上海青年管理干部学院学报》第 4 期。

唐孝奎、王智、张大均，2007，《港台学校社会工作体系及其对心理健康学校社会工作保障系统研究的启示》，《西南大学学报》（社会科学版）第 4 期。

王国良、魏委，2001，《未成年学生在校受到损伤时学校责任认定的探讨》，《南昌大学学报》（人文社会科学版）第 3 期。

王思斌，2023，《"社会工作在环境中"及其理解》，《中国社会工作》第 22 期。

王思斌、秦小峰，2018，《时段理论和结构-建构视角下的中国社会工作发展》，《江苏社会科学》第 6 期。

徐永祥，2004，《社区工作》，北京：高等教育出版社。

许娟、王思斌、罗观翠等，2021，《发展学校社会工作，难点和症结在哪里》（下），《中国社会工作》第 10 期。

张超、张亚利，2018，《农村留守儿童面临的困境及应对策略——基于浙江温岭市留守儿童的调查》，《社会与公益》第 9 期。

Brookmeyer, K. A., Fanti, K. A., & Henrich, C. C. 2006. "Schools, Parents, and Youth Violence: A Multilevel, Ecological Analysis." *Journal of Clinical Child and Adolescent Psychology* 35 (4): 504-514.

Frey, A. J. & Dupper, D. R. 2005. "A Broader Conceptual Approach to Clinical Practice for the 21st Century." *Children & Schools* 27 (1): 33-44.

Sherer, Y. C. & Nickerson, A. B. 2010. "Anti-bullying Practices in American Schools: Perspectives of School Psychologists." *Psychology in the Schools* 47 (3): 217-229.

Veltkamp, L. J. & Lawson, A. 2008. "Impact of Trauma in School Violence on the Victim and the Perpetrator: A Mental Health Perspective." In *School Violence and Primary Prevention* (pp. 185-200). NY: Springer New York.

【医务和精神健康社会工作研究】

应对环回结构模型视角下安宁疗护团队压力应对策略的多层实践探索

郭 晴 王晔安 宋雅君[*]

摘 要 本文以应对环回结构模型为基础，生态系统理论为依据，通过访谈四家上海社区卫生服务中心的安宁疗护团队，探索并梳理了安宁疗护团队在常见工作压力面前采取的应对策略。研究发现，当团队成员面对死亡病痛时，个体会自我调节或难以承受离职，团队成员互相陪伴，院方提供资金团建、请第三方为其评估减压；团队成员运用同理和与病患及家属的轮番沟通来消除医患误会、达成共识，受访院方制定相应的规章制度来减少医患的预期偏差；团队成员还会互帮互助应对高压工作；而当社工护士掌握的技能无法满足实际需求时，除了团队之间互相学习鼓励，院方会有针对性地组织相应的培训。结果显示，团队及院方采取的多为正面问题解决方式。个体与团

---

[*] 郭晴，华东理工大学社会与公共管理学院社会学系硕士研究生，主要研究方向为社会工作等；王晔安，北京师范大学政府管理学院副教授，主要研究方向为基层治理创新、社会组织建设、人力资源管理、社会服务递送；宋雅君，华东理工大学社会与公共管理学院副教授，香港大学秀圃老年研究中心荣誉研究员，主要研究方向为养老支持、健康社会工作。

队采取的正面情绪应对形式单一。在同一压力源面前，个体、团队、院方采取的应对策略偏重、效果都不同。

关键词　安宁疗护　应对环回结构模型　生态系统理论

一　研究背景

上海是我国第一个进入人口老龄化且老龄化程度最高的城市（王蓓，2015）。截至2022年底，上海65岁及以上老年人口有424.4万人，占上海总人口的28.2%。数量庞大的老龄人群对卫生服务和安宁疗护服务的需求日益增长。安宁疗护作为一种先进的医疗照护模式，旨在帮助生命终末期患者控制痛苦和不适症状，提高生活质量，舒适、安详、有尊严地离世（王甜君，2022）。据WHO估计，全球生命终末期人群中接受安宁疗护服务的人群占比约为14%（WHO，2019），而上海2020年户籍死亡人口约为12.9万人（上海统计局，2021）。据此推算，2020年上海市应至少有1.8万位生命终末期患者具有安宁疗护服务需求。而实际上截至2021年底，上海设有安宁疗护科的医疗机构有273个（陈斯斯，2021），住院床位有1224张（顾泳，2023），意味着在床位利用率为100%的情况下平均每15个人才能获得一张床位，而目前床位的平均利用率仅在70%左右（李鲁蒙，2023）。与庞大的需求相比，上海安宁疗护服务资源利用率相对较低，难以满足社会需求。作为安宁疗护事业的先驱，上海是全国最早且唯一全面开展试点的省级行政单位，其丰富的试点经验和本土化探索，对全国安宁疗护事业建设具有重要参考意义。

安宁疗护在我国发展十余载，安宁疗护团队成员在实务中仍面临诸多压力，包括长期直面死亡带来的负面情绪、医患矛盾、工作强度和专业技能不足等（高煜辰等，2022）。而如何克服实务压力，更好地落实高质量安宁疗护服务，认真总结以往的经验并不断开拓创新，不仅关乎团队成员的身心健康和工作效率，还关系到护理质量和患者的生命尊严，对于探索适合我国国情的安宁疗护模式有着十分重要的作用。

二 文献回顾

(一) 安宁疗护团队的压力应对策略

针对死亡和病痛带来的压力,赵浩梅等（2022）提出只有在工作中不断积累应对经验,在应对死亡事件过程中不断总结与反思,才能更好地应对工作中的情感创伤及负性情绪。也就是说,团队成员通过自身的积极应对来降低心理冲击（于明峰等,2018）。国外研究建议重视团队的力量,为团队成员留有谈话的空间和时间,促使其表达自己的想法,依靠彼此获取心理支持（Firn et al., 2016）。国内学者建议为团队成员提供社工小组服务,缓解其心理压力（郭绍娟,2013）；或开设情绪管理课程,为团队建立情绪支持体系（张清慧等,2019）。

针对医患关系紧张,罗蔷薇（2019）认为可以借助巴特林小组对具体案例中的医患关系展开讨论,帮助团队成员识别、分析、理解自身和患者的复杂情绪,以期通过提高服务技能和态度来获取信任,减少医患矛盾的发生。王梦莹、王宪（2018）建议充分利用社区板报、网络、新媒体、电影、话剧等多种资源开展生命教育及安宁疗护宣传工作,加强安宁疗护的宣传推广,改变大众对死亡和安宁疗护的认知,从而达到预防医患矛盾发生的目的。王甜君（2022）呼吁国家做好法律层面顶层设计,明确患方以及安宁疗护团队成员权责、预立医疗指示以及审查监督主体相关法律责任等制度问题,避免因权责不明而造成的服务纠纷。

针对技能不足,尚爻等（2022）建议制定系统的安宁疗护教育大纲,全方位覆盖从理论到实务的教育培养,重点加强工作技能培训,包括中晚期癌症患者的舒适照护、临终病患的人文关怀、家属的哀伤辅导、志愿服务的培训组织等。潘文等（2019）建议采用三维六步立体培训法（以安宁疗护的具体工作内容为培训基点,通过建立小组、明确培训内容、建设理念、制定保障机制、确定培训方法、评估效果六步走提高核心能力）对安宁疗护从业人员进行实时的专业技能培训；苏幸子（2016）

建议非核心工作人员（如社工、心理咨询师等）重点加强理论和临床医学知识的培训，从而更有效地融入并配合以医生、护士为主导的安宁疗护。

（二）理论框架

已知的安宁疗护压力应对策略大致可以分成两类——解决情绪问题和解决具体问题。例如，团队成员通过自身的积极应对来降低心理冲击，以解决长期面临死亡带来的情绪问题；而院方采用三维六步立体培训法对安宁疗护从业人员进行实时的专业技能培训，解决的是安宁疗护团队技能不足这一具体问题。这种应对的分类方式与Folkman和Lazarus（1985）提出的压力认知评价理论中的观点基本一致。Folkman和Lazarus（1985）把应对分成两种类型：一种是以问题为中心——个体通过采用问题解决策略试图改变情境或去除压力源带来的威胁，如重新定义问题，考虑替代解决方案，衡量不同选择的重要性；另一种是以情绪为中心——个体为了降低情绪压力采用行为或认知调节策略，使用认知转换来激发积极的情绪。

为解决某压力源，应对主体采取的应对措施往往具有综合性。例如，团队为解决医患矛盾，不仅要学习识别并理解患者的复杂情绪，还要通过提高服务技能、保持良好态度获取患方信任，以此达到目的。此外，文献中的应对策略多为建议，以积极的应对策略为主，但不排除存在消极应对的可能性。于是，在Folkman和Lazarus的基础上，Stanislawski（2019）建立了应对环回结构模型（见图1），该模型将问题应对（problem coping）和情绪应对（emotional coping）两个维度作为正交轴，形成了一个平面直角坐标系。其中，"正面问题解决"（P+）指个体不断了解情况、预测事态发展、选择合适解决方案、计划并实施，以期解决问题；"负面问题解决"（P-）指个体通过参与替代活动来避免问题，推迟或放弃目标；"正面情绪应对"（E+）指个体在解决问题的过程中通过转换认知激发正面情绪、减轻情绪压力；"负面情绪应对"（E-）则指个体在处理问题时将注意力集中在困境的消极方面，并会紧张、愤怒或自我批评等。而在大多数情况下，个体的应对并非纯粹的问题解决或情绪应对，而是两类应对方式的综合。此时的应对方式分别对应图中的四个象限。倘若个体同时采用正面问题解决和正面情绪应对（P+E+），那此种应对方式达到最理想的状态，且具有高效的特点；而当个体同时采用了负面问题解决和负面情绪应对（P-E-）时，那他易经历无助感。同理，如若个体采用正面问题解决和负面情绪应对（P+E-），其应对可理解为积极解决问题的同时忽略自身幸福感；当个体采用负面问题解决和正面情绪应对（P-E+）时，意味着他为追求保持短暂幸福感而推迟或放弃解决问题。

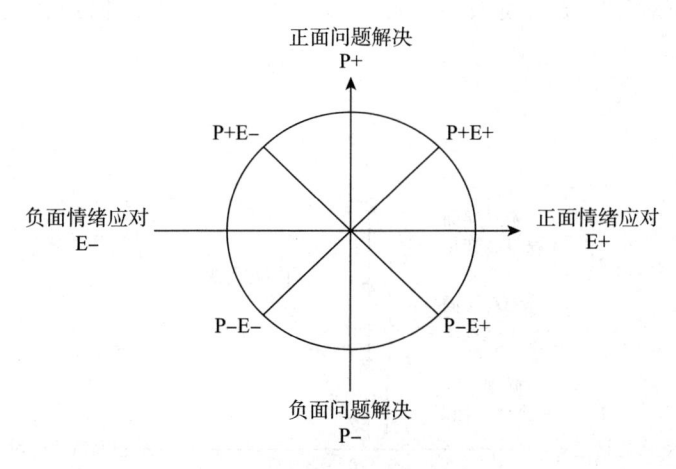

图 1 应对环回结构模型

不难发现，在学界针对同一压力源所提出的一众应对策略中，应对的实施主体并未局限于个体层面，还有来自团队和院方层面的力量，且具有举足轻重的作用。例如，团队成员通过互相倾诉以获取心理支持，缓解个体因工作性质而带来的情绪压力；院方为安宁疗护团队制定系统的安宁疗护教育大纲，全方位覆盖从理论到实务的教育培养，补足技能短板。Zastrow 和 Kirst-Ashman（2004）的生态系统理论深刻地阐释了个体与环境之间的紧密关系，将个体的生存环境划分为微观、中观和宏观三个系统层面。这一理论为我们理解个体如何在不同环境层次中适应和应对压力提供了重要视角。而已有文献中探讨的压力应对策略显示，其实施主体不仅涵盖了个体所在的微观环境，同时还涉及了中观层面，如医院、社区等。这种多层次实施主体的应对策略与 Zastrow 和 Kirst-Ashman（2004）在生态系统理论中的核心观点一脉相承。生态系统理论认为，微观系统主要是指个人及与个人密切相关的社会群体；中观系统则是指家庭、学校等组织群体；宏观系统主要包括国家政策、社区、文化等（Zastrow & Kirst-Ashman, 2004）。在本文中，受访成员和所属安宁疗护团队构成微观系统，而团队的工作场域——受访医院则属于中观系统，国家颁布的安宁疗护相关政策、中国的文化背景等从宏观层面对安宁疗护团队产生影响。我们将生态系统理论的层次作为一个新的坐标轴添加到应对环回结构模型中，形成多层次下的应对环回结构模型（见图 2）。

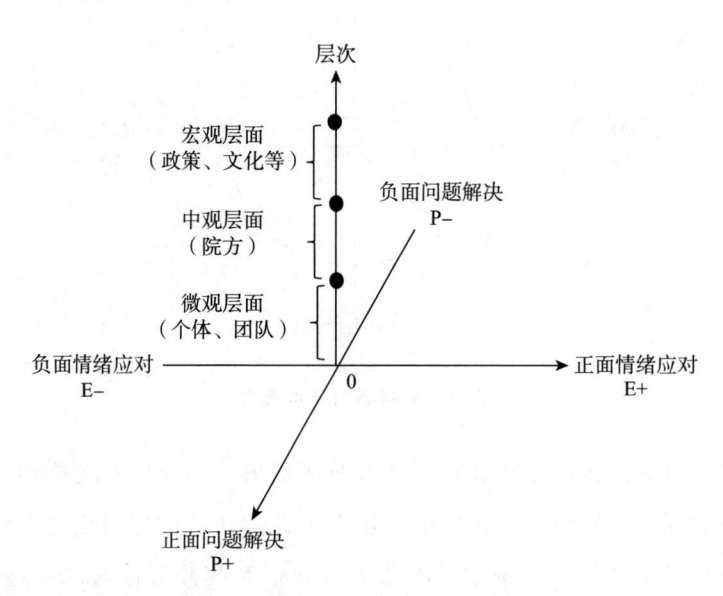

图 2 多层次下的应对环回结构模型

虽然以往研究涉及的应对策略多为建议，具体的经验证据仍有待补充，但也为本文提供了有关应对策略分类和分层的启示。因此，本文将进一步区分研究结果中的正面与负面应对策略，并以应对环回结构模型为基础，按照问题解决导向和情绪解决导向对应对策略加以分类。同时，以生态系统理论为依据，引入应对策略的多层次实施主体，以期能以更综合的方式梳理安宁疗护实务中面临不同压力时的应对策略。

三 研究设计

本文是一项研究的后半部分。在前置研究中，作者已经探索了上海社区医院安宁疗护团队在实务中的压力（高煜辰等，2022）。本文将在前置工作的基础上，进一步探究压力背后的应对策略，以期推动安宁疗护领域实践优化。

本文采用半结构式访谈提纲，以深度访谈的形式采集定性数据，重点了解安宁疗护团队在工作中面对压力采取的应对措施。所有访谈经作者单位伦理委员会审核，并获取受访人知情同意后对其录音，随后进行文本转录。数据分析采用类属分析法，对转录文本先做初筛，再根据不同主题进行内容编码分类、调整、归纳总结等。

经过业界专家和资深学者的推荐，作者对上海市四家提供安宁疗护服务的社区卫生服务中心进行了实地访谈，受访者为每个中心的医生、护士、社工、护工，各一人，总计16人（见表1）。四家社区卫生服务中心都属于上海最早开展安宁疗护服务的社区医院，积累了相当丰富的经验。同时，这几家社区卫生服务中心的安宁疗护团队非常成熟，即使是作为辅助成员的社工，也会直接参与到临终病患的安宁疗护服务中，提供专业的个案服务。

表1 研究对象基本情况

编号	性别	年龄（岁）	资历
医生A	女	31	2018年8月至
医生B	女	38	2019年至今
医生C	男	38	2013年4月至今
医生D	男	51	2012年至今
护士A	女	36	2012年开始担任安宁疗护护士，在职时间8年
护士B	女	35	2014年6月至今

续表

编号	性别	年龄（岁）	资历
护士 C	女	42	2012 年开始接触安宁疗护，2018 年正式成为安宁疗护的专职护士，在职时间 3 年
护士 D	女	40	2012 年开始从事安宁疗护工作，担任安宁疗护护士长，在职时间 8 年
社工 A	女	32	2010 年任 NGO 社工，后作为第三方的派遣社工
社工 B	女	28	2019 年 1 月至今
社工 C	女	30	2019 年 6 月至今
社工 D	女	28	2015 年开始社工实习，2017 年入职
护工 A	女	52	从事安宁疗护工作 20 多年
护工 B	女	43	2019 年 8 月开始从事安宁疗护，在老年科工作了 11 年
护工 C	女	32	2019 年开始从事安宁疗护
护工 D	女	48	2012 年 6 月 11 日开始从事安宁疗护

四 研究结果

根据研究的前半部分可知，上海社区医院安宁疗护团队目前面临的主要工作压力包括长期直面死亡、医患预期差异、高强度工作和技能不匹配（高煜辰等，2022），且与现有安宁疗护文献中的压力分类基本一致，所以研究结果将以四种压力源作为依据进行梳理。通过梳理转录的访谈，发现受访者团队针对以上四种压力源采用了不同类型和层面的应对策略（见表 2），具体如下。

表 2 安宁疗护团队在四种压力源下的应对策略

压力源	问题表现	应对主体	正面情绪应对	负面情绪应对	正面问题解决	负面问题解决
死亡病痛	生理表现：呕吐、不吃饭、想离职 负性情绪：恐惧、抑郁、焦虑	个体	找职业意义、自我调节	难以承受的难过	—	离职
		团队	—	—	互相陪伴、纾解情绪	—

续表

压力源	问题表现	应对主体	正面情绪应对	负面情绪应对	正面问题解决	负面问题解决
死亡病痛		院方	—	—	提供资金团建、请第三方评估减压	—
医患矛盾	家属要求隐瞒病情、疗护无法满足患方需求	个体	同理	—	—	—
		团队	—	—	轮番沟通	妥协
		院方	—	—	签订协议、理念宣传、全民教育、提前了解需求、小组活动	—
工作强度大	无暇休息	团队	互帮互助本身附带情感支持	—	互相帮助减轻繁重的工作压力	—
技能不匹配	技能不足	团队	互相鼓励提供情绪价值	—	互相学习、交流经验	—
		院方	—	—	组织培训	—

（一）死亡病痛：团队之间陪伴与倾诉

长期直面死亡和病痛，会催生出各种负性情绪和心理压力。有的团队成员，如社工，选择采用正面情绪应对方式：

> 我感觉我一直在努力地自我升华……我会一直坚持不懈地看书，比如现在做这个事情真的是很难坚持的，但是就会努力地去找这个东西存在的意义，像我会跟那些文化程度高的病人说：我们现在在做青少年方面的服务，会到学校里面给孩子们上生命教育课，那我们给他上课的素材从哪里来？就是从你们身上来的，你们现在经历的故事，真实的东西。我还请病人录视频，让他们录一些给现在年轻的学生说的话，就是邀请他们以特别的形式跟我们一起做生命教育，这个意义是自己用各种方式去创造的。（社工 B）

通过寻找和创造工作的意义和价值，社工设法转移自己的注意力，用自我调节的方式来缓解情感创伤、实现自我护理。然而也有团队成员，如护工，更容易采用负面情绪应对方式，尤其是入职初期。不少受访护工表示自己一开始会吓到呕吐、不想吃饭：

  好像就两三个病人，后来一下子都走了，我的心情好像就很难受，那个时候我承受不了。（护工 B）

但凡难过情绪这一关的，更倾向于采用负面问题解决方式——离职走人，哪怕工作经年后这个想法还会复现：

  我照顾了三个月的一个小孩，最后走了，叫我给擦身子，我那眼睛也不知道哭了多少次，我就没办法下手了，总感觉心里是很难受的，我照顾这么多年，看了这些病人也哭，想起家里人也哭，我不想干了。（护工 A）

护工的负面情绪应对、负面问题解决方式会使其感到无助。当个体无法抗衡这种无助感时，团队成员提供的陪伴和情绪纾解就补充了个体层面的正面情绪应对方式，包括倾诉、聚餐：

  负面情绪，最主要还是团队互相之间多包容。年轻人多聊聊，不自觉用一些心理学手段去做疏导……同辈之间也有倾诉，我们很多同学是同行，遇到案例会分享一下，互相吐个槽。（社工 B）
  他们（团队成员）看到了，每个人都过来慢慢劝我，说这个病就是这样的，他家里人没办法，别的医院也治不了了，不要想太多，慢慢地就淡了。（护工 B）

在死亡面前，个体层面的应对力量效果有限。几乎所有受访者都会提到自己从同伴那里获得宽慰、宣泄情绪。为使团队成员能理性地看待生死、有效管理情绪，院方也会通过政策规章和外部资源来缓解个体经历的心理压力。受访机构会提供一部分资金供团队成员进行定期团建，也会请第三方机构来为团队成员做压力评估和减压服务。

  去年医院组织过一个活动，邀请了一个懂音乐的老师，以做游戏的方式让我们去交谈。我们就聊一聊最喜欢的歌手有哪些，会去看谁的演唱会。通过这次活动，当你越来越了解一个人的时候，你越能跟这个人打开心扉去讲很多事情，工作以外的事情也能去讲，反而就会让工作效率提高很多，心情也会得到放松。（医生A）

  我们单位自己还有一个心灵港湾，带你出去一段时间，缓一缓，放松心情，看看电影、郊游。（医生B）

  我们领导还是比较关心我们的，有时候会开座谈会，问问我们存在哪些问题，需不需要哪些方面的帮助这样，大多数（问题）我们自行就能解决。（护士D）

  我们今年有找精卫中心的，他们也会过来给我们做评估，就是做了一次访谈，然后做了我们团队的一个量表的评估，来分析我们的一些压力情况，是不是需要干预之类的。（社工A）

  死亡和病痛带来的心理压力是压倒性的，因此个体、团队、院方都尽己所能化解负性情绪。在个体层面，医科背景使医生、护士更理性地看待生老病死；生命教育使社工更懂得自我调节，因而他们更多采取正面情绪应对方式。初入职场的护工没有专业储备，更倾向于采取负面情绪应对与负面问题解决方式。当个体层面的努力无法抵挡无助感时，团体倾诉、开解则为个体提供了有针对性的正面情绪应对方式，即通过团队层面的应对来缓解个体层面的压力。而负性情绪是整个团队长期面临的工作压力，院方通过提供政策支持和资源保障来解决问题，具体形式包括为团建拨款、促进团队互助；聘请第三方做压力评估，确保团队心理健康。

（二）医患矛盾：团队与患者多番沟通

医患双方预期、需求偏差容易导致安宁疗护医患矛盾。不少家属执意对病患隐瞒病情，病患因此更加焦躁，反复询问工作成员。疗护团队既要守口如瓶，又要安抚病患，还有可能质疑自己的工作意义，非常无奈。因此个体成员会首先采用同理的方式，调整情绪：

> 因为每个人的需求不同，性格跟语言表达能力不一样。我会根据他的需求和性格特征，跟着他的思路走，这样摩擦就会很小。可能在这个方面做起来是比较困难的。也有可能他的要求是违背我想做的，但是我肯定是以满足他为主。（护士 C）

医患预期相左时，仅靠个体沟通很难达成一致意见。站在病患的角度去考虑问题，能让病患和家属进一步接受医护团队。因病情告知导致的预期偏差，往往由团队成员轮番沟通，互相背书，以期与病患达成共识：

> 我们一般先和家属开会，大家一起坐下来，整个团队去和他讲这个事情。（社工 A）
> 有的病人不知道自己的情况，那他就会出现一些不遵守医嘱的行为，然后脾气很暴躁。社工发觉后就要去和家属谈，看他们告知的意愿，尽量促成他们同意。家属谈拢了，再和医生、护士沟通决定怎么告知。（社工 C）

在理想状态下，各方谈拢后，病患、家属、医生、护士、社工会在约定时间去一个相对封闭的环境召开家庭会议，告知病患实情。在这样的团队会谈中，由医生解读病例、陈述利弊，由团队其他成员随时照顾患者情绪，表达尊重。这样的团队协作同时满足了正面情绪应对和正面问题解决，既能达成病情告知的目的，也给予了患方足够的人文关怀。然而，现实情况是总有家属临阵脱逃、敷衍了事，或者态度强硬，团队沟通不足以达成双边共识。对此，团队会优先尊重家属，选择妥协：

> 如果不管跟他经过几轮沟通，他都说我坚决不希望患者知道病情的话，那这个时候沟通的主要对象就要改变了，第一选择患者。首先从医院的角度来讲，不可能不经过家属同意，私自把患者的具体病情告诉患者。这样的话主要就是解决病人可能因为不了解病情而出现的一些激烈的反应，但是这种激烈的反应不至于造成对患者身体上的伤害性影响，我们更多的是宽慰、安抚病人的情绪这样。（社工C）

虽然不能违背家属的意愿，但是团队会提供必要的心理关怀，因此"妥协"这一负面问题解决方式也有一定的积极意义。

除了个体和团队层面的应对，受访院方也制定了相应的规章制度来减少医患的预期偏差。针对生理需求与安宁疗护理念相悖导致的偏差，院方规定病患及家属入院前要签订入院协议：

> 我们会跟家属不停地去强调，你前面签的协议是有法律效力的。你如果再要求打这种针来延长寿命，后续出现任何问题，责任就需要你自己来承担，跟家属沟通两到三次之后，家属如果还一再要求，可能我们会跟他重新签一个协议。（社工D）

针对医患对于安宁疗护的预期偏差，院方除了在接收病患前反复告知什么是安宁疗护，还会投入大量时间加强小学、医院、社区的生命教育：

> 我们是2018年开始做生命教育的。当时和区里文化局合作，邀请辖区里的小学生来体验社工设计的志愿服务。通过绘本，让他们从小就意识到生命是有限的，但在生命尽头依旧能有爱……安宁疗护是医学领域里一个又窄又新的领域，很多医护人员其实也不了解。我们团队每年都会去五到六所医学院做宣教，让在读生接受医学不

是万能的，启发他们去思考当医疗手段穷尽时，用什么方式保障病患的生命质量，让他们对生命和死亡多一点思考……再有就是辖区内的社区居民，我们请老年人做生命回忆录，参观我们的病房，分享一些临终老人家的故事，希望能改变他们的一些理念。（社工A）

在面对医患矛盾时，个体成员采用同理等正面情绪应对方式，使病患家属更容易接纳自己，随后以团队的形式履行各自职责。虽然形式上依旧是各司其职，但因为目的相同、协作紧密，笔者更倾向于把它们联合看作团队层面的正面问题解决方法。当个体、团队层面的应对着力解决当下的案例时，院方的规章则采用了预应性的视角，将公众对安宁疗护的需求、预期偏差作为常态来纠正和预防。

（三）工作强度大：团队互帮互助缓解高压工作

由于安宁疗护机构人员配备不足，照护压力大，护工常承受高强度、长时间的工作压力。受访护工表示当无暇休息时，护士会帮忙照顾病患，如给病患喂食等。当需要同时照顾多个疼痛和呕吐的病患时，一般首先解决呕吐问题，同时呼叫护士，由护士请医生来为病人止疼。相应地，护工也会协助护士进行尸体护理。

> 我们（团队）就像一家人一样，为什么这么多年我都没想走，就是有护士她们的支持。患者有时候会疼得很厉害，饭都喂不到嘴边，这时候护士和社工她们就会来帮我喂他们，一起安抚疼痛的病人。（护工A）
>
> 我有时候忙到没时间吃饭，像她们护士，就会来帮助我们。（护工C）

个体受访者并没有提及过多的情绪干扰，而是聚焦在团队层面的正面问题解决方式如何帮到了自己。在互帮互助的过程中也附带了情感支持，变相完成了正面情绪应对。

（四）技能与实操需求不匹配：团队互相学习合作

除了互相帮助完成高强度工作，团队成员还会通过互相学习增进专业了解，深化合作。即使接受过生命教育，医务社工因不具备医学背景，在参与查房时也会不知所措。为了帮助社工逐渐融入业务学习，医护会鼓励其共同参与业务学习：

> 比如说这个融入的问题，互相会有一个探索的过程，我帮助他们认识我们社工是在做什么，他们医护也会不断地去学习。包括他们每个星期会有一个固定的业务学习，都会让我在旁边听，不管听不听得懂，你进耳朵了听一句算一句都是这样的，互相帮助。我们医院职工他们可能也不太清楚，我在病人区到底在做什么，但有的时候比如说，像关于志愿者的，跟我工作内容搭嘎的都会让我去，带上我，让我多去看一下社区到底是什么样的一个情况。（社工 D）

团队成员在互相探索的过程中，相互沟通，交流彼此的经验，提高技能的同时增强团队凝聚力，提供必要的情绪支持。这样的正面情绪应对和正面问题解决方式也是应对环回结构模型中所有应对模式的最优解。

除了团队互助，院方规定参与的定期培训和考核也保证了医护人员的知识技能温故知新。由于安宁疗护与传统医学的理念和服务模式均不同，且缺乏专业的培训体系，护士的专业培训无法满足实务操作。有些从其他医院转来的病人，身上会留滞留针，安宁护士无从知晓如何护理。为保证专业技术的与时俱进，院方会安排执业护士定期接受培训，包括一般理论知识、护理技能、PICC 管护理等。培训既有院内开展的，也有与院外机构合作开展的。受访医院的培训频次不等，最多每月一次，最少每年一次。其中一家受访医院，每月都会有针对护士的理论考试、技能考核、护理查房和业务学习，同时每季度还会组织技能培训和应急预案培训。此举不仅提高了医护人员安宁疗护的核心能力，更好地发挥了医护成员在安宁疗护中的重要作用，还能促进安宁疗护服务质量的提升。

五 讨论

本文以应对环回结构模型和生态系统理论为基础，探索了安宁疗护团队在四种工作压力下实施的应对策略。现有安宁疗护文献中的应对策略多为学者建议，本文发现受访者的应对策略基本与之相符。当团队成员面对死亡和病痛时，他们彼此支持，院方也给予资金和团队建设支持；为减少医患误会，团队运用同理心轮番沟通，院方制定相关规章；面对高强度工作团队成员互帮互助；院方也会组织培训考核，解决社工和护士技能不足的问题。

本文发现三项特征。第一，大多数应对策略属于团队及院方的正面问题解决方式。在缓解死亡相关负性情绪时，团队成员会互相开解，院方会请第三方评估减压。在处理预期偏差导致的医患矛盾时，团队成员会通过各种形式，包括家庭会议、主题小组，与病患及家属轮番沟通，以求意见一致；院方则会通过入院前协议和生命教育等灌输安宁疗护的理念。在应对工作强度和技能短板时，团队成员会互相提供实务支持，院方则会安排定期培训。对团队而言，其应对是多人的工作智慧和情绪支持的凝结，也是所有应对类型中最理想的应对状态。而院方并非困境的直接影响对象，无论是制定政策还是开展培训均从中观层面解决安宁疗护团队面临的困境，因此我们倾向于将院方层面的应对策略归为正面问题解决。本文采集的资料中仅两例采用了负面问题解决方式，即初入职场的护工选择离职和团队成员在医患预期无法达成一致时选择妥协。前者提示了护工在安宁疗护工作中的弱势地位——唯一没有专业培训就立刻上岗、边做边学的工种；后者也可看作医护团队为实现人文关怀做出的职业让步。

第二，正面情绪应对方式形式单一，虽有运用，但认识不足。除了一位受访社工能清晰地认识到自己运用升华、寻找职业意义的方式来调节情绪外，几乎所有受访者都将自己的情绪缓解归功于团队支持。然而，负向情绪的来源有哪些，究竟是面对死亡的无力感，还是家属不理解不配合等，个体成员是无从了解、无法细分的。如此，就更无法区分哪一类团队支持是有针对性效果的。除了调整自己的情绪，团队成员也会采用正面情绪应对方式来推进工作。比如，护士会换位思考，试图理解病患与家属的思考角度。这种应对方式，团队成员会将其视作推进安宁疗护的工作方法，从某种程度上讲，这是团队成员在疗护过程中做出的让步，属于负向问题解决；但也可视作服务自己的正向情绪应对方式，通过认知转换让自己不再执拗于为达成人文照护而做出职业妥协。然而，这种职业妥协并不意味着安宁疗护团队什么都接纳。临终患者或其家属在选择放弃传统治疗而转向安宁疗护时，往往无法保持理性，团队的职责是在帮助患方厘清患方、家属和安宁疗护团队的权利义务和服务方案等相关问题的基础上，尊重患方及家属需求并给予最大限度的人文关怀照护。目前国内安宁疗护还在探索阶段，团队成员难以掌握告知说明的时机及方式，病人及家属对安宁疗护的决策困难较大。这种职业妥协也是本土化过程中要经历的过程。

第三，从微观到宏观，不同层面采取的应对策略偏重、效果都不同。在微观层面，个体成员在面对安宁疗护工作困境时，更多的是调节个人情绪，以期更好地面对死亡病痛、理解病患家属立场。除了尽力完成本职工作，更重要的应对策略是向团队求助。比如，护工请护士为病人叫来医生止痛、护士和社工帮助护工照护病人、社工向医护了解安宁疗护医学常识。正如生态系统理论所强调的，人在情境中，环境对人的发展具有重要作用。而团队的应对策略，即使是无工作目的的聚餐、团建，也能非常有效地解决个人的工作困境。虽然团建改善个体情绪的机制尚不明确，但其效果清晰可见。比如，所有受访者都表示互相陪伴开解是最好的纾解情绪的方式。像医患矛盾这样的工作困境，仅靠个体力量是不能解决的，必须依靠团队才能想到应对方法，获取情绪支持。如果微观层面的应对方式属于反应式应对，那么中观层面的应对方式则具有预应性。院方支持团建、引入第三方，并不是为了干预个体成员的心理状态，而是为了起到长期的预防作用。院方签订入院协议，是为了避免病患入住后，家属在传统治疗与安宁疗护之间摇摆。而投入宣传教育，则是为了普及安宁疗护理念，让更多人了解、接受安宁疗护，从而纠正预期偏差。虽然研究结果中并未涉及来自宏观层面的应对策略，但安宁疗护理念的普及旨在改善大众对安宁疗护的认知，提高社会对安宁疗护的接受度，也可以将其视作宏观层面对安宁疗护团队产生的影响。

本文存在一些不足之处。第一，本文的样本较少，只有四家医院的16位安宁疗护工作人员。在数据采集期间，上海有两百多家安宁疗护机构（吴玉苗等，2022），按要求社区卫生服务中心已全配备安宁疗护病房。之所以选取这四家，是因为它们发展时间长，团队成员各工种齐全，且几乎采用了教科书式的分工方法和服务流程。它们提供了相对成熟的安宁疗护运作模式，为新建安宁疗护病房的医疗机构和有志于拓展安宁疗护服务的地区提供了可操作的范本。第二，本文的样本局限于安宁疗护团队的核心人员——医生、护士、社工、护工，并没有包括其他辅助人员，如志愿者。参与安宁疗护的志愿者为临终病患及家属的生活质量做出了巨大贡献，也为团队成员分担了一部分人文照护工作。望以后的研究能综合考量志愿者、心理咨询师、营养师、药剂师等辅助成员与安宁疗护团队之间的合作状态。

本文以应对环回结构模型为基础，发现了个体在情绪应对上的运用不足和认识缺失，个体在压力遭遇中的情绪差异在很大程度上是缘于认知评估和应对。希望后续研究能够进一步探讨安宁疗护团队在情绪应对上运用和认知不足的原因和对策。同时，以生态系统理论为依据，论证了团队应对在实务压力中的不可或缺性，探讨了个体/团队应对与机构应对的区别，团队应对相对于个体应对可以促使个体采取更积极的应对方式，减少消极的应对方式。本文建议安宁疗护团队更注重正面情绪应对的培训，为将来的团队应对提供了分析框架参考。

参考文献

陈斯斯，2021，《守护生命最后的尊严，上海市安宁疗护服务管理中心成立》，https://www.thepaper.cn/newsDetail_forward_16061405。

高煜辰等，2022，《上海社区医院安宁疗护团队的工作困境质性研究》，《医学与哲学》第 4 期。

顾泳，2023，《为人生最后的告别洒上阳光 包括安宁疗护在内 上海将健全社区护理服务体系扩大覆盖面》，https://www.shanghai.gov.cn/nw4411/20230912/a28846362d4541e4a8fece8f332a1b98.html。

郭绍娟，2013，《医务社会工作对癌末患者的介入思考》，硕士学位论文，郑州大学。

李鲁蒙，2023，《上海市安宁疗护政策执行困境与对策研究——以 P 区为例》，硕士学位论文，华东理工大学。

罗蔷薇，2019，《对临终关怀期患者家属心理支持的探索》，《中华临床医师杂志》第 8 期。

潘文等，2019，《安宁疗护从业护士核心能力提升的管理工作探讨》，《管理观察》第 33 期。

上海统计局，2021，《2020 年上海市人口普查年鉴（浏览版）》，https://tjj.sh.gov.cn/tjnj_rkpc/20220829/29affc5f21a942cc8ab73a39e93c88f3.html。

尚爻等，2022，《安宁疗护人才队伍建设的调查与思考——以北京市为例》，《医学与哲学》第 1 期。

苏幸子，2016，《社会工作介入老年人临终关怀的个案研究》，硕士学位论文，天津理工大学。

王蓓，2015，《上海老龄化社会的特点、应对及其思考》，《中国老年学杂志》第 2 期。

王梦莹、王宪，2018，《国内外安宁疗护的发展现状及建议》，《护理管理杂志》第 12 期。

王甜君，2022，《安宁疗护的伦理价值及在我国加快发展的对策建议》，硕士学位论文，昆明理工大学。

吴玉苗等，2022，《上海市安宁疗护服务提供现况调查分析》，《上海医药》第 8 期。

于明峰等，2018，《新护士转型冲击与应对方式及社会支持的相关性研究》，《护理学杂志》第 10 期。

张清慧等，2019，《安宁疗护中专业健康照护者哀伤情绪的研究进展》，《中华护理杂志》第 12 期。

赵浩梅等，2022，《安宁疗护从业人员死亡应对能力现状及影响因素分析》，《职业与健康》第 1 期。

Firn, J., Preston, N., & Walshe, C. 2016. "What Are the Views of Hospital-based

Generalist Palliative Care Professionals on What Facilitates or Hinders Collaboration with In-patient Specialist Palliative Care Teams? A Systematically Constructed Narrative Synthesis." *Palliative Medicine* 30 (3): 240-256.

Folkman, S. & Lazarus, R. S. 1985. "If It Changes It Must Be a Process: Study of Emotion and Coping During 3 Stages of a College-examination." *Journal of Personality and Social Psychology* 48 (1): 150-170.

Stanisławski, K. 2019. "The Coping Circumplex Model: An Integrative Model of the Structure of Coping with Stress." *Frontiers in Psychology* 10: 694.

WHO. 2019. *Supporting Countries to Strengthen Palliative Care*. https://www.who.int/activities/supporting-countries-to-strengthen-palliative-care.

Zastrow, C. & Kirst-Ashman, K. K. 2004. *Understanding Human Behavior and Social Environment*. Boston: Cengage Learning.

社区老年精神分裂症患者康复需求评估与社工服务探讨[*]

——以上海市6个区为例

王彦凤　张伟波　张芷雯　何思源[**]

摘　要　本研究通过横断面调查方法，采用坎伯威尔需求评估问卷对上海6个区975名60岁以上社区老年精神分裂症患者进行康复需求调查，并采用单因素和多因素分析方法呈现患者总体需求、需求程度最高三项需求及其影响因素。上海市社区老年精神分裂症患者康复需求水平较低，每位患者有3.91项需求，排名前三的需求为躯体健康、精神病症状与福利需求，且不同群体需求有差异化，不同需求的影响因素也不尽相同，需要社工积极主动挖掘患者多元化个体需求，统筹发挥跨学科人员优势力量，持续推进政策倡导，助力福利制度现代化建设。

关键词　老年精神分裂症患者　康复需求　社工服务

---

[*]　本文系上海市哲学社会科学规划青年课题"基于复元理念的社区精神康复服务现状与社会工作介入路径研究"（2020ESH001）阶段性成果。

[**]　王彦凤，上海交通大学医学院附属精神卫生中心社工师，主要研究方向为精神健康社会工作理论与实务；张伟波，上海交通大学医学院附属精神卫生中心副主任医师，主要研究方向为精神疾病防治与康复；张芷雯，上海交通大学医学院附属精神卫生中心硕士研究生，主要研究方向为精神障碍队列研究；何思源，上海交通大学医学院附属精神卫生中心公卫医师，主要研究方向为公共卫生。

一 研究背景和问题提出

精神分裂症是一种病因未明，病程迁延，呈慢性且治愈率低、复发率和致残率高，需长期进行治疗和康复的疾病，在任何国家，精神分裂症都被作为重点防治的精神疾病。当下我国已处于快速老龄化阶段，老年精神分裂症患者人数与日俱增，根据 2020 年全国严重精神障碍患者管理治疗现状报告，国内精神分裂症患者中 60 岁以上人群占 24.12%（张五芳等，2022）；2022 年上海市精神卫生信息管理系统的数据显示，精神分裂症患者中 60 岁以上的人群已高达 47.64%。精神分裂症患者存在认知受损的问题，且随着年龄的增加，受损情况日益加剧，进而严重影响老年患者的日常生活与社会功能（张志坚，2020），患者"未愈先老"已成为一个不容忽视的公共卫生问题和社会问题。《"十四五"健康老龄化规划》中明确指出要完善身心健康并重的预防保健服务体系，扩大老年人心理关爱行动覆盖范围，针对老年人常见精神障碍问题，开展心理健康状况评估、早期识别和随访管理。因而，如何系统了解呈现上海本土老年精神分裂症患者的康复需求，并为社工专业服务介入寻找适宜的策略，具有较高的研究价值和社会意义。

回顾既往研究，社区精神分裂症患者的需求具有复杂性，需求评估搭建了识别问题、采取行动和评价服务之间的桥梁，是社工服务计划制定、实施和评价的重要参考（黄重梅等，2015）。在西方国家，需求评估已得到了政府法律的充分认可（Wong et al.，2011），而在我国，需求评估的重要性尚未得到充分重视，对社区精神分裂症患者的需求评估还比较有限（葛聪聪等，2017）。在康复需求内容方面，国外研究显示，社区精神分裂症患者康复需求包含心理健康、躯体健康、亲密的社会关系、家庭支持、教育、就业及良好生活等诸多方面（Ernest et al.，2013）。上海市徐汇区一项 120 例社区精神分裂症患者研究显示，康复需求程度最高的为居住条件、了解疾病和治疗信息、社会救助（吴洪明等，2002）。另一项甘肃省 278 例社区精神分裂症患者研究显示，患者需求最多的 5 个条目分别为精神症状、社会生活、获得疾病和治疗信息、日常活动及心理问题（王海龙等，2016）。在康复需求研究对象方面，精神分裂症患者康复需求研究对象大多设定为成年群体，少量针对老年精神分裂症患者的研究也仅局限于住院期间的护理需求，尚未见专门针对社区老年精神分裂症患者的康复需求开展的研究。此外，现有研究大多只对老年精神分裂症患者的需求影响因素进行简短性、概括性分析，较少有研究分别探索不同需求的影响因素（林群花等，2017；Simons & Petch，2002；Slade et al.，1996），而不同需求的影响因素也是本文将要探讨的。

因此，在持续推进现代社区精神康复服务体系发展中，精准评估老年精神分裂症患者具体康复需求就显得尤为重要。本文将重点探讨：上海市社区老年精神分裂症患者的康复需求有哪些？总体需求与主要需求影响因素又是什么？如何理解相关因素间的作用关系？基于本研究所发现的上海社区老年精神分裂症患者康复需求特点，社工在开展专业服务时可通过哪些策略来促进公共精神卫生体系的完善，提升老年患者的生活质量？

二 研究过程与结果呈现

（一）研究过程

本文采用横断面调查研究设计，运用多阶段整群抽样的方法，从上海市所有区中随机抽取城区、郊区各 3 个（徐汇区、长宁区、虹口区、宝山区、嘉定区、松江区），在这 6 个区中随机抽取样本居（村）委会 29 个，并将所抽中居（村）委会辖区内登记在册的 975 例社区老年精神分裂症患者作为调查对象。

研究工具包括：自制精神分裂症患者一般情况调查表，涵盖人口学资料（性别、年龄、文化程度、婚姻状况、工作情况等）、临床特征（家族史、病程、按时按量服药等）；坎伯威尔需求评估问卷（Camberwell

Assessment of Need，CAN），该量表由英国伦敦精神病研究所 Michael Phelan 等人编制并提供，是用于评估精神障碍患者康复需求的常用工具，已取得良好的信度和效度（Phelan et al.，1995）。该量表共 22 个条目，从对家庭的需求、对社会的需求、从家属得到的帮助、从社会得到的帮助及帮助类型 5 个角度对精神障碍患者的需求予以评价。此量表包括 5 个因子，分别为基本生活、躯体和心理健康、社会交往、家庭和社会职能及社会救助，评分越高表示需求程度越高和得到的帮助越多。

具体实施中，在居委会和当地防治人员的协助下，经患者本人知情同意后开展面对面调查，调查过程严格按照指导语标准进行，每场调查完成后的问卷由调查员统一现场收回和保管。使用 EpiData 3.1 进行数据录入、SPSS 26.0 进行数据分析。计量资料采用平均数和标准差表示，分类资料用百分比进行描述；以是否有至少一项需求、是否有某项需求作为分组或结局变量，组间比较采用相关分析、独立样本 t 检验和秩和检验进行分析。采用多因素 Logistic 回归分析社区老年精神分裂症患者需求的影响因素。所有分析均为双侧检验，检验水准 $p<0.05$。

（二）研究结果呈现

1. 研究对象人口学特征

调查对象平均年龄为 68.88±7.647 岁；男性有 385 人（39.5%），女性有 590 人（60.5%）；中心城区有 399 人（40.9%），郊区有 576 人（59.1%）；未曾接受正式教育的有 135 人（13.9%），小学的有 249 人（25.7%），中学的有 528 人（54.4%），大专的有 39 人（4.0%），本科及以上的有 19 人（2.0%）；未婚的有 161 人（16.6%），已婚的有 613 人（63.3%），离异或丧偶的有 195 人（20.1%）；独居的有 120 人（12.3%），非独居的有 855 人（87.7%）；无业的有 336 人（34.9%），在业的有 101 人（10.5%），离退休的有 527 人（54.7%）；519 人（54.0%）无残疾情况，442 人（46.0%）有残疾情况（见表 1）。

表1　上海市社区老年精神分裂症患者的一般人口学资料（$N=975$）

单位：人，%

变量	参数	人数	占比
年龄（岁）	中位数（平均数±标准差）	68.88	7.647
性别	男	385	39.5
	女	590	60.5
居住地	中心城区	399	40.9
	郊区	576	59.1
文化程度	未曾接受正式教育	135	13.9
	小学	249	25.7
	中学	528	54.4
	大专	39	4.0
	本科及以上	19	2.0
婚姻状况	未婚	161	16.6
	已婚	613	63.3
	离异或丧偶	195	20.1
居住状态	非独居	855	87.7
	独居	120	12.3
工作情况	无业	336	34.9
	在业	101	10.5
	离退休	527	54.7
残疾情况	无	519	54.0
	有	442	46.0

注：部分变量有缺失值。

2. 疾病及诊疗特征

平均起病年龄小于18岁的有31人（3.2%），18~39岁的有508人（52.1%），大于等于40岁的有436人（44.7%）；平均病程在5年以下的有39人（4.0%），5~10年的有74人（7.6%），10~20年的有167人（17.1%），20~30年的有233人（23.9%），30年及以上的有462人（47.4%）；无家族史者有858人（88.0%），有家族史者有117人（12.0%）；目前精神症状明显者有27人（2.8%），部分症状缓解的有575人（59.0%），症状完全缓解的有373人（38.3%）；患者中复发的有611人（68.5%），未复发的有281人（31.5%）；按时按量服药的有665人（68.2%），没有按时按量服药者有310人（31.8%）；定期门诊随访的有628人（64.4%），没有定期门诊随访的有347人（35.6%）；月诊疗及康复费用在500元及以下的有741人（76.5%），501~1500元的有186人（19.2%），1500元以上的有41人（4.2%）；423人（43.8%）有其他慢性病共病情况，542人（56.2%）没有其他慢性病共病情况（见表2）。

表2 上海市社区老年精神分裂症患者的疾病及诊疗特征（$N=975$）

单位：人，%

变量	参数	人数	占比
起病年龄	<18岁	31	3.2
	18~39岁	508	52.1
	≥40岁	436	44.7
病程	5年以下	39	4.0
	5~10年	74	7.6
	10~20年	167	17.1
	20~30年	233	23.9
	30年及以上	462	47.4
家族史	无	858	88.0
	有	117	12.0
目前精神症状	症状明显	27	2.8
	部分症状缓解	575	59.0
	症状完全缓解	373	38.3
复发情况	无	281	31.5
	有	611	68.5
按时按量服药	否	310	31.8
	是	665	68.2
定期门诊随访	否	347	35.6
	是	628	64.4
月诊疗及康复费用	500元及以下	741	76.5
	501~1500元	186	19.2

续表

变量	参数	人数	占比
月诊疗及康复费用	1500元以上	41	4.2
其他慢性病共病情况	无	542	56.2
	有	423	43.8

注：慢性非传染性疾病，简称慢性病，本研究所称慢性病指精神分裂症之外的其他慢性病，包括糖尿病、高血压、哮喘、心脏病、脑中风、类风湿性关节炎、癫痫、肾衰竭、帕金森病；部分变量有缺失值。

3. 主要康复需求情况

采用坎伯威尔需求评估问卷调查上海市60岁以上精神分裂症患者的22项康复需求，结果显示，患者22项需求的报告率均低于40%，平均每位患者需求数量为3.91±4.89，已满足的需求为3.3±2.0，未满足的需求为0.6±1.7，37.54%的患者自述没有需求，16%的患者表示有1~2项需求，17.23%的人表示有3~5项需求，29.23%的人表示有6项及以上需求。在各项康复需求中，排名前三的需求分别是躯体健康（如身体不适时能及时寻求帮助）、精神病症状（如能够较好地控制精神病症状如幻觉、妄想等）、福利（如能顺利申请或领取符合资格的补助金）三方面的需求（见表3）。

表3 上海市社区老年精神分裂症患者总体康复需求情况

单位：人，%

需求维度	没有需求	需求得到满足	未得到满足	不想回答
住宿（如拥有稳定、合适的住所）	837 (86.3)	67 (6.9)	35 (3.6)	31 (3.2)
饮食（如独立购买和准备一日三餐）	783 (80.7)	133 (13.7)	27 (2.8)	27 (2.8)
家务能力（如独立做家务，打扫卫生）	749 (77.2)	165 (17.0)	27 (2.8)	29 (3.0)
自我照顾（如保持良好的个人卫生）	747 (77.0)	173 (17.8)	24 (2.5)	26 (2.7)
白天活动（如作息规律，能妥善安排白天的时间）	760 (78.6)	158 (16.3)	20 (2.1)	29 (3.0)
躯体健康（如身体不适时能及时寻求帮助）	592 (61.3)	289 (29.9)	55 (5.7)	30 (3.1)

续表

需求维度	没有需求	需求得到满足	未得到满足	不想回答
精神病症状（如能够较好地控制精神病症状如幻觉、妄想等）	613（63.3）	280（28.9）	41（4.2）	34（3.5）
信息（如方便获取疾病治疗的信息以及社区服务等信息）	706（72.8）	189（19.5）	39（4.0）	36（3.7）
心理痛苦（如产生悲伤、焦虑等负面情绪时能够自我排解）	717（73.9）	175（18.0）	38（3.9）	40（4.1）
自身安全（如产生自杀、自伤等念头和行为时外界能及时干预）	808（83.5）	100（10.3）	9（0.9）	51（5.3）
他人安全（如发病时不发生恐吓、伤害他人等行为）	840（86.8）	77（8.0）	5（0.5）	46（4.8）
酒精（如能较好地控制饮酒量）	896（92.5）	38（3.9）	4（0.4）	31（3.2）
药物（如能控制好药物使用量，不过量使用药物）	722（74.6）	202（20.9）	17（1.8）	27（2.8）
社交（如能自己安排社交生活，有足够的朋友）	773（79.9）	120（12.4）	36（3.7）	38（3.9）
亲密关系（如拥有良好的亲密关系如伴侣关系，满足没有伴侣的现状）	783（81.0）	91（9.4）	25（2.6）	68（7.0）
有关性的表达（如保持性生活愉快，或有性方面问题时能得到帮助和治疗）	835（86.3）	26（2.7）	9（0.9）	98（10.1）
照顾子女（若有子女，能否妥善照顾子女；若无子女，则勾选无需求）	776（80.1）	133（13.7）	23（2.4）	37（3.8）
基本教育（如能正常地阅读、写字和语言表达）	832（85.9）	97（10.0）	14（1.4）	26（2.7）
电话（如能够便利地获取和使用电话）	750（77.6）	168（17.4）	20（2.1）	29（3.0）
交通（如自己乘坐地铁、公交车等交通工具到达目的地）	749（77.4）	159（16.4）	31（3.2）	29（3.0）
金钱（如可以自己管理金钱和计划开支）	725（74.9）	173（17.9）	34（3.5）	36（3.7）
福利（如能顺利申请或领取符合资格的补助金）	643（66.4）	208（21.5）	81（8.4）	37（3.8）

4. 患者总体需求及主要需求影响因素分析

在患者总体康复需求的主要影响因素方面，本文以年龄、性别、婚姻状况、居住地、文化程度、工作情况、残疾情况、家族史、目前精神症状（将目前精神症状明显或部分症状缓解合并为一类"仍有精神症状")、复发情况、病程、其他慢性病共病情况、按时按量服药、定期门诊随访、月诊疗及康复费用为自变量；以是否至少有一项需求，是否有躯体健康需求、精神病症状相关需求、福利需求为因变量。经过单因素分析筛选 $p>0.1$ 的因素，结合专业知识并剔除可能出现共线性的类似变量，再进行二元 Logistic 回归分析（赋值同上），分析结果显示：有残疾情况（$p<0.001$, OR = 1.698）、仍有精神症状（$p=0.018$, OR = 1.427）、其他慢性病共病数量较多（$p=0.008$, OR = 1.230）的患者更多提出相关需求；与无业患者相比，离退休（$p=0.009$, OR = 0.659）的患者较少提出相关需求（见表4）。

表4 上海市社区老年精神分裂症患者总体康复需求主要影响因素分析

因素	B	SE	wald	p	Exp（B）	95%置信区间
工作情况						
无业（参照）	0				1	
在业	0.464	0.283	2.686	0.101	1.590	0.913~2.769
离退休	-0.417	0.159	6.838	0.009	0.659	0.482~0.90
残疾情况						
无（参照）	0				1	
有	0.529	0.149	12.587	0.000	1.698	1.267~2.275
目前精神症状						
症状完全缓解（参照）	0				1	
仍有精神症状	0.356	0.150	5.616	0.018	1.427	1.063~1.916
其他慢性病共病数量（数值变量）	0.207	0.078	7.084	0.008	1.230	1.056~1.433

在与躯体健康相关的康复需求方面，年龄较大（$p=0.029$, OR = 1.023）、有残疾情况（$p=0.006$, OR = 1.524）、其他慢性病共病数量较多（$p=0.062$, OR = 1.148）、按时按量服药（$p=0.001$, OR = 1.697）的患者更多表现出此类需求（见表5）。在与精神病症状相关的康复需求方面，有残疾情况（$p=0.001$, OR = 1.707）、仍有精神症状（$p<0.001$, OR = 1.833）、曾有过复发（$p=0.029$, OR = 1.485）、按时按量服药（$p<$

0.001，OR=2.624）的患者对该方面的需求较高，同时，与未婚患者相比，已婚患者在该方面的需求更高（$p=0.005$，OR=1.828）（见表6）。在与福利相关的康复需求方面，有残疾情况（$p<0.001$，OR=1.787）、曾有过复发（$p=0.024$，OR=1.482）的患者表现出了更多的需求。与未曾接受正式教育的患者相比，小学文化程度（$p=0.017$，OR=0.560）和中学文化程度（$p=0.001$，OR=0.502）的患者该方面需求较低；而大专及以上学历的患者与未曾接受正式教育的患者相比，差异没有统计学意义（见表7）。

表5 上海市社区老年精神分裂症患者在躯体健康方面的康复需求主要影响因素分析

因素	B	SE	wald	p	Exp（B）	95%置信区间
年龄（数值变量）	0.023	0.010	4.789	0.029	1.023	1.002~1.044
残疾情况						
无（参照）	0				0	
有	0.422	0.153	7.557	0.006	1.524	1.129~2.059
按时按量服药						
否（参照）	0				1	
是	0.529	0.166	10.125	0.001	1.697	1.225~2.351
其他慢性病共病数量（数值变量）	0.138	0.074	3.478	0.062	1.148	0.993~1.328

表6 上海市社区老年精神分裂症患者在精神病症状方面的康复需求主要影响因素分析

因素	B	SE	wald	p	Exp（B）	95%置信区间
婚姻状况						
未婚（参照）	0				1	
已婚	0.603	0.217	7.755	0.005	1.828	1.196~2.795
离异或丧偶	0.379	0.261	2.104	0.147	1.461	0.875~2.438
残疾情况						
无（参照）	0				1	
有	0.535	0.160	11.155	0.001	1.707	1.247~2.336
目前精神症状						

续表

因素	B	SE	wald	p	Exp（B）	95%置信区间
症状完全缓解（参照）	0				1	
仍有精神症状	0.606	0.166	13.256	0.000	1.833	1.323~2.540
复发情况						
无（参照）	0				1	
有	0.396	0.182	4.740	0.029	1.485	1.040~2.121
按时按量服药						
否（参照）	0				1	
是	0.965	0.189	26.043	0.000	2.624	1.812~3.802

表7 上海市社区老年精神分裂症患者在福利方面的康复需求主要影响因素分析

因素	B	SE	wald	p	Exp（B）	95%置信区间
文化程度						
未曾接受正式教育（参照）	0				1	
小学	-0.580	0.242	5.742	0.017	0.560	0.349~0.900
中学	-0.689	0.216	10.198	0.001	0.502	0.329~0.766
大专	-0.791	0.439	3.247	0.072	0.453	0.192~1.072
本科及以上	-0.597	0.571	1.093	0.296	0.550	0.180~1.687
残疾情况						
无（参照）	0				1	
有	0.581	0.155	13.949	0.000	1.787	1.318~2.424
复发情况						
无（参照）	0				1	
有	0.393	0.174	5.109	0.024	1.482	1.054~2.084

三 康复需求总结与相关讨论

本文全面报告了上海市社区老年精神分裂症群体的各方面需求，并对需求影响因素进行了较为细致的分析。与多数研究相比，本研究的优势是，对于需求程度最高的三项需求分别进行了影响因素分析，有助于更准确地探讨老年精神分裂症患者不同类别的需求情况。本次研究结果显示，上海市社区老年精神分裂症患者平均每人存在 3.91 项需求，与国内外采用同种调查工具的研究相比，本研究中患者的需求水平相对较低。多项研究采用坎伯威尔需求评估问卷调查精神分裂症患者的相关需求，结果显示，患者总需求数平均在 3.3~7.6（Ernest et al., 2013; Grover et al., 2015; Andrade et al., 2018; Medeiros-Ferreira & Navarro-Pastor, 2016; Jorquera et al., 2015; Oberndorfer et al., 2023; Ochoa et al., 2003; Uygur & Danaci, 2019），绝大多数研究中患者的总需求数量基本在 5~6 项，仅有智利的一项针对首发精神分裂症患者的研究中平均总需求数为 3.3 项，但这些研究未对患者的年龄进行限定，患者平均年龄在 22~45 岁。极少有研究的调查对象仅针对老年精神分裂症患者，多数涉及老年人的研究往往针对普通老年人或患有其他疾病的老年人。对于较低水平的需求，可能是由于患者表达和理解相关需求的能力有限，调查的康复需求需要患者有一定的能力及社会资源才能意识到并表达出来，部分没有提出需求的人可能是受限于相关认知、信息获取等因素（Ritsner et al., 2012），无法感知并表达自身的多种需求。同时，患者年龄偏大，平均年龄为 68.88 岁，老年人对于多种需求的理解能力有限；还可能担心自己成为负担，主观上不愿表达较多需求（Hancock et al., 2003）。

在患者报告的诸多方面需求中，福利、精神病症状、躯体健康方面的需求被最常提到。不同地区的患者对于需求的关注点也有所不同，但对于精神病症状的需求属于各国患者共性需求，在绝大多数研究中该需求排名第一，在部分欧洲、澳大利亚、西班牙和智利的精神分裂症患者中，该方面需求最高（Medeiros-Ferreira & Navarro-Pastor, 2016; Jorquera et al., 2015; Oberndorfer et al., 2023; Ochoa et al., 2003）。其他方面的需求不同地区有所不同，家务料理、陪伴是较多提及的需求，欧洲的一项研究中患者对于有关性的表达需求较高（Jorquera et al., 2015; Oberndorfer et al., 2023; Ochoa et al., 2003; Uygur & Danaci, 2019）。本研究中患者对于福利（如能顺利申请或领取符合资格的补助金）的需求最高，与印度的一项关于精神分裂症患者的需求研究情况相同（Grover et al., 2015）。

这可能是由于我国与印度对于精神分裂症患者的社会保障体系较为薄弱，同时由于社会中疾病污名化的影响，患者属于社会中的弱势群体，往往伴有残疾或无业情况，对于社会福利及救助政策需求较为明显。

对于社区精神分裂症患者总体需求的影响因素分析，本研究结果显示，患者在业、有残疾情况、仍有精神症状、患有的慢性病共病种类多是影响患者总体需求的因素。本研究在总体需求分析的基础上进一步分析了需求程度最高的三项需求的影响因素，发现不同需求的影响因素是有所不同的，反映了背后可能代表着不同类别的群体，应该分类进行讨论和分析。

对于躯体健康需求（如身体不适时能及时寻求帮助）程度较高的患者，往往年纪较大、存在残疾情况、服药相对规律、慢性病共病患病情况较为严重。从医学常识来看，存在慢性病共病数量较多的人往往也会产生很多躯体健康需求。年龄也是躯体健康需求的相关因素，长期服药的患者随着年龄的增长，各方面慢性病情况增多，躯体健康的需求逐渐凸显。国内外大多数研究表明，年龄较大是精神分裂症患者共病多种慢性病的危险因素（Uğurlu et al.，2016；Nebhinani et al.，2022）。值得关注的是，本研究中服药规律的群体通常更多提出躯体健康方面的需求。尽管精神分裂症患者的代谢不良反应不仅仅与抗精神病药物的使用有关，但国内外大量研究证明，服用抗精神病药物增加了精神分裂症患者罹患各类慢性病的风险（Mitchell et al.，2012；Vancampfort et al.，2015），这可能是因为此类药物在缓解患者症状的同时，也会产生包括胰岛素抵抗、糖耐量受损（Aslanoglou et al.，2021）、血脂异常和体脂量增加等在内的一系列代谢不良反应（De Hert et al.，2006）。

对于精神病症状方面（如能够较好地控制精神病症状如幻觉、妄想等）需求较高的患者，往往已婚、有残疾情况、仍有精神症状、曾有复发情况且按时按量服药。患者仍有精神症状、有复发和残疾情况，显示了疾病预后较差的群体往往对于症状管理需求较高，与国内外的研究报告相一致（Oberndorfer et al.，2023）。已婚和患者较高的精神病症状需求有关，国内的一项调查研究也显示，91.92%的患者家属最希望获得的相关知识是药物治疗方案（张春燕等，2013），已婚患者对于精神病症状管理的需求背后可能代表着整个家庭对于患者症状控制的高度重视。按时按量服药与患者较高的精神病症状管理需求相关，服药的主要目的在于控制相关精神病症状，按时按量服药显示出患者控制病情的意愿，此类患者对于精神病症状管理等专业帮助往往有一定需求。

对于补助金等相关福利方面，患有残疾、文化程度稍低、曾有过复发的患者表现出了更多的需求。国家卫健委的研究表明，严重精神障碍患者是极为困难的社会弱势群体，贫困率高，文化程度较低（张五芳等，2022），这类群体对于补助金等福利政策的需求往往较为明显。其他研究中也提到文化水平和需求的负相关性，与本研究的结果相一致（Stein et al.，2014）。此外，本研究发现这类需要社会救助的群体常常伴有残疾、疾病预后不良的情况。国内学者的研究也表明，患者的症状严重程度、病程等是影响需求的主要因素（李文杰等，2000）。印度的一项研究显示，患者未满足的需求与贫困、文化水平较低及持续存在的精神病症状有关（Ernest et al.，2013）。有研究者指出，贫困和疾病预后不良之间存在互为因果的关系，患者持续的精神病症状往往导致失业和收入减少，从而导致患者贫困情况加剧，而贫困使患者更难获得良好的卫生服务，从而导致疾病情况长期无明显改善，两者形成了一个恶性循环（Ernest et al.，2013）。

综合上述结果分析，当前社区老年精神分裂症患者表达的需求水平较低，最高的三项需求的影响因素亦有不同，反映了背后可能代表着不同类别的老年精神分裂症患者群体，这些群体特质也应纳入专业服务介入的考虑事项范畴内，才能更好地保障服务的专业性、有效性。

四 社工服务建议

精神健康社会工作是涉及社会工作与精神医疗双重领域的专门学科和实务领域，近年来在各项政策文件的推动下也得到快速发展。目前上海市、区两级18家精神卫生专科医疗机构都配备了社会工作者，而社区老年精神分裂症患者亦是其重要的服务对象。根据服务对象需求特点，社工在对社区老年精神分裂症患者开展专业服务时也更应注意以下事项。一是坚持需求为导向，主动挖掘患者多元化个体需求。结合本研究结果分析，当前社区老年精神分裂症患者表达的需求水平较低，不同群体的需求也存在差异，且随着照料者年龄的增加，很多新康复需求或照料问题也将浮出水面。因此社工要进一步动态挖掘患者有关福利、精神病症状、躯体健康等的需求，在基于需求的个体化差异和对不同影响因素的敏感性上，提供相应服务，提升患者的整体健康水平和生活品质。二是加强跨学科合作，统筹发挥各专业优势力量。社工要整合链接各类专业医疗资源，与精神科医生、公卫医生、康复治疗师及家属共同配合，为患者及其家庭提供有效的情感支持与信息支持，协助患者进行疾病管理与社会康复。其中，医生负责疾病治疗与服药建议，公卫医生负责随访与症状监测，康复师实施具体康复训练，社工则通过个案、小组及社区工作等专业方法协助患者及其家属解决与疾病相关的社会、经济、家庭、职业、心理等问题，以提高治疗康复效果。三是持续推进政策倡导，助力福利制度现代化建设。社工要自下而上地将老年患者群体的需求整理转化为政府部门看得见的"议题"，积极建言献策，倡导政府部门在为患者提供经济支持等相关社会救助的同时，夯实以家庭为主体、社区为依托及专业社会组织为辅助的社会支持系统，逐步填充老年精神分裂症患者社区养护的"空白"。同时，社工作为基层政策执行者，要强化政府政策引领推动作用，促进福利制度的本土化落地，切实为患者撑起保护屏障，回应患者所需，维护患者权益，提升患者生活质量，营造良好正向的社区康复环境。

参考文献

葛聪聪、张伟波、张琼、刘洋、蔡军，2017，《社区精神分裂症患者康复需求的研究现状》，《中国康复》第6期。

黄重梅、唐四元、孙玫、师正坤、丁金锋，2015，《坎伯威尔需求评估问卷研究及应用现状》，《中国全科医学》第21期。

李文杰、孙君、宋立升、陈美娟，2000，《社区慢性精神分裂症患者的需求调查》，《临床精神医学杂志》第 4 期。

林群花、陈秀意、陈晔，2017，《老年精神分裂症患者的长期护理需求及对策探究》，《中外医学研究》第 20 期。

王海龙、金洪民、白明、张永宏、马妍芹，2016，《社区精神分裂症患者康复期需求与患者家庭负担的关系》，《中国健康心理学杂志》第 7 期。

吴洪明、沈文龙、饶顺曾、陈慧芬、宋立升，2002，《社区精神分裂症患者基本需求的影响因素》，《临床精神医学杂志》第 1 期。

张春燕、胡国芹、易正辉，2013，《精神分裂症患者和家属社区综合康复需求的研究现状》，《精神医学杂志》第 6 期。

张五芳、马宁、王勋、吴霞民、赵苗苗、陈润滋、管丽丽、马弘、于欣、陆林，2022，《2020 年全国严重精神障碍患者管理治疗现状分析》，《中华精神科杂志》第 2 期。

张志坚，2020，《老年精神分裂症患者社会认知现状及对社会功能的影响》，《中国肿瘤临床》第 17 期。

Andrade, M. C. R., Slade, M., Bandeira, M., Evans-Lacko, S., Martin, D., & Andreoli, S. B. 2018. "Need for Information in a Representative Sample of Outpatients with Schizophrenia Disorders." *International Journal of Social Psychiatry* 64 (5): 476-481.

Aslanoglou, D., Bertera, S., Sánchez-Soto, M, Benjamin, F. R., Lee, J., Zong, W., Xue, X., Shrestha, S., Brissova, M., Logan, R. W., Wollheim, C. B., Trucco, M., Yechoor, V. K., Sibley, D. R., Bottino, R., & Freyberg, Z. 2021. "Dopamine Regulates Pancreatic Glucagon and Insulin Secretion Via Adrenergic and Dopaminergic Receptors." *Translational Psychiatry* 11 (1): 59.

De Hert, M. A., van Winkel, R., Van Eyck, D., Hanssens, L., Wampers, M., Scheen, A., & Peuskens, J. 2006. "Prevalence of the Metabolic Syndrome in Patients with Schizophrenia Treated with Antipsychotic Medication." *Schizophrenia Research* 83 (1): 87-93.

Ernest, S., Nagarajan, G., & Jacob, K. S. 2013. "Assessment of Need of Patients with Schizophrenia: A Study in Vellore, India." *International Journal of Social Psychiatry* 59 (8): 752-756.

Grover, S., Avasthi, A., Shah, S., Lakdawala, B., Chakraborty, K., Nebhinani, N., Kallivayalil, R. A., Dalal, P. K., Sinha, V., Khairkar, P., Mukerjee, D. G., Thara, R., Behere, P., Chauhan, N., Thirunavukarasu, M., & Malhotra, S. 2015. "Indian Psychiatric Society Multicentric Study on Assessment of Health-Care Needs of Patients with Severe Mental Illnesses." *Indian Journal of Psychiatry* 57 (1): 43-50.

Hancock, G. A., Reynolds, T., Woods, B., Thornicroft, G., & Orrell, M. 2003. "The Needs of Older People with Mental Health Problems According to the User, the Carer, and the Staff." *International Journal of Geriatric Psychiatry* 18 (9): 803-811.

Jorquera, N., Alvarado, R., Libuy, N., & de Angel, V. 2015. "Association Between Unmet Needs and Clinical Status in Patients with First Episode of Schizophrenia in Chile." *Frontiers in Psychiatry* 6: 57.

Medeiros-Ferreira, L. & Navarro-Pastor, J. B. 2016. "Perceived Needs and Health-Related Quality of Life in People with Schizophrenia and Metabolic Syndrome: A 'Real-World' Study." *Bmc Psychiatry* 16 (1): 414.

Mitchell, A. J., Vancampfort, D., De Herdt, A., Yu W., & De Hert, M. 2012. "Is the Prevalence of Metabolic Syndrome and Metabolic Abnormalities Increased in Early Schizophrenia? A Comparative Meta-Analysis of First Episode, Untreated and Treated Patients." *Schizophr Bull* 39 (2): 295-305.

Nebhinani, N., Tripathi, S., Suthar, N., Pareek, V., Purohit, P., & Sharma, P. 2022. "Correlates of Metabolic Syndrome in Patients with Schizophrenia: An Exploratory Study." *Indian Journal of Clinical Biochemistry* 37 (2): 232-237.

Oberndorfer, R., Alexandrowicz, R. W., Unger, A., Koch, M., Markiewicz, I., Gosek, P., Heitzman, J., Iozzino, L., Ferrari, C., Salize, H. J., Picchioni, M., Fangerau, H., Stompe, T., Wancata, J., & de Girolamo, G. 2023. "Needs Of Forensic Psychiatric Patients with Schizophrenia in Five European Countries." *Social Psychiatry and Psychiatric Epidemiology* 58 (1): 53-63.

Ochoa, S., Haro, J. M., Autonell, J., Pendàs, A., Teba, F., Màrquez, M., & NEDES Group. 2003. "Met and Unmet Needs of Schizophrenia Patients in a Spanish Sample." *Schizophr Bull* 29 (2): 201-210.

Phelan, M., Slade, M., Thornicroft, G., Dunn, G., Holloway, F., Wykes, T.,

Strathdee, G., Loftus, L., McCrone, P., & Hayward, P. 1995. "The Camberwell Assessment of Need: the Validity and Reliability of An Instrument to Assess the Needs of People with Severe Mental Illness." *British Journal of Psychiatry* 167 (5): 589–595.

Ritsner, M. S., Lisker, A., Arbitman, M., & Grinshpoon, A. 2012. "Factor Structure in the Camberwell Assessment of Need-Patient Version: The Correlations with Dimensions of Illness, Personality and Quality of Life of Schizophrenia Patients." *Psychiatry and Clinical Neurosciences* 66 (6): 499–507.

Simons, L. & Petch, A. 2002. "Needs Assessment and Discharge: A Scottish Perspective." *Journal of Psychiatric and Mental Health Nursing* 9 (4): 435–445.

Slade, M., Phelan, M., Thornicroft, G., & Parkman, S. 1996. "The Camberwell Assessment of Need (CAN): Comparison of Assessments by Staff and Patients of the Needs of the Severely Mentally Ill." *Social Psychiatry and Psychiatric Epidemiology* 31 (3–4): 109–113.

Stein, J., Luppa, M., König, H. H., & Riedel-Heller, S. G. 2014. "Assessing Met and Unmet Needs in the Oldest-Old and Psychometric Properties of the German Version of The Camberwell Assessment of Need for the Elderly (CANE)—A Pilot Study." *International Psychogeriatrics* 26 (2): 285–295.

Uğurlu, K. G., Kaymak, U. S., Uğurlu, M., Örsel, S., & Çayköylü, A. 2016. "Total White Blood Cell Count, Liver Enzymes, and Metabolic Syndrome in Schizophrenia." *Turkish Journal of Medical Sciences* 46 (2): 259–264.

Uygur, B. & Danaci, A. E. 2019. "Needs of Patients with Schizophrenia and Their Predictors." *Turk Psikiyatri Dergisi* 30 (3): 180–190.

Vancampfort, D., Stubbs, B., Mitchell, A. J., De Hert, M., Wampers, M., Ward, P. B., Rosenbaum, S., & Correll, C. U. 2015. "Risk of Metabolic Syndrome and Its Components in People with Schizophrenia and Related Psychotic Disorders, Bipolar Disorder and Major Depressive Disorder: A Systematic Review and Meta-Analysis." *World Psychiatry* 14 (3): 339–347.

Wong, A. H., Tsang, H. W. H., LiS, M. Y. et al. 2011. "Development and Initial Validation of Perceived Rehabilitation Needs Questionnaire for People with Schizophrenia." *Quality of Life Research* 20 (3): 447–456.

Table of Contents & Abstracts

Reflection on Reflection: An Examination of the Knowledge View of Social Work

Tong Min, Zhou Xiaotong / 1

Abstract: As Chinese social work has gradually become one of the important professional forces of social governance in China, its practical and professional requirements are increasing, and the role of practice reflection is becoming more and more prominent. Therefore, how to carry out effective reflection on social work practice has become a difficult problem to be solved urgently in the professional development of social work in China. A review of Western social work discussions on the connotation of reflection reveals that, due to the influence of dichotomous scientific thinking, Western social work reflection has always been trapped in the dilemma of the mutual fragmentation of person and environment. Therefore, Chinese social work needs to introduce the concept of scene, and put reflection in the real scene to enhance people's ability to effectively deal with the practical problems in real situations. Such action reflection can not only overcome the dichotomy between people and environment, clarify the nature of the scene action science of social work, but also promote the deep integration of Chinese social work and social governance in China and facilitate the creation of a social work theory system with Chinese characteristics.

Keywords: Action Reflection; Knowledge Perspective; Social Work

Social Work for Common Prosperity: Reconstruction of Theory and Practice

Yang Chao, He Xuesong / 20

Abstract: Common prosperity is the central task of Chinese modernization, and its requirements for social work theory have exceeded the main theory vision of Western social work, but the existing social work theory framework has not completed the reconstruction of social work theory and practice for common prosperity. This study believes that common prosperity is the mission of Chinese social work, and its requirements for social work are to connect microcosmic and macroscopy, combine tradition and modernity, and go beyond therapy and development. This paper critically analyzes that the mainstream of western social work theory lies in healing, complement lies in development, and blind spot lies in co-enrichment. This research constructs a theoretical framework based on relationalism with co-enrichment relationship as the core, and points out that the corresponding framework of social work practice should focus on the duality of material and spiritual enrichment, the sharing of the pre-rich and the post-rich, and the dynamic pattern of co-enrichment.

Keywords: Common Prosperity; Relationalism; Social Work

From "Embedded" to "Endogenous": The Transformation of Professional Governance Strategies in the Process of Localization of Social Work

Wang Xuemeng, Pei Tong / 35

Abstract: This paper investigates the diachronic and synchronic nature of China's social work community organization system and finds that the rejection of professional governance by the community organization system, the stripping of professional governance by the community professional system, and the dilution of professional governance by the community public demand have resulted in the crisis of "goals replacement" among the community social work. Community social work is embedded on the surface, suspended in reality, effective in form but ineffective in substance. Hence, the transformation of professional governance strategies is the only way for the localization of social work in China in the future. Specifically, it can be established through the "3C" strategies, which are the organizational community, the policy community and the service community. These three "communities" are essentially an "administrative-professional complex" that is "half-professional-half-administrative" endogenous to the existing regime system. The birth of new organizational structures such as Township (Street) Social Work Stations and Central Social Work Department is a necessary path for the transformation of social work professional governance to modernization.

Keywords: Embedded; Endogenous; Professional Governance; Administrative-Professional Complex

Turning Points and Dynamic Needs in Life Course of Autism Community: A Qualitative Study Based on 20 Parents of Individuals with Autism in Shanghai

Chen Beili, Zhang Zhichu, Ishiwata Tanni, Cai Yi / 52

Abstract: Most of the previous research on the needs of autism groups only focused on the situation within a certain stage, and rarely used needs theory to conduct a comprehensive analysis of needs. This study focuses on turning points from a life course perspective, uses ERG theory as a tool to analyze the needs of the autistic group in three aspects: Existence, relatedness and growth. It collects data through in-depth interviews with 20 parents of the autistic group in Shanghai, and uses Thematic analysis was used to extract themes related to the "life course and needs of autism groups". The study reveals that the needs of autism groups exhibit significant stages and variations along the timeline of life development and constructs an integrated demand model based on these dynamic changes.

Keywords: Life Course; Autism; Turning Points; ERG Theory

Qualitative Research on the Inner and Outer Connection System of Urban Poor Families—Based on the Perspective of Social Connection Theory

Song Xiangdong / 74

Abstract: With the development of urban economy and society, the complexity and multi-dimensionality of urban poverty have gradually become a significant social issue and focus in China. This study, based on the four core elements of social connection theory—attachment, commitment, participation, and belief—conducts qualitative research focusing on the current state of social connections in urban poor families and the impact of these connections on poverty alleviation. The research finds that the social connections of urban poor families can be divided into internal systems, including family and relatives, and external systems, such as government departments, social organizations, and volunteer groups. The quantity and closeness of social connections are key factors in alleviating poverty. The social connection states of urban poor families can be categorized into four types: Close and open, loose and open, close but limited, and weak and closed. Finally, this study proposes a social connection-oriented intervention model for social work in social assistance, combining the main goals and principles of social work in social assistance and the common patterns of social work practice.

Keywords: Urban Poor Families; Social Connections; Social Assistance; Social Connection-Oriented Service Strategy Model

Scenario Training, Action Empowerment, and Value Reconstruction: A Study on the Path and Strategy of Master of Social Work Talent Cultivation Focusing on the Mode of Knowledge Production—Case Study of the "Adventure Counseling" Summer Camp Project for Teenagers by MSW Students at S University

Li Xiaofeng, Li Yongjiao / 97

Abstract: In order to study the cultivation goals and paths of MSW students under the background of the construction of new liberal arts, this paper takes the case of S University participating in the "Adventure Counseling" summer camp project for teenagers by N Social Work Agency. Using the triple helix structure of Mode II of knowledge production, we attempt to study the cooperative knowledge production path and strategy of MSW talent cultivation from the perspective of knowledge production mode transformation. The research finds that the multi-action strategy across scenario shaping, action empowerment, and value reconstruction can achieve the goal of government-industry-university-research-application, and promote the relationship transformation of multiple subjects such as S University, N Social Work Agency, and the Communist Youth League from "boss" to partnership and then to harmonious community. The preliminary establishment of a talent cultivation model based on the perspective of cooperative knowledge production not only improves the quality and efficiency of social worker student cultivation, but also promotes the close interaction between social subjects' innovation.

Keywords: Knowledge Production Mode; Adventure Counseling; Talent Cultivation; Government-Industry-University-Research-Application

Overall Mobilization and Professional Governance: Participatory Reconstruction of Non-integrated Housing in the Old Residential Community

Zhu Haiyan, Peng Shanmin / 116

Abstract: Compared with the current popular community public space construction, the long time, the lack of independent kitchen and bathroom, the reconstruction of a variety of property rights, is a difficult problem in the reconstruction of old residential community. As the gathering place of the new workers' village built in the early days of the founding of the People's Republic of China, T Street in Shanghai has tried to explore the participatory reconstruction and renewal of a large number of non-integrated housing in old residential community in recent years. Practical experience shows that the overall mobilization and professional governance are the key to the possible participatory reconstruction of the old residential community. The overall mobilization involving political mobilization, bureaucratic mobilization and social rational mobilization is the most important value drive of participatory reconstruction, and the professional governance involving professional social forces and the application of professional methods and technologies is the important technical support for participatory reconstruction. The overall mobilization and professional governance complement each other, and to some extent effectively respond to the problems of legitimacy and efficiency in the reconstruction process of old residential community, and promote the research on emotional governance in community renewal.

Keywords: Old Residential Area; Participatory Reconstruction; Overall Mobilization; Professional Governance

Action Research of Social Work Participation in the Parenting of "Same-frequency Mother" —Based on the Practice of the Story of the Mother of The D Community in Shanghai

Ren Qiumeng, Zhang Junxin / 133

Abstract: With the development of the social economy, providing the best educational and growth environment for children has gradually become a significant parenting pursuit for parents. In traditional parenting models, mothers are the main caregivers for young children. However, under the background of marketization, the dilemma and physical and mental exhaustion of mothers in parenting have become group social problems. This study is grounded in the practical exploration of the "Mom Story Club" in D Community of Shanghai. Guided by participation-return theory, using action research method to explore the feasibility of social work participation in integrating community "same-frequency mother" parenting education into community activities through the steps of needs assessment, plan and program formulation, plan implementation, effect evaluation and reflection. In practice, action research emphasizes the autonomy of participants, the stimulation of initiative, and the equal cooperation between researchers and participants, which has achieved remarkable results and achieved the research purpose. Practice has proved that this is an operable and replicable successful experience. The study found that gathering "same-frequency mother" with similar educational ideas and parenting needs to learn and share parenting knowledge and skills together can significantly improve parenting effectiveness. According to the theory of participation-return, it is possible to make participators spontaneously participate in activities by satisfying the psychological expectation of the "same-frequency mother", enhancing the awareness of activity organization, increasing participation benefits, and reducing participation costs.

Keywords: Same-frequency Mother; Action Research; Parenting Education; Social Work

A Group Work Study on Enhancing Empathy and Intervention Behaviors among Bystanders in School Bullying—Taking the 7th Grade of S School in Shanghai as an Example

Chen Huijing, Tang Jingwen / 149

Abstract: This study was based on the Five-Step Bystander Intervention Model and the Cognitive-Behavioral Therapy approach, in order to explore the effects of group work aimed at enhancing empathy and promoting bystander intervention in school bullying. The study focused on seventh grade students at S School in Shanghai. 86 students were randomly selected, and questionnaire and interview methods were used to conduct preliminary needs survey. Intervention plan was designed based on group goals to enhance empathy and to promote bystander intervention behaviors. 20 participants were selected from the preliminary survey and were assigned to the experiment group and control group using a randomized controlled trial method. The experiment group underwent six sessions of group work intervention. The intervention results showed that the group work effectively improved the empathy of the experiment group members, especially cognitive empathy, and also significantly improved the scores of bystander intervention. The interview results showed that the group work responded to various service needs of the bystanders, including improving empathy, accurately identifying school bullying behaviors, understanding the harm of bullying, facing individual responsibilities, overcoming fear, and enhancing intervention confidence. This study suggests that enhancing the empathy level of bystanders and promoting their active intervention in school bullying is a feasible path for preventing and managing school bullying.

Keywords: School Bullying; Bystander Intervention; Empathy; Group Work; the Five-Step Bystander Intervention Model

A Study on the Functional Positioning of School Social Work in the Student Protection System from a Systemic Perspective—A Local Practice Based on the Sunshine Center in Shanghai

Zhang Jinyu / 176

Abstract: Facing escalating student psychology and behavior issues, schools struggle with traditional protective methods' limitations. School social work, with unclear roles, faces promotional challenges. Drawing on 20 years of experience at Shanghai's Sunshine Center, this paper highlights school social work's effectiveness. At the micro level, its student-centered approach addresses relational dimensions. At the meso level, it bridges schools and communities, enhancing collaborative mechanisms. At the macro level, it aims for broader environmental improvements, promoting holistic student development. The study concludes that school social work, functioning at these three levels, acts as a complementary force. Understanding its functional positioning aids schools in embracing effective student protection efforts.

Keywords: School Social Work; Student Protection; Person-in-Environment; Systemic Perspective

An Application of the Coping Circumplex Model for Understanding the Multilevel Practice Strategies in Hospice Care Teams

Guo Qing, Wang Yean, Song Yajun / 193

Abstract: To understand the hospice care teams' coping strategies for work-related stress, we interviewed four community health service centers in Shanghai. Using the Coping Circumplex Model and Ecological Systems Theory, we found three levels of coping strategies under three major types of stress. When faced with death and pain, individual members may manage their stress through self-regulation or quitting the job, the team would provide mutual support and the centers would hire a third party for team building or stress relief. When faced with conflicting expectations, the team would show empathy and improve communication to eliminate misunderstanding and reach consensus, the centers would clarify all doubts in patient consent before admission. When faced with high work intensity and a lack of skills, the team would provide collaborative leaning and mutual assistance, and the centers would organize corresponding trainings. Our results indicated that the teams and centers adopted mostly positive problem-solving copings. The forms of positive emotional coping adopted by individual members and the team were not very diversified. When faced with the same stress, the coping strategies and their effects varied with levels.

Keywords: Hospice Care; Coping Circumplex Model; Ecological Systems Theory

The Rehabilitation Needs Assessment of Elderly Schizophrenic Patients in Community and Discussion of Social Work Services—Taking 6 Districts in Shanghai as an Example

Wang Yanfeng, Zhang Weibo, Zhang Zhiwen, He Siyuan / 213

Abstract: This study investigated the rehabilitation needs of 975 elderly community schizophrenic patients over 60 years old in Shanghai through a cross-sectional survey method using Camberwell Assessment of Needs, and used univariate and multivariate analysis to present the patients' overall needs, the three needs with the highest need and their influencing factors. The level of rehabilitation needs of elderly community schizophrenic patients in Shanghai is relatively low, with 3.91 needs per patient, and the top three needs are physical health, psychiatric symptoms and welfare needs. The needs of different groups are differentiated, and the influencing factors of the different needs are different, which requires social workers to proactively explore the diverse individual needs of patients, to co-ordinate and utilize the strengths of the cross-disciplinary personnel, and to continuously promote the policy advocacy going for modernization of welfare system.

Keywords: Elderly Schizophrenic Patients; Rehabilitation Needs; Social Work Service

《都市社会工作研究》稿约

为推进都市社会工作研究和实务的发展,加强高校、实务机构和相关政府部门的专业合作,上海大学社会学院社会工作系与出版机构决定合作出版《都市社会工作研究》集刊,特此向全国相关的专业界人士征集稿件。

一 出版宗旨

1. 促进都市社会工作研究的发展。社会工作系希望通过本集刊的交流和探讨,介绍与阐释国外都市社会工作理论、方法和最新研究成果,深入分析国内社会工作各个领域里的问题和现象,探索中国社会工作发展的基本路径,繁荣社会工作领域内的学术氛围,推动社会工作的进一步发展。

2. 加强与国内社会工作教育界的交流。社会工作系希望通过出版集刊,强化与国内社会工作教育界交流网络的建立,共同探讨都市社会工作领域的各类问题,共同推动中国社会工作教育和专业人才培养的深入开展。

3. 推动与相关政府部门的合作。社会工作系希望通过出版集刊之契机,携手相关政府部门共同研究新现象、新问题、新经验,并期冀合作研究成果对完善政策和制定新政策有所裨益。

4. 强化与实务部门的紧密联系。社会工作系希望通过出版集刊，进一步加强与医院、学校、工会、妇联、共青团、社区管理部门、司法部门、老龄与青少年工作部门，以及各类社会组织的密切联系与合作，通过共同探讨和研究，深入推动中国社会工作实务的开展。

5. 积累和传播本土社会工作知识。社会工作系希望通过出版集刊，能够更好地总结中国社会工作理论与实务的经验，提炼本土的社会工作专业服务模式，从而推动社会工作专业的健康发展。

二 来稿要求

1. 稿件范围。本集刊设有医务与精神健康社会工作、老年社会工作、儿童与青少年社会工作、城市社区社会工作、城市家庭和妇女社会工作、学校社会工作、社区矫正、社区康复、社会组织发展、社会政策分析及国外都市社会工作研究前沿等栏目，凡涉及上述领域的专题讨论、学者论坛、理论和实务研究、社会调查、研究报告、案例分析、研究述评、学术动态综述等，均欢迎不吝赐稿。

2. 具体事项规定。来稿均为原创，凡已经公开发表的文章不予受理。篇幅一般以8000~10000字为宜，重要的可达20000字。稿件发表，一律不收取任何费用。来稿以质选稿，择优录用。来稿请发电子邮箱或邮寄纸质的文本。来稿一般不予退稿，请作者自留稿件副本。

3. 本集刊权利。本集刊有修改删节文章的权利，凡投本集刊者被视为认同这一规则。不同意删改者，请务必在文中声明。文章一经发表，著作权属于作者本人，版权即为本集刊所有，欢迎以各种形式转载、译介和引用，但必须遵照《中华人民共和国著作权法》及有关国际法规。

4. 来稿文献引证规范。来稿论述（叙述）符合专业规范，行文遵循国际公认的学术规范。引用他人成说均采用夹注加以注明，即引文后加括号说明作者、出版年份及页码。引文详细出处作为参考文献列于文尾，格式为：作者、出版年份、书名（或文章名）、译者、出版地点、出版单位（或期刊名或报纸名）。参考文献按作者姓氏的第一个拼音字母依A—Z顺序分中、英文两部分排列。英文书名（或期刊名或报纸名）用斜体。

作者本人的注释均采用当页脚注，用①②③④⑤……标明。稿件正文标题下分别是作者、摘要、关键词。作者应将标题、作者名和关键词译成英文，同时提供 150 词左右的英文摘要。文稿正文层次最多为 5 级，其序号可采用一、（一）、1、（1）、1），不宜用①。来稿需在文末标注作者的工作单位全称、详细通信地址、联系电话、邮政编码，并对作者简要介绍，包括姓名、职称、学位、研究方向等。

图书在版编目(CIP)数据

都市社会工作研究.第15辑/范明林,杨锃,陈佳主编.--北京:社会科学文献出版社,2024.6.
ISBN 978-7-5228-3830-4

Ⅰ.D632

中国国家版本馆 CIP 数据核字第 2024PF7901 号

都市社会工作研究　第 15 辑

主　　编 / 范明林　杨　锃　陈　佳

出 版 人 / 冀祥德
责任编辑 / 杨桂凤
文稿编辑 / 张真真
责任印制 / 王京美

出　　版 / 社会科学文献出版社·群学分社 (010) 59367002
　　　　　 地址:北京市北三环中路甲 29 号院华龙大厦　邮编:100029
　　　　　 网址:www.ssap.com.cn
发　　行 / 社会科学文献出版社 (010) 59367028
印　　装 / 唐山玺诚印务有限公司

规　　格 / 开　本:787mm×1092mm　1/16
　　　　　 印　张:15.5　字　数:230 千字
版　　次 / 2024 年 6 月第 1 版　2024 年 6 月第 1 次印刷
书　　号 / ISBN 978-7-5228-3830-4
定　　价 / 98.00 元

读者服务电话:4008918866

版权所有 翻印必究